普通高等教育新文科经济管理与航空复合型创新人才培养数字化精品教材

航空企业营销管理创新与实践

主 编 ◎ 于锦荣　李杨
副主编 ◎ 陈晓璠

华中科技大学出版社
http://press.hust.edu.cn
中国·武汉

内 容 提 要

本书主要介绍了航空企业营销管理创新与实践的相关内容。全书既重视营销管理的基本理论与方法的介绍，又强调了数字化、智能化在航空企业营销管理过程中的应用。本书共十一章，从创新理论、企业管理创新、营销管理创新的概念切入，介绍了航空公司市场营销与管理、消费行为分析、市场调研与预测、目标市场营销战略、产品策略、定价策略、分销策略、促销策略、顾客价值创造、品牌价值创造相关内容。

值得一提的是，本书中有丰富的数字资源，适合作为延伸阅读材料。本书适合高等院校市场营销、工商管理等专业学生，企业营销管理者，航空业从业人员及相关专业研究者使用。

图书在版编目（CIP）数据

航空企业营销管理创新与实践/于锦荣，李杨主编．—武汉：华中科技大学出版社，2024.1
ISBN 978-7-5772-0420-8

Ⅰ.①航… Ⅱ.①于… ②李… Ⅲ.①航空公司-企业管理-市场营销学 Ⅳ.①F560.6

中国国家版本馆 CIP 数据核字（2024）第 020254 号

航空企业营销管理创新与实践 于锦荣 李 杨 主编
Hangkong Qiye Yingxiao Guanli Chuangxin yu Shijian

策划编辑：	陈培斌　周晓方　宋　焱
责任编辑：	江旭玉
封面设计：	廖亚萍
版式设计：	赵慧萍
责任校对：	张汇娟
责任监印：	周治超
出版发行：	华中科技大学出版社（中国·武汉）　　电话：(027) 81321913
	武汉市东湖新技术开发区华工科技园　　邮编：430223
录　　排：	华中科技大学出版社美编室
印　　刷：	武汉市籍缘印刷厂
开　　本：	787mm×1092mm　1/16
印　　张：	17.75
字　　数：	426 千字
版　　次：	2024 年 1 月第 1 版第 1 次印刷
定　　价：	58.00 元

本书若有印装质量问题，请向出版社营销中心调换
全国免费服务热线：400-6679-118　竭诚为您服务
版权所有　侵权必究

普通高等教育新文科经济管理与航空复合型创新人才培养数字化精品教材

编委会

主 任

郭正华　孙延鹏

副主任

王龙锋　高长银　王国富　宋　斌

委 员（以姓氏拼音为序）

邓砚谷　胡剑芬　黄　蕾　计宏伟　雷　轶

李文川　刘元洪　陆　音　麦思超　梅晓文

潘建树　邱国斌　舒长江　吴桂平　严　红

于锦荣

主编简介

于锦荣

南昌航空大学经济管理学院副教授,管理学博士、硕士生导师,主要从事市场营销、企业升级、品牌管理等方面的研究。主持各类课题10多项,其中包括江西省社会科学基金项目1项、江西省高校人文社会科学研究项目1项、江西省教育科学规划课题3项。参编教材3部,出版专著1部。发表中英文论文10余篇,其中多篇论文发表在《科技管理研究》《商业经济与管理》等核心期刊。

李 杨

管理学博士,南昌航空大学经济管理学院讲师。主持并完成江西省社会科学规划(青年项目)课题1项,参与并完成国家社会科学基金重点项目1项。发表学术论文6篇。

总 序　INTRODUCTION

当前，我国高等教育进入了内涵发展、提质创新的新阶段。党的十九届五中全会明确了"建设高质量教育体系"的政策导向和重点要求，并提出到2035年建成教育强国的目标。2019年，教育部、中央政法委、科技部、工业和信息化部等13个部门联合启动"六卓越一拔尖"计划2.0，全面振兴本科教育，大力推动新工科、新医科、新农科、新文科建设。2020年11月，由教育部新文科建设工作组主办的新文科建设工作会议在山东大学威海校区召开，会议发布了《新文科建设宣言》，明确了新文科建设的共识，并对新文科建设做出了全面部署。经济管理类专业作为文科的重要组成部分，其专业点数和在校学生数在新文科中占比最高、覆盖面最广，应主动在新文科建设中承担历史使命，履行时代责任，培养适应经济社会高质量发展需要的"新经管"人才。

航空产业是国家综合国力的集中体现和重要标志，是推动国防建设、科技创新和经济社会发展的战略性领域。加强航空类专业教育，培养一大批具有航空报国精神、创新意识和创新能力的专业人才，特别是经济管理类人才，服务于航空类企业管理创新，是推动我国航空事业高质量发展的重要保障和基础。从20世纪50年代到70年代，我国航空类企业逐步建立和完善了企业管理基础框架；20世纪70年代末到90年代，开始学习借鉴发达国家的先进管理理念和方法，并开展了多种管理创新活动；进入21世纪以来，为应对经济全球化、数字经济等挑战，提升企业竞争力，持续推进了管理创新工作，各种先进的管理理念、方法和工具在企业得到了更深入、更全面的应用，涌现出了各具特色的管理创新活动和实践。整体来看，经过70余年的发展，我国航空类企业的创新意识、创新能力和管理水平不断提升并达到较高水准。与此同时，国内航空类高校及职业院校纷纷创办了经济管理类学院，为我国航空类企业管理创新和航空事业快速发展输送了充裕的经管类人才。为适应"十四五"时期开启全面建设社会主义现代化国家新征程对高等教育、落实新文科建设的教材内容创新等新要求，南昌航空大学等高校立足新阶段、贯彻新理念、服务新格局，围绕新文科背景下经济管理与航空复合型创新人才的培养出版本套教材，旨在打造沟通交流平台，与业内同仁探讨、分享切实提高新文科经管类人才培养质量和水平的教材体系。

本套教材力求体现四个特色：一是立足中国高等教育"质量革命"大背景，紧扣新文科建设要求，以教材为载体，实现课程知识体系的重构；二是把握数字经济发展趋势和规律，在教材内容设计上体现航空类企业数字化转型升级和管理创新对学生知识和能力的新需求；三是将航空元素、思政元素有机融入课程知识体系和课程资源建设中，深入挖掘其中的思想价值和思想内涵，落实立德树人根本任务；四是打破传统纸质教材的局限，建设富媒体内容，加强学生与学习内容、学习资源的互动，提高学习效率和教学质量。

参与本套教材编写的有南昌航空大学、沈阳航空航天大学、郑州航空工业管理学院、桂林航天工业学院、张家界航空工业职业技术学院等院校的教师，他们具有经济管理和航空类企业管理创新领域丰富的教学和科研经验，并深刻理解高等教育内涵发展和新文科建设要求；同时得到所在高校教务处的大力支持，共同确保本套教材高质量地完成编写。

2022 年 8 月

前言 PREFACE

进入21世纪后,"创新"逐渐成为社会发展的关键变量之一,是影响管理变革和管理实践的重要因素,随着营销管理实践的发展,营销管理理论在创新实践中得以发展。在本土化的情境下,企业营销环境发生了巨大变化,消费者需求日益个性化,科学技术改变了传统的营销模式和消费手段,企业营销管理开始注重文化因素的软作用,由此推动中国企业的营销管理实践迅猛发展,营销管理的内容不断创新,创新也成为营销管理的重要变量。在市场同质化程度较高、资源约束力强的背景下,营销管理过程需要运用创新营销思维,创造性地使用营销管理理论,创新营销战略,创造消费需求,创新管理思维,将营销理论与创新理论相结合,深化本土化的营销管理。

互联网、新媒体推动了线上营销的快速发展,促进网络营销模式的诞生并日益成熟,改变了传统的营销管理模式。数字经济时代,数智化的科学技术和方法、大数据技术、AI技术广泛应用于企业营销管理各领域,出现了数字化服务场景、虚拟营销等新式营销策略,进一步推动营销管理方式、方法的创新与发展。国内外航空公司将互联网、数智技术应用于营销管理过程,提供个性化的产品和服务,以此优化营销管理流程,提升客户价值,丰富客户体验。

本书以航空公司的营销管理为主导,提炼了营销管理和创新的理论,强化了创新理论与思维的实践应用,引入了大量的互联网、数字化、人工智能等背景下航空公司营销管理实践案例,旨在帮助学生更好地理解中国情境下航空公司的营销管理创新举措,提升学生的创新能力。

本书具有以下特点。一是针对性。不同于其他侧重基础理论和工具的教材,本书专门研究了航空公司营销管理问题。二是实用性。本书强调理论与实践的结合,拥有坚实的实践基础,并紧密结合航空公司营销管理案例进行分析。三是前沿性。本书引入了航空公司关于大数据、人工智能技术的应用案例,以及航空公司运用数据挖掘等方法进行数据分析的相关案例。

本书的内容体系设计以营销管理为主线,集合了创新理论与价值创造理论,共包括11章。第一章是对创新理论的概述,介绍了创新的定义、分类和过程,企业管理创新及营销管理创新;第二章介绍航空公司市场营销与管理,内容涉及航空公司营销管理哲学及组织创新、航空公司营销环境、航空公司顾客价值与营销价值创新；第三、四章内容是关于航空公司消费行为分析及航空公司市场调研与预测；第五至第九章聚焦航空公司市场营销，介绍了目标市场营销战略、产品策略、定价策略、分销策略、促销策略；第十、十一章介绍航空公司价值创造相关内容，包括航空公司顾客价值创造、航空公司品牌价值创造。

  本书由于锦荣、李杨担任主编，参加本书编写工作的人员有魏芸、黄敏珺、曹琼圳等。在本书编写过程中，编者参考了同类著作，在此向其作者表示感谢。由于时间紧，任务重，编者经验有限，书中错误在所难免，恳请读者批评指正。

  感谢在本书编写过程中付出辛勤劳动的团队成员，衷心感谢关心航空事业发展，致力于推动航空公司营销创新的研究者和朋友们。

作 者

2023 年 10 月

目录 CONTENTS

第一章 创新理论 ······ 001
    第一节 创新概述 ······ 002
    第二节 企业管理创新 ······ 007
    第三节 营销管理创新概述 ······ 013

第二章 航空公司市场营销与管理 ······ 023
    第一节 航空公司营销管理哲学及组织创新 ······ 024
    第二节 航空公司营销环境 ······ 034
    第三节 航空公司顾客价值与营销价值创新 ······ 040

第三章 航空公司消费行为分析 ······ 047
    第一节 消费者市场与消费者购买行为 ······ 049
    第二节 组织市场与组织购买行为 ······ 059
    第三节 航空公司市场的数字化消费行为 ······ 061

第四章 航空公司市场调研与预测 ······ 070
    第一节 航空公司营销信息系统概述 ······ 072
    第二节 航空公司的市场调研 ······ 074
    第三节 航空公司市场预测 ······ 086

第五章 航空公司目标市场营销战略 ······ 095
    第一节 航空公司市场细分 ······ 097
    第二节 航空公司目标市场选择 ······ 102
    第三节 航空公司市场定位 ······ 107

第六章 航空公司产品策略 ······ 120
    第一节 航空公司产品组合策略 ······ 123
    第二节 航空公司智能服务 ······ 127
    第三节 航空公司辅营产品开发 ······ 131

第七章　航空公司定价策略 —— 142
第一节　影响航空公司定价的主要因素 —— 144
第二节　航空公司确定价格的一般方法 —— 154
第三节　航空公司定价的基本策略 —— 156
第四节　数智化背景下航空公司的定价方法创新 —— 160

第八章　航空公司分销策略 —— 167
第一节　航空公司分销渠道类型和设计 —— 168
第二节　航空公司分销渠道设计程序 —— 175
第三节　互联网背景下航空公司分销渠道发展趋势 —— 192
第四节　互联网背景下航空公司分销渠道创新策略 —— 194

第九章　航空公司促销策略 —— 199
第一节　航空公司的促销组合 —— 200
第二节　航空公司的用户体验策略 —— 207
第三节　航空公司的数智化营销传播 —— 213

第十章　航空公司顾客价值创造 —— 220
第一节　航空公司顾客价值需求 —— 221
第二节　航空公司顾客关系 —— 229
第三节　航空公司顾客价值创造实践 —— 237

第十一章　航空公司品牌价值创造 —— 242
第一节　航空公司品牌个性 —— 243
第二节　航空公司品牌文化 —— 249
第三节　航空公司品牌资产 —— 255

参考文献 —— 269

第一章 创新理论

伴随着科技进步、社会发展，人们对创新的认识也不断深入。特别是在知识社会背景下，创新模式的变化进一步被研究、被认识。本章将创新理论分为三节进行介绍，主要围绕创新的定义、分类和过程，企业管理创新中的管理内容的创新和管理系统的创新，及营销管理创新的背景和意义展开，为本书后续内容提供理论基础。

学习重难点

1. 重点

（1）了解创新的定义及分类。
（2）理解企业营销创新的背景与意义。

2. 难点

（1）掌握企业管理创新的分类与内容。
（2）理解管理创新系统的内容。

本章引例

智慧民航建设路线图

2022年1月，中国民用航空局印发《智慧民航建设路线图》。《智慧民航建设路线图》紧扣"十四五"时期"一二三三四"（践行一个理念、推动两翼齐飞、坚守三条底线、构建完善三个体系、开拓四个新局面）民航总体工作思路，围绕智慧民航建设顶层设计的纲要性文件编制。《智慧民航建设路线图》总体设计可分解为五大主要任务、四个核心抓手、三类产业协同、十项支撑要素和48个场景视点。智慧出行、智慧空管、智慧机场、智慧监管是智慧民航运输系统建设的核心抓手和重要内容。

从智慧出行看，我们将围绕旅客行前、行中、机上全流程和航空物流全过程，以缩短旅客综合出行时间、促进物流提质增效降本为目标，开展机场"易安检"建设及示范推广、民航货运相关行业标准编制、行李全流程跟踪建设、中转便利化和通程航班服务推广、行李"门到门"机场覆盖范围扩大等工作。

从智慧空管看，我们将围绕"四强空管"建设，以提升空中交通全局化、精细化、智慧化运行水平为目标，开展包括5G AeroMACS协同运行、基于北斗三代系统建设及应用、无人驾驶航空器适航审定管理和校验、基于航迹运行的双机飞行验证及相应标准体系建设等工作。

从智慧机场看，我们将围绕四型机场建设，以提升机场运行安全保障能力和协同运行效率为目标，开展机场智能建造相关标准制定、智能建造项目试点、机场无人驾驶设备标准体系框架编制、无人驾驶车辆与航空器协同管理等工作。

从智慧监管看，我们将围绕"监管一平台"建设，以完善一体化政务服务水平，提升行业治理效能为目标，开展政务数据共享应用、无人驾驶航空器适航审定领域安全监管政策及指标研究、智慧监管服务项目推进等工作。此外，我们还将加快数据治理、科技攻关等领域的顶层设计和专项攻关，来加快推动智慧民航建设。

资料来源：《解读智慧民航建设路线图》（http：//www.caac.gov.cn/XXGK/XXGK/ZCJD/202201/t20220121_211226.html），有改动。

课堂讨论：
（1）智慧民航会为消费者带来哪些影响？
（2）智慧民航体现在哪几个方面？
（3）航空公司应对智慧民航的营销创新变革有哪些？

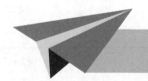

第一节　创新概述

随着社会的不断发展，企业的经营模式逐渐发生变化，创新是所有企业在竞争激烈的市场中持续发展的基本技能。企业只有与时俱进，把创新作为重要抓手，才能保证不被市场淘汰。

一、创新的概念

为了更好地认识营销创新，我们既要理解创新的属性，又要了解创新的对象，进而构建航空公司营销创新体系。

(一) 创新的内涵

创新是为客户创造出"新"的价值，把客户未被满足的需求或潜在的需求转化为机会，并创造出新的令客户满意的产品和服务。创新的目的不是利润最大化，创新的目的是创造客户。以牺牲客户价值为代价的创造不是创新，其结果只能是给企业，甚至是给整个行业带来灾难。因此，发明未必是创新，除非该发明能够被应用并创造出新的客户价值。创业也未必是创新，如果新创企业未能在新的事业中创造出新的客户价值，那么新创企业很可能对现有的产业造成破坏。

创新活动赋予资源一种新的能力，使资源能够创造出更多的客户价值。实际上，创新活动本身就创造了资源。因此，创新是一项有目的的管理实践，遵循一系列经过验证的原则。创新是一门科学，是可以传授和学习的。与工商企业一样，创新对非营利组织和公共机构同样重要。

企业在持续改进产品和服务的过程中，有时也能够产生创新成果，然而，更多的创新产生于企业对客户需求更深刻的认识和发掘，企业才能创造出全新的业务和客户价值。创新是有风险的，然而，企业"吃老本"或者重复过往的经验比创新风险更大。创新的障碍并非企业的规模，真正的障碍是现有的"成功模式"造成的行为惯性和思维定式。

创新所释放出来的生产力及其创造出来的市场价值推动了产业和社会的不断进步，有效地避免了经济的衰退。创新不但是企业可持续发展的源动力，而且是推动社会进步、促进经济发展的有效途径。

在高速变化的互联网时代，创新正在成为每个组织和个人必须具备的能力。

(二) 创新的核心

1. 知识创新

知识创新是指人们通过科学研究，包括基础研究和应用研究，获得新的基础和科学技术知识的过程。简单来说，知识创新就是追求新发现、探索新规律、创建新学说、创造新方法、积累新知识。

知识创新是人类发展进步的动力，为人类认识世界、改造世界提供新理论、新方法。知识创新是创新的基础和源泉。

2. 技术创新

历史上的每一次重大技术创新都会引发一次新的产业革命。从农业经济时代到工业经济时代，从工业经济时代到知识经济时代，都是如此。与以前时代的技术创新有所不同，知识经济时代的技术创新能使人们在科学上的重大发现形成高新技术，并将其产业化，最终形成知识密集型产业技术，如信息科学技术、空间科学技术、生命科学技术、新能源科学技术、可再生能源科学技术等。这些新技术将形成新的生产力，改变人们的生活和工作方式，再次引发新的经济飞跃。

3. 制度创新

新的生产力的发展需要新的生产关系，要有适应新的生产力发展的制度和机制。人们对不适应新的生产力发展的旧的生产关系进行调整，并且探索适应和促进新的生产力发展的制度和机制。制度创新包括企业外部环境的经济体制和市场经济制度的创新，也包括企业内部经营管理制度的创新。市场经济发展的实践证明，制度创新对企业的创新活动及创新的成功实现具有保证和促进作用。企业只有依靠企业制度的根本创新，才能培育企业的市场主体地位，建立企业创新机制，促进企业持续发展。制度创新就是改变原有的组织制度，塑造适应生产力发展的市场经济体制和适应现代化大生产要求的新基础，使企业产权清晰、权责明确、政企分开、管理科学，即建立一种更有效率的组织生产经营活动的新制度。

二、创新的分类

1. 开拓式创新

开拓式创新是最有价值，也是最有难度的一种创新，这种创新所创造的事物是历史上不曾出现过的，是全新的，并且对于历史进程具有深远的影响，它往往伴随着天才人物的灵光乍现，带有一定的偶然性。牛顿开创经典物理学，爱因斯坦创立相对论，哥伦布发现新大陆，莱特兄弟发明飞机，乔布斯等人设计个人电脑，等等，都属于开拓式创新。

2. 升级式创新

开拓式创新固然重要，但我们也听说过"起了个大早，赶了个晚集"这句俗语。比如，福特并不是汽车的发明者，但福特却靠 T 型车重塑了整个行业，使汽车的生产制造进入了新的时期，比尔·盖茨虽然不是图形化操作系统的发明者（图形化操作系统最早的发明者是施乐公司，最早的商用者是苹果公司），但他的 Windows 系统却几乎"统治"了个人电脑。升级式创新其实非常重要，因为早期产品往往是比较粗糙的，也往往是价格昂贵的，升级式创新起到了完善产品、降低门槛的作用，因此升级式创新的实施者同样值得尊敬。

3. 差异化创新

20 世纪 70 年代，定位理论开始风靡营销界，促使很多人产生了营销等于定位、定位等于营销的观念。其实，定位理论所适合的，只是差异化创新这个领域。差异化创新的例子比比皆是，比如专门供老人使用的手机，专门服务于办公的 thinkpad 笔记本电脑，专门用来越野的吉普车……差异化创新应该是最常见的一种创新模式，它是由消费者驱动的创新模式。

4. 组合式创新

要理解什么是组合式创新，我们不妨看看下面的例子：当我们给一台拖拉机装上一门大炮的时候，我们就得到了一辆坦克；当我们为手机装上摄像头的时候，手机就有了拍照功能；当我们为眼镜装上一台小电脑，它就成了谷歌眼镜（google glass）；当我们为牙刷装上发动机，它就成了电动牙刷……组合式创新同样是一种常见的创新模式，它依赖的不是技术进步，而是人们对于新需求的敏锐洞察。

5. 移植式创新

所谓移植式创新，就是把在 A 领域所使用的技术或模式，移植到看似和 A 领域没有关联的 B 领域，从而创造出新的产品或模式。例如，吉列在剃须刀领域发明了"刀架＋刀片"的模式，把重复购买率低的刀架以极低的利润出售，提高市场占有率，然后再通过出售重复购买率很高的刀片来赚钱。曾经风靡一时 kindle 在策略上和吉列简直如出一辙，亚马逊以极低的利润出售 kindle，基本上没有在硬件上赚到多少钱，但是 kindle 的普及带动了电子书的销售。在电子书项目上，亚马逊没有学习纸质书的商业模式，反而学习了吉列剃须刀的商业模式，这就是移植式创新。移植式创新依赖的是人们对于商业模式本质的理解。

6. 精神式创新

在大部分发展到成熟阶段的行业中，不要说开拓式创新、升级式创新的机会非常罕见，就连差异化创新的机会也几乎销声匿迹。这时候，人们能够依赖的，可能就是精神式创新了，即通过取得客户在情感、文化、价值观层面的共鸣来实现创新。客户通过消费向外界传递自己的价值主张，比如有人通过去西藏旅行来标榜自己很文艺。不过，能准确做出精神式创新的企业不多，因为并不是所有企业都具有价值观输出能力。

7. 破坏式创新

可能很多人都听过这样一句话："不要和傻瓜理论，因为他会把你拉到和他一样的水平线上，然后用他丰富的经验打败你。"破坏式创新就是这样一种创新。相对于行业领先者，行业的新进入者唯一的优势就是他不惧怕失去，因为他几乎一无所有，所以他就可以制订新的、带有破坏性的行业规则，然后把行业领先者拉到和他一样的水平线上，再用他的经验打败行业领先者。在淘宝成立初期，面对强大的竞争对手易趣，淘宝规定商家上架产品不收费，很快就吸引了大批商家入驻淘宝，相比易趣对商家收取的上架费，淘宝打出的"免费牌"就是典型的破坏式创新。

三、创新的过程

不少杰出人物的创新都留下了动人的传说：瓦特看到壶盖被蒸汽顶起，就发明了蒸汽机；牛顿被落下的苹果砸到了头，因而发现了万有引力；门捷列夫玩纸牌时想出了元素周期表。如果创新如此简单，那人们就不需要学习创造学了。创新是由创新思维的过程所决定的，而结果仅是过程的成功产物。上面这些传说的一个缺陷是注重对创新成果的渲染，对创新的过程却讲得不多，可能导致人们对创新的误解。

英国心理学家沃勒斯（Graham Wallas）提出的创新"四阶段理论"是一种影响最大、传播最广，并且具有较大实用性的过程理论。该过程理论认为创新的发展分四个阶段：准备期、酝酿期、明朗期和验证期。

1. 准备期

准备期是准备和提出问题阶段。一切创新都是从发现问题、提出问题开始的。问题的本质是现有状况与理想状况的差距。爱因斯坦曾说，提出问题通常比解决问题更重要，因为解决问题只涉及数学或实验方面的技能而已，然而提出问题并非易事，需要有创新性的想象力。他还认为对问题的感受性是人的重要的资质。

在准备期，为了使问题概念化、形象化和具有可行性，人们需要做出如下努力：对知识和经验进行积累和整理；收集必要的事实和资料；了解自己提出问题的社会价值，能满足社会的何种需要及价值前景。

2. 酝酿期

酝酿期也称沉思和多方思维发散阶段。在酝酿期，人们要对收集的资料、信息进行加工处理，探索解决问题的关键，这些工作常常需要人们耗费很长的时间，花费巨大的精力，这也是人们的大脑进行高强度活动的时期。这一时期，人们要发散思维，让各种设想在头脑中反复组合、交叉、撞击、渗透，按照新的方式对各种设想进行加工。加工时，人们主动地使用创造方法，不断选择，力求形成新的创意。著名科学家彭加勒（Jules Henri Poincaré）曾说，任何科学的创造都发端于选择。这里的"选择"，就是人们充分地思索，让各方面的问题都充分地暴露出来，从而把思维过程中那些不必要的部分舍弃。酝酿期特别强调人们有意识的选择，所以，彭加勒也说，所谓发明，实际上就是鉴别，简单说来，也就是选择。

在酝酿期，为使思考过程更加深刻和广泛，人们还应注意把思考的范围从自己熟悉的领域扩大到表面上看起来和它没有什么联系的其他专业领域，特别是那些常常被自己忽视的领域。这既有利于人们冲破传统思维方式和权威的束缚，打破成见，独辟蹊径，又有利于人们获得多方面的信息，利用多学科知识的优势，在一个更高的层次上把握创新活动的全局，寻找创新的突破口。有时，人们可以把正在思考的问题暂时搁置，有意识地中断习惯性思维，以便产生新思维；再者，灵感思维的诱发规律告诉我们，大脑长时间兴奋后有意松弛，有利于灵感的闪现。

在酝酿期，人们的思维强度大，困难重重，常常百思不得其解，屡屡出错，难以成功；山重水复疑无路，人却又欲罢不能。此时，良好的意志品质和进取性格就显得格外重要，因为这是人们在酝酿期取得进展直至突破的保证。

创造性思维的酝酿期通常是漫长的，这一时期的工作是艰巨的，也很有可能归于失败，但唯有坚持下去，才能看到希望。

3. 明朗期

明朗期即顿悟期或突破期,人们在这一时期找到了解决问题的办法。

明朗期很短促,很突然,呈猛烈爆发状态。久盼的创造性突破在瞬间实现,人们通常所说的"脱颖而出""豁然开朗""众里寻它千百度,蓦然回首,那人却在灯火阑珊处"等都是描述这种状态的。如果说"踏破铁鞋无觅处"描绘的是人们在酝酿期的艰苦工作,那么"得来全不费功夫"则是明朗期的形象刻画。在明朗期,灵感思维往往起决定作用。

人们在这一时期的心理状态通常是高度的、兴奋的,甚至有的人会感到惊愕,像阿基米德那样,因在入浴时获得灵感而裸身狂奔,欣喜地呼喊:"我发现了!我发现了!"这种情况虽不多见,但完全可以理解。

4. 验证期

验证期是评价阶段,也是完善和充分论证阶段。人们的思维过程突然获得突破,其中难免存在若干缺陷。在验证期,人们把在明朗期获得的结果加以整理、完善和论证,使其进一步得到充实。假如不经过这个阶段,创新成果往往经不起推敲,很容易功亏一篑。对创新成果进行论证有两个途径:一是在理论上进行验证;二是将其放到实践中进行检验。

人在验证期的心理状态较平静,但需耐心、周密、慎重,不急于求成和不急功近利是非常关键的。

第二节 企业管理创新

所有创新工作的展开,都需要一定的前提条件,管理职能就是企业创新工作顺利开展和实施的保障。企业要想实现更快、更好、更高水平的发展,就要最大限度地适应市场经济环境,跟随市场的步伐,推动企业管理工作的优化与创新。企业管理创新可以为企业经济效益的增长提供良好的基础,更好地为企业服务。

一、管理创新的内容

(一)管理思想的创新

管理思想是实际存在的有关管理活动及其职能、目的和范围的知识主体。20世纪70年代以后,企业竞争开始加剧,企业外部环境变得日益复杂,企业战略管理开始受到人们的重视。企业管理不再只是对企业内部的管理，企业外部管理同样重要。在当今社会，如果管理者不及时审时度势，就无法与员工真诚合作，无法满足员工的需要，不能充分激发他们的潜能，组织效率就不可能真正得到提高。因此，随着知识经济时代的到来，管理学对人性的假设必将超越"经济人"和"社会人"假设，升华为"复杂人"假设。"复杂人"假设认为：一方面，人存在着很大的个体差异，有些可能偏向于"经济人"，有些则偏向于"社会人"或者"自我实现的人"；另一方面，同一个人在不同的年龄、时间、地点和环境中会有不同的表现。企业外部环境的动态变化和企业内部环境的复杂化，使得权变管理思想得以产生和发展。

人们学习各种管理理论和各管理学派的管理思想时，要分析这些理论和思想产生的历史背景和它们要解决的主要问题，了解它们的主要研究思路和方法，将理论和思想产生初期的环境状况与当今的情况进行对比，分析其现实应用价值。不应盲目地照搬照抄，而是要引进最合适的管理理论和思想，增强企业的核心竞争能力。人们评价一种管理理论、方法或技术是否优于另一种，不是看它引进了多少新技术、新方法，而是看它能否适应企业所处的不断变化的环境。

（二）管理理念的创新

管理理念指管理者或管理组织在一定的哲学思想的支配下，基于现实条件而形成的有关经营管理的感性知识和理性知识的综合体。管理观念必定受到特定社会的政治、经济、文化的影响，是企业战略目标的导向原则、价值原则的体现，同时，管理理念又必定折射在企业的各项活动中。从 20 世纪 80 年代开始，发达国家的许多优秀的专家提出了许多新的管理理念，如知识增值理念、知识管理理念、全球经济一体化理念、战略管理理念、持续学习理念等。纵观管理理论的整个发展过程，管理理念的创新大体经历了以下五个阶段。

1. 管理的效率理念

所谓管理的效率理念，主要体现在泰罗（F. W. Taylor）的科学管理理论中。泰罗的科学管理理论简称泰罗制，其核心是为了解决在技术先进而管理落后的情况下，如何提高劳动效率的问题。科学管理理论把效率作为管理的中心问题。

2. 管理的择优理念

管理的择优理念主要来源于西蒙（Herbert Simon）的决策理论，该理论认为管理的核心是决策，决策的核心是择优，即在众多的决策方案中选择最优、最好的方案。西蒙同时指出，实际上，人们很难做出最优、最好的选择，因此他提出了"令人满意的准则"这一说法。

3. 管理的有序理念

管理的有序理念认为，管理的过程主要是使事物发展从无序到有序的过程，也就是达到了协调或和谐，因此这种理论比较重视管理目标的制定和职能的发挥。

4. 管理的权变理念

所谓管理的权变理念，是指管理没有固定的模式，一切都要因地制宜，针对不同的对象和情景，要采取不同的管理模式。

5. 管理的人本理念

管理的人本理念认为，是管理和发展的基本主体和动力，要关心人、尊重人、解放人、发展人。我们只有从人的本性和人的需要出发，所研究的政策主张和管理措施才能真正发挥作用。

（三）管理组织的创新

组织创新包括内部组织结构创新和业务流程模式创新。内部组织结构是指内部部门机构设置及其职权配置，业务流程模式是指产品或服务的生产、运营、提供的过程和组织方式。从职能制到事业部制，从直线职能制到矩阵制、网络制，以及企业在扁平化、有机化、平台化方面所做的尝试都是内部组织结构创新的成果。企业流程再造是强调以业务流程为改造对象和中心，以关心客户的需求和满意度为目标，对现有的业务流程进行根本的再思考和彻底的再设计，利用先进的制造技术、信息技术以及现代化的管理手段，最大限度地实现技术上的功能集成和管理上的职能集成，以打破传统的职能型组织结构，建立全新的过程型组织结构，从而实现企业经营在成本、质量、服务和速度等方面的突破性改善。组织创新是一个连续不断的过程，在组织创新中，人们不可能完全抛弃组织的历史，期望形成一个全新的组织。未来组织创新的趋势是有机化、平台化、小微化、虚拟化。人们进行组织创新时，要注意遵循适度原则，过于频繁的大规模的组织变动会使组织经常陷于动荡状态，不利于组织功能的发挥与组织目标的实现。

（四）管理方法的创新

管理方法是为了实现组织目标，维持组织运行的方式、手段和技能。管理方法的创新是在创新的管理理论的指导下，借鉴成功的先进管理模式，将其运用到企业的管理之中。亨利·福特第一次把流水线和高福利概念引入汽车制造行业，以大规模生产加薄利多销的理念，使汽车成为大众消费品，亨利·福特也被誉为科学管理理论的最佳实践者。从那时起，企业管理实践中涌现出诸多的管理方法创新成果，比如标准化、计件工资制、管理方格、ISO 9000 质量认证体系、PDCA 循环、全面质量管理、平衡计分法、企业资源规划（ERP）、准时化生产方式（JIT）、集成产品开发（IPD）流程，等等。先进的管理模式并非都是有效的管理手段，只有对企业的管理有促进作用的管理模式才是最正确和最有效的。

（五）管理制度的创新

制度创新是为了实现管理目的，对企业的生产方式、经营方式、分配方式、经营观念等进行规范化设计与安排的创新活动。制度创新的目的是建立一种更优的制度安排，调整企业中所有者、经营者、劳动者的权力和利益关系，使企业具有更高的活动效率。制度创新使理念创新、组织创新和方法创新活动制度化、规范化，同时具有引导理念创新、组织创新和方法创新的功效，是管理创新的最高层次，是管理创新得以实现的保证。

二、管理系统创新

（一）战略创新

战略是方向和目标，解决的是做什么、如何获取资源的问题，研究如何对现有资源进行配置和发现新资源，从而实现企业的可持续发展。战略创新是基于企业为获得可持续竞争优势的目的，在客户需求和技术的作用下，积极打破原有的战略模式，通过对企业价值主张的重新定义，最终改变战略各要素的组合，形成新的价值创造模式的系统过程。战略创新在重新塑造商业模式和现有市场方面具有重要作用，战略创新可以重新配置企业的资源，帮助企业选择新的竞争领域，打破企业旧有的经营理念和方式，创造新的市场机会。战略创新是一个动态的过程，适用于企业的整个生命周期，贯穿于企业存续的全过程。在创立之初，企业往往通过创业者发现的市场机会来整合必要的资源，并参与市场竞争，以获取企业生存和发展所需的利润，在此基础上，企业会不断总结经验，探索、挖掘新的市场机会，根据内外部环境的变化适时进行战略创新，调整企业的经营方向、范围和方式，以拓宽企业的发展空间。如此循环往复，企业总是在战略创新中成长、壮大。

传统的竞争战略表现为零和博弈，但在信息时代，竞争战略强调竞争与合作并存的双赢原则。

（二）模式创新

所谓管理模式，是指基于整体的一套相互联系的观念、制度和管理方式方法的总称。这个整体可以是一个国家、一个区域、一个企业，乃至企业内的某个具体管理领域。在企业层次上产生的一整套相互联系的观念、制度和管理方式方法就形成了企业管理模式，如集成管理、危机管理、企业再造等。同样，在企业内的某个领域所产生的一整套相互联系的观念、制度和管理方式方法就形成了领域管理模式，如生产管理模式、财务管理模式、人事管理模式等。由此可见，管理模式既有宏观管理模式（如国家管理模式），也有微观管理模式（如企业管理模式），既有整体管理模式，也有局部管理模式，它是一个非常宽泛的概念。但是，不管哪一种管理模式，相互联系的管理方式方法都是管理模式的基础，离开具有可操作性的一系列管理方式方法，管理模式就不能被称为模式，它只能是一种管理理念和思路。需要指出的是，并不是所有的管理方式方法都是管理模式的基础，只有那些彼此相互联系，并能与观念、制度形成一个有机整体的管理方式方法才是管理模式的基础，那些互不关联、彼此独立的管理方式方法仅仅是一般意义上的方式方法而已。但是，管理模式与管理方式方法也是有区别的。管理模式具有综合性，落脚于内容的落实与贯彻，是围绕一定的管理内容而建立的一系列规则、范式和操作规程；管理方式方法则相对地具有单一性，它是企业在资源整合过程中所使用的工具和具体方法。

管理模式创新既是管理创新的条件，也是管理创新的结果。所谓管理模式创新，就是用新的先进的管理模式来代替陈旧落后的管理模式。一般说来，管理模式创新具体包括以下几个方面：企业管理的综合性创新、企业某一管理领域中的综合性创新、管理方式方法和管理手段的综合性创新等。

（三）流程创新

流程创新是管理系统创新的重要内容之一，也是具有一定技术性的工作。它是指技术活动或生产活动中的操作程序、方式方法和规则体系的创新。广义的流程创新包括各种工作流程的创新，不仅局限于生产、工艺。

流程创新是不同于产品创新的另一种技术创新。

不同产业流程创新的战略重要性各不相同。在信息密集型产业，例如金融服务业，工艺流程本身就是一种产品，那么流程创新就很重要；而在其他产业，例如商品制造业，人们会赋予流程创新很低的加权值。在这两者之间的就是过渡性产业，例如食品杂货零售业，由于利润空间有限，产业会非常重视顾客的忠诚度，因此产业需要强调新型的、更有效的工艺。因此，企业需要找到自身真正所处的位置，从而确定进行流程创新的程度。

流程创新强调在组织生产流程和服务运作中引入新的流程和要素。流程创新只是改变生产产品的过程，而不是结果。因此，流程创新可见度很低，实施起来难度更大，可能引发组织结构和管理系统的全方位变革。调查结果表明，大多数企业在生命周期的各个阶段，都较少引入流程创新。但在企业规模扩大，结构复杂度增强时，流程创新能够带来更明显的效果。

（四）标准创新

技术标准是对标准化领域中需要协调统一的技术事项所制订的标准。它是根据不同时期的科学技术水平和实践经验，针对具有普遍性和重复出现的技术问题而提出的最佳解决方案。它的对象既可以是物质的（如产品、材料、工具），也可以是非物质的（如概念、程序、方法、符号）。技术标准一般分为基础标准、产品标准、方法标准、安全标准、卫生标准、环境保护标准等。技术标准是人们从事科研、设计、工艺、检验等技术工作，以及人们在商品流通过程中共同遵守的技术依据，是大量存在的、具有重要意义和广泛影响的标准。

技术创新是促进社会进步的重要动力，从经济增长、资源的有效配置和贸易竞争几个方面影响社会发展。在认识到技术创新对企业发展的重要作用之后，国内许多企业都建立了技术研发中心，进一步强化了企业进行技术创新的能力。从企业核心竞争力的角度看，技术创新是企业获得市场竞争优势的一个重要手段，而良好的技术创新管理能力能够为企业带来意想不到的收获。如今，几乎每个企业都在追求技术创新，但很多企业对技术创新管理的认识还停留在初级阶段。技术创新管理包括对技术知识、技术研究人员和科研成果的管理。

企业所在的产业不同，技术知识的特性也不尽相同，尤其是技术知识的路径依赖性、复杂程度、变动程度、隐性程度和显性程度等的差异，导致企业采用不同的技术知识管理方式。实际上，对技术知识的管理就是对技术知识的收集、选择、吸收、转化、学习、积累、传播、应用、整合、创新、保护，其中涉及人力资源管理、组织建设、信息系统管理。有效的技术知识管理能够使企业的工作效率提高，使团队智慧得到提升，使创新成本有所降低，使企业的市场应变能力和创造客户价值的能力得到改善。企业在进行技术知识管理的过程中，要注意以下几个方面的问题。首先，企业要加大技术知识管理力度，建立自己的知识库，定期更新知识、提纯知识。其次，企业要加强对知识的吸收和转化能力，将从外部环境中吸收的知识进行合理的提取，将其融入企业内部知识存量，丰富企业的技术知识。最后，企业需要合理利用隐性技术知识，知识创新除了产生规范、文档等显性知识，还会产生大量没有成文的经验知识，有助于企业制订技术战略。

（五）观念创新

观念是行为的先导，它驱动、支配并制约着行为。行为的创新首先是观念的创新，没有创新的观念就不会产生创新的行为，因此我们可以说观念创新是行为创新的灵魂。企业要想进行管理创新，就必须首先实现观念创新。所谓观念创新，是指形成能够比以前更好地适应环境的变化并能更有效地整合资源的新思想、新概念或新构想的活动，它是以前所没有的、能充分反映并满足人们某种物质或精神需要的意念或构想。对企业管理活动来说，管理观念的创新主要涉及以下几种情况：提出一种新的经营方针及经营战略；产生一种新的管理思路并将它付诸实施；采用一种新的经营管理策略；采用一种新的管理方式方法；提出一种新的经营管理哲学或理念；采用一种新的企业发展方式等。

观念创新既包括员工个人的观念创新，也包括企业整个组织的观念创新，这两个方面的观念创新相互联系、相互影响。个人观念创新服务、服从于组织观念创新，并对组织观念创新产生推动或阻碍作用；组织观念创新体现着观念创新的方向，并对个人观念创新产生引导、整合或抑制作用。但是，无论是个人观念创新还是组织观念创新，它们都是对客观环境变化的一种能动反应，是主动适应客观环境变化的结果。由于变化是客观环境的本质特征，所以观念创新也没有止境。根据观念创新与环境变化之间的关系，我们可以将观念创新简单概括为三种基本类型：一是超前型，即观念创新领先于环境变化，在时间上有一个提前量，能够随时应对环境的变化；二是同步型，即观念创新与环境变化同步，能随着客观环境的变化及时进行观念创新；三是滞后型，即观念创新落后于环境变化，观念落后于时代，少变、慢变或不变。作为管理者，应该自觉地进行观念创新，力求超前，至少同步，绝不滞后。但这并不是说观念创新越超前越好、越新越好，一味超前创新，并非都是好事，轻则会增加创新成本，重则会导致各种传统观念的反对和抵制，反而可能延误创新时机。

（六）结构创新

结构创新指企业通过对其组织形式的调整，达到更合理地组织管理人员的工作和提高管理效率的目的。这里的"组织结构"，包括两个含义，即员工所处的岗位及职务，组织结构是这两者的结合体，其实质是权力分配和责任分配。任何一次组织结构变革都是变革动力和阻力博弈的结果，会对博弈当事人的权利与责任分配产生影响，员工则会根据变革来调整自身行为；而对于其他观望者来说，他们可能会将此结果与自己的预期相比较，进而调整他们未来的行为及对行为结果的期望。

（七）制度创新

制度创新指企业系统中各成员间正式关系的调整和变革。制度创新主要包括产权制度创新、经营制度创新。产权制度创新是指生产资料在私有和公有之间的一种组合关系，而这种关系受到企业自身情况及其所处环境的共同影响。经营制度创新是指通过调整行使经营权和日常经营的各种具体规则，达到最有效利用企业生产资料的目的。成员间关系的调整意味着利益分配的变动，进而牵扯到各方的切身利益，员工会根据利益的正向或负向变化，来采取积极或消极的行为。

第三节　营销管理创新概述

一、营销管理创新的背景

如今，大数据技术作为计算机网络领域中的热门名词，得到了各个行业的广泛关注。在信息化社会，每天的生产、生活活动都会产生海量的数据，这些看似杂乱无章的数据，其背后隐藏着巨大的商业价值，能够为各个企业的精准营销带来巨大的便利。传统的营销管理模式已经无法适应时代发展的要求，企业实施营销管理创新已是大势所趋，营销管理创新是提高企业市场竞争力最根本、最有效的途径。通过营销管理创新，企业在营销理念、营销方式、营销策略和营销手段上进行相应的变革，以适应信息时代的要求，获得持续的生存和发展机会。

（一）大数据技术为企业营销带来的机遇、挑战

1. 大数据技术为企业营销带来的机遇

以前企业使用的传统营销模式需要投入大量的人力、财力以及物力，同时企业内部在

信息传递的过程中，也会不可避免地出现一定程度的偏差，从而导致企业无法及时有效地掌握最真实的市场信息。在大数据技术的支持下，企业可以对收集到的有关目标消费群体的大数据信息进行全面分析，精准了解消费者在产品需求方面的变化，确保企业能够对产品进行合理的优化，并进行符合目标市场需求的宣传。除此之外，企业可以通过大数据技术的有效运用，对产品的目标客户群体做出精准定位，并开展合理的市场营销活动，这对企业内部提高资源利用率有十分重要的价值。企业能够在使用大数据技术的基础上，对目标消费群体进行合理的分类，以便从不同消费者的心理和产品需求方面的特征出发，设计出具有针对性的营销策略和方案。企业通过有效运用大数据技术，能够做出针对性的市场营销管理策略，在提高市场营销效率和质量的同时，能够对用户体验进行一定程度的优化，实现消费者和企业双赢的目标。

2. 大数据技术为企业营销带来的挑战

诚然，大数据技术为企业的营销管理带来了机遇，但任何技术都有双面性，大数据技术同样也对企业的营销管理带来了一定的挑战。社会生产生活中的各个行业都在电子信息技术的冲击之下逐步寻求创新。企业要将营销管理和大数据技术有机结合，需要相关的专业人才，而这也恰恰是企业面临的关键问题之一。企业内部缺乏了解大数据技术的营销管理专业人才，导致企业内部应用的大数据技术停留在表面，无法与营销管理工作进行全面有效地结合。在信息时代，人们接收信息的方式变得更为多元化，这也导致企业营销工作的竞争变得越发激烈，为了确保企业能够在激烈的市场竞争中制订出符合消费者需求的营销内容以及方案，企业更加需要将营销管理和大数据技术进行有效的结合。由于当前的互联网技术仍然存在一定的技术漏洞，大数据技术本身对用户信息的安全性带来了一定程度的威胁，这也是企业在营销管理中应用大数据技术需要面对的一个挑战。

（二）目前企业营销管理工作中暴露出的问题

1. 营销机制滞后

当下，信息技术在人们的生产和生活中占据着非常重要的地位，而企业对于信息技术的需求程度逐渐提升。随着相关网络技术的发展，信息的传播也变得越快速，越来越高效，但实际上，企业营销管理和大数据技术的融合过程中依然存在较多问题。其中，最关键的一个问题就是营销机制相对落后，企业内部的营销业务整体流程和环节数量较多，显得过分烦琐，这也就导致营销业务流程在与大数据技术结合的过程中，尤其是在企业的基础资料和档案存储过程中，票据传递速度较为缓慢，企业内部无法及时有效地进行部门之间的信息共享，大数据技术的实际价值也就自然无法全面得到体现。企业制订的营销策略和方案与市场需求之间存在着一定程度的脱节现象，这直接影响企业未来的健康长远发展。

2. 营销管理意识不足

即使大部分企业已经意识到大数据技术在营销管理工作中的重要作用，并开始尝试将大数据技术引入实际的营销管理工作，但从目前的情况来看，仍旧有部分企业使用传统的营销管理方式，导致企业最终采用的营销工作方案与客户的实际需求脱节。企业没有采用新型的网络技术营销方式，这些现象之所以产生，其根源便是企业内部未能树立良好的营销管理意识。在当前的大数据时代背景下，网络营销已经成为企业营销管理体系中的重要组成部分，这一方式很好地将客户的实际需求和企业的健康发展关联在一起。如果企业并未树立正确的营销管理意识，企业自然无法根据市场环境的实际变化调整营销活动，无法有效结合大数据技术创新营销活动，这会导致企业在大数据技术的发展过程中逐渐掉队，这对企业提高核心竞争力有着最为直接且致命的影响。

3. 营销策略缺乏独特性

如今，大部分企业都在应用当前较为流行的营销方法和市场营销模式，还有一些企业直接照搬国外的营销模式。然而，在实际的市场营销过程中，企业必须以市场实际发展情况和自身实际情况为基准，选择正确的、合适的营销模式，而不是盲目照搬他人的经验。市场环境中所盛行的营销模式并不适合所有企业，并且企业也不可能全面照搬照抄国外的营销模式。从当前企业市场营销管理情况可知，多数企业并没有将市场实际情况作为市场营销管理的依据，这对企业的发展造成了不利影响。

除了盲目照搬其他营销模式，多数企业的市场营销管理工作质量不高还有一个重要原因，即营销策略选择不合理，缺乏独特性。目前，我国大部分企业都采用比较保守的营销方法，依然注重产品的定价和宣传，并且营销管理策略也有很多相似之处，没有做到与时俱进，也没有体现出营销策略的独特性，市场营销策略不够科学合理。因此，在激烈的市场竞争中，企业很难建立起自己的品牌，这导致在市场竞争中企业很难进行品牌推广，企业的产品往往会被其他企业的产品取代。

4. 营销管理信息化系统风险较高

即使当前的计算机网络技术已经得到了较为充分的发展，并且部分企业也开始逐渐推广使用电子营销管理方式，但在实际的企业营销管理工作过程中，计算机网络技术本身存在的技术缺陷导致企业面临一系列风险，这些风险主要体现在如下几个方面。一是员工的操作失误。企业内部用于市场营销管理的相关大数据软件，在员工未经过全面系统的培训且缺乏责任意识的前提下，很容易出现操作上的失误，继而导致企业内部营销信息的泄露，这对企业经济效益的提高会产生一定程度的负面影响。二是员工的违规操作。部分员工出于个人利益最大化的考虑，往往会利用工作岗位的便利，私自对企业的营销数据进行修改，从而使得企业收集到的营销数据和市场实际状况不相符，直接影响了企业内部制订的市场营销方案和策略的针对性。三是固定的技术风险。目前，计算机网络技术存在一定的技术缺陷，这导致企业内部运用的营销管理网络体系很容易出现一定的技术漏洞，为黑客的恶意攻击和入侵提供了空间，直接阻碍了企业营销工作的有序落实。

二、营销管理创新的意义

随着互联网的发展，我们迎来了大数据时代。大数据有其独特性，即从多个角度进行信息收集，且收集到的数据量非常庞大，人们可以利用有关算法对这些信息进行归类和分析，并根据信息内部存在的联系挖掘信息的潜在价值，例如分析未来可能出现某事件的概率。物联网、移动互联网、人工智能等是当前中国信息服务行业领域发展过程中运用较为广泛的大数据技术，并且人们对互联网的运用会使数据量不断增加，逐渐形成庞大的数据资产。从企业的角度来看，决策对于企业有着十分重要的意义，企业只有注重决策，才能使经济效益最大化，而大数据技术为现代企业发展及转型提供了可靠的数据支持，对企业的决策模式和管理经营的优化起到了重要作用，能提升企业的决策效能及决策水平。利用大数据技术，管理者能及时掌握市场发展动态和趋势，进而有效地调整营销计划。

（一）对于消费者的意义

营销管理创新使消费者成为企业创新过程中的直接受益者之一，企业在营销管理创新的过程中，通常都会以市场为导向，在原有的营销管理基础之上，进行手段或层面上的改革，但是改革的根本目的仍然是通过管理创新，满足不同消费者日益多元化的需求，从而使企业在市场竞争中占据有利地位，扩大市场份额，获得更多利润。与此同时，消费者在企业管理创新的过程中，也会直接享受到企业提供的各类新式产品和服务，获得更多的消费体验和乐趣，拓展自己的视野，发现新的消费需求，从而获得更多高品质的服务。在某种程度上，我们可以说，企业营销管理创新对于消费者和企业来说是一种双赢的选择，双方都能各取所需，实现共赢。

（二）对于企业的意义

对于企业而言，营销管理创新带来的影响是多方面的。首先，营销管理创新能够使企业为顾客提供高品质的产品和服务，为企业赢得利润，这是最基本也是最重要的方面，因为企业本身就是以营利为目的的组织。其次，营销管理创新为企业保持并扩大市场份额提供了有利的条件，有利于企业在与同行的竞争中脱颖而出，保持自身的竞争优势。最后，企业在营销管理创新的过程中所创新出的各种机制，能够为企业的长远发展提供制度保障，同时也能体现企业与时俱进的优秀品质，能够吸引不同层次的人才，这对于企业的影响是其他改革所无法比拟的。

综上所述，随着经济全球化的逐步深入，国内市场国际化、国内营销国际化、国际竞争内部化已成为现实。另外，新技术的层出不穷、市场竞争手段的多样化都使我国企业面临新的巨大挑战。在这种崭新的市场环境中，我国企业必须进行营销管理创新，以适应不断变化的客观环境，从而实现企业的永续发展。

经典案例1-1

中国民航航线航班管理系统研发实践及创新升级

中国民航航线航班管理系统于2021年8月全面投产上线。经过2021年冬春、2022年夏秋两次航班换季业务量高峰时段使用检验,中国民航航线航班管理系统运行稳定、安全、流畅、可靠,标志着中国民航在航线航班管理方面达到国际先进水平。

一、概况

中国民航航线航班管理系统由中国民用航空局(简称民航局)运输司组织管理,由西安民航凯亚科技有限公司研究开发,通过信息化手段转变服务监管模式,提高行政效能,为中外航空公司搭建信息化桥梁,提供更好的营商环境。该系统是民航局落实"放管服"改革要求实施的信息化项目,是民航局推进航线航班审批改革,促进航线航班资源配置的公开、公平、公正,建设"互联网+政务服务"体系的重要举措。中国民航航线航班管理系统研发工作经历了三个阶段,如图1-1所示。

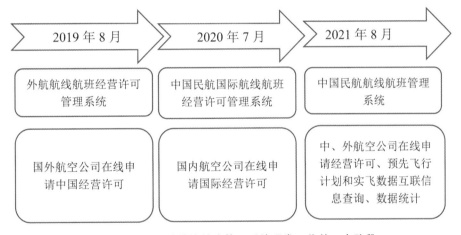

图1-1 中国民航航线航班管理系统研发工作的三个阶段

二、阶段性成效

中国民航航线航班管理系统的上线运行,是民航局"互联网+政务服务"体系建设的又一项信息化成果,"信息多跑路,企业少跑路"效果显著。系统的投产使用,进一步增强了行政服务能力,规范了行政行为,提高了行政审批效率,更好地为中外航空公司提供智能化、专业化、便捷化体验。系统的投产使用,全面实现了航线航班业务受理、信息查询、数据统计和系统管理等功能。尤其重要的是,系统的投产使用实现了预先飞行计划和实飞数据的实时共联,帮助航空公司积累了运输航空数据,为"三网融合"打下了坚实的基础,为"智慧监管"提供了强有力的数据支撑。中国民航航线航班管理系统的用户及主要功能如图1-2所示。

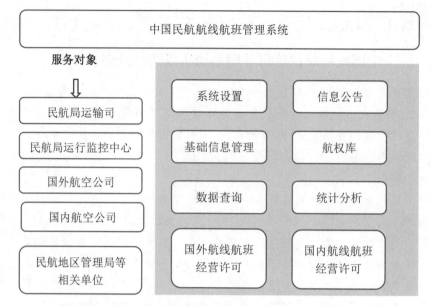

图 1-2　中国民航航线航班管理系统的用户及主要功能

（一）"互联网+政务服务"总体框架形成并得到优化

中国民航航线航班管理系统针对国外航空公司和国内航空公司开发相应的功能模块，包括国外航空公司的基础信息、航线经营许可数据管理、定期航班管理数据的申报及审批；国内航空公司的基础信息、国际和国内航班计划申请、受理等。中国民航航线航班管理系统实现了航线航班在线申请和审批，"互联网+政务服务"总体框架形成并得到优化。该系统在线受理中外航空公司注册、经营许可、航线航班申请、变更等事项。在经营许可方面，该系统具备新建、申报、删除、撤回、变更、审批等功能；在航班计划管理方面，该系统具有航班计划的新建、申报等功能，并可撤回、变更、审批、统计分析航班。中国民航航线航班管理系统用户界面如图 1-3 所示。

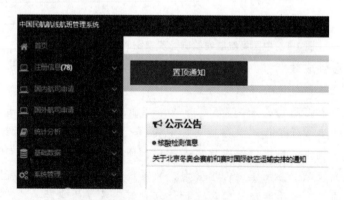

图 1-3　中国民航航线航班管理系统用户界面

（二）实现航线航班资源分配公开透明，做到阳光审批

中国民航航线航班管理系统依托科技手段，做到航线航班审批资源公开、规则公开、过程公开和结果公开，确保航线航班审批公开透明。该系统的上线运行，

一是整合国内和国际航线航班管理资源，实现航线航班申请的统一受理、审核与颁发，实现许可管理的全过程公开，保证航线航班行政审批的公开和透明。二是建立航线航班审批公示制度，在系统上定期对外公开国际航线航班、国内航线航班分配规则及使用情况，确保航线航班审批全流程公开，各环节可追溯、可还原。三是从航权管理向综合管理服务转变，为中外航空公司提供全链条的优化审批，使航线航班资源分配更规范、更便捷，更具有科学性。

（三）信息共享、数据互联整合工作取得初步进展

中国民航航线航班管理系统解决了航线航班在线申请的基本问题，提高了行政审批的科学化水平。在民航局的协调下，中国民航航线航班管理系统得到了民航局运行监管中心的积极响应和支持，该系统与民用航空预先飞行计划管理系统对接，实现了预先飞行计划和实飞数据的实时共联。航班计划被录入中国民航航线航班管理系统。通过系统互联，数据自动共享至运行监控中心的民用航空预先飞行计划管理系统，对于同一类数据信息，航空公司只需要填写一次，因而可以大幅度提升审核效率。整体来讲，民航航线航班管理工作的一体化程度显著提升，机构间的工作更为协调，航线航班时刻分配有理有据，节省了行政成本，提高了审批的科学化水平。

（四）积累了航空公司的基本数据，为未来实施数据治理奠定基础

中国民航航线航班管理系统记录了中外航空公司航线航班行政审批的基本数据和关联信息，为民航局实施智慧监管提供了强有力的数据支撑。数据主要包括航空公司的注册信息、行政许可管理，以及航权、航线及航班信息。民航局运输司航线航班计划数据与运行监控中心的民用航空预先飞行计划管理系统航班时刻数据实时共享，聚集了航权、航线、航班计划、时刻及航班执行率等实飞数据，成为智慧民航建设必不可少的基础。这些真实的运行数据为我国航空资源配置、政策调控提供了决策支持，为民航局实施智慧监管提供了强有力的数据支撑，为民航局未来实施数据治理奠定了基础。中国民航航线航班管理系统主要数据界面如图1-4所示。

图1-4　中国民航航线航班管理系统主要数据界面

三、前瞻性布局

中国民航航线航班管理系统业务内容涵盖航权、航线、航班计划、时刻等，为相关部门进行行政监管和航空市场分析积累了基础数据。随着民航信息化业务系统不断整合，运行数据共享范围扩大，航空公司、机场和空管相关信息化系统互联互通，形成运输航空大数据。为此，相关部门有必要开展前瞻性研究，挖掘数据价值，推动民航资源配置、监管及市场分析应用场景向智慧方向发展。

（一）从民航数据扩展到航空数据

党的十九大提出了建设"智慧社会"的新理念，民航也相应地提出了建设"智慧民航"的发展目标。智慧民航发展是以数据为基础的信息技术应用，民航局运行监控中心主导实施民航运行大数据中心建设工作，整合民航运行数据资源，推动民航运行数据共享机制建设，民航运行数据汇集已经取得成效。大数据是推动行业创新的重要力量，为立足长远，借助信息技术力量，实现民航运输与航空制造跨领域融合，民航数据的外延已经扩展到航空制造及关联行业，构成航空数据。通过数据的汇集、治理，航空数据的提供者成为数据共享的受益者，形成数据融合、多方协作的民航发展新模式。该模式具有以下三个功能。一是行政监管，发挥大数据技术优势，为政府出台调控政策做事前验证，监管时间从静态转变为动态，监管政策趋向精准化。二是信息服务，大数据驱动配置民航航线航班资源，为航空公司规划航线航班做决策分析，为民航其他业务发展规划做数据支撑。三是民航运输业与航空工业的两业融合，运营与制造信息互联互通，国产大飞机C919投入运营后，大数据驱动智能制造，以民航运营实际数据指导民用航空器及备件的生产制造。民航数据源的构成如图1-5所示。

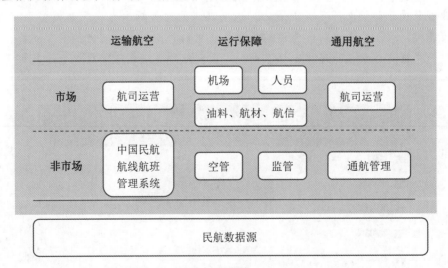

图1-5 民航数据源的构成

（二）构建运维服务体系

民航政务系统的平稳运行，直接影响着行政效能和服务质量，相关部门应该具备前瞻性，构建运维服务体系。行政审批平台及业务系统研发实践表明，信息化业务系统建设是容易的，但让这个系统有效运行是现实中的难题，要做到使这个系统好用、保持生命力更有难度。用户的需求随着时间和技术的发展在不断变化，每一个有生命力的解决方案都需要持续迭代和完善。信息化系统的建设要与时俱进，既要重视初始研发，又要重视投产后的运行保障和迭代更新。要制定运维管理制度和规范，配备硬件及系统维护人员，还需要思考如何做好信息平台的升级改造。只有不断创新，定期对软件进行更新迭代，业务系统才能越来越好用，才能延续生命周期、体现价值。民航安全能力建设资金在重大技术研发和推广中发挥着重要作用，促进了系统建设，但要使系统好用，还需要项目团队收集用户需求，持续完善系统功能。

中国民航航线航班管理系统着力推动民航与互联网、人工智能、大数据等新技术的深度融合，促进航空数据积累、价值挖掘与增值，提升民航智慧监管能力，助力民航高质量发展。

资料来源：《解析中国民航航线航班管理系统研发实践及创新升级》（http：//www.caacnews.com.cn/1/2/202205/t20220512_1344081.html），有改动。

阅读并思考：
（1）中国民航航线航班管理系统在哪几个方面进行了研发实践及创新升级？
（2）结合案例，分析航空企业的创新升级过程及其特点。

【综合实训】
　　你遇到过航空公司的哪些创新服务？请同学们分组，分别扮演航空公司的营销人员和顾客，由营销人员向顾客介绍航空公司的创新服务或产品。

飞机设计室发展史

本章小结

　　创新是为客户创造出新的价值，即把客户未被满足的需求或潜在的需求转化为机会，并创造出新的令客户满意的产品或服务。在高速变化的互联网时代，创新正在成为每个组织和个人必须具备的能力。创新可以分为 7 类：开拓式创新、升级式创新、差异化创新、组合式创新、移植式创新、精神式创新和破坏式创新。创新"四阶段理论"把创新的发展分为四个阶段：准备期、酝酿期、明朗期和验证期。企业要想实现更快、更好、更高水平的发展，就要推动企业管理工作的优化与创新。企业管理创新的内容包括对管理思想、管理理念、管理组织、管理方法和管理制度的创新。企业在进行管理创新的过程中，要注意管理创新的系统性，要兼顾管理过程中的每个环节，使每个环节都能很好地为企业管理创新服务。

中英文专业名词对照

创新 Innovation

管理系统创新 Management System Innovation

营销管理 Marketing Management

升级式创新 Upgrading Innovation

管理创新 Management Innovation

差异化创新 Differentiated Innovation

营销创新 Marketing Innovation

组合式创新 Combined Innovation

营销管理创新 Marketing Management Innovation

开拓式创新 Pioneering Innovation

大数据 Big Data

数字化 Digitization

航空服务 Air Service

思考题

（1）什么是创新？创新可以分为哪几类？

（2）企业管理创新的内容包括哪些？

（3）谈谈你对企业营销管理创新的理解。

第二章
航空公司市场营销与管理

根据中国民用航空局发布的规划，航空公司可以从营销创新出发，推动航空业高质量发展。本章介绍了营销管理的背景、意义，市场营销的观念，组织创新以及营销价值创新等理论知识，还介绍了航空公司营销环境分析方法，为航空公司提升综合实力、创造一流的服务、形成高水平的创新能力奠定基础。

学习重难点

1. 重点

（1）了解航空公司营销管理哲学演进过程。

（2）理解航空公司营销环境分析方法。

2. 难点

（1）理解航空公司顾客价值创新。

本章引例

数字营销为重庆江北国际机场开发赋能

2020—2022年，全球航空业累计亏损超2000亿美元。受各方面因素影响，人们对于民航出行信心不足，全国各大机场吞吐量持续低迷。为推动航空市场尽快复苏，重庆江北国际机场（以下简称"重庆机场"）从2020年下半年开始，连续两年针对中转市场和周边市场分别开展了主题为"重庆飞·中转多一点"和"重庆飞·到JIA就到家"的线上数字营销宣传活动。重庆机场利用自有融媒体矩阵，联合行业内关联资源进行市场营销活动，开拓重点航空客源市场，提高机场覆盖区内民航人口黏性，增加区域内航空人口人均出行次数，强化重庆机场特色民航出行品牌。

通过新颖的互联网传播媒介和精准的互联网投放策略，重庆机场两轮数字营销宣传活动共获得媒体曝光超过1亿次，推动了机场生产量稳定复苏，旅客吞吐量连续两年稳定在全国第4位，是全国二十个大型机场中旅客吞吐量同比受新冠肺炎疫情影响最小的枢纽机场。

资料来源：《让数字营销为机场航空市场开发赋能——以重庆江北国际机场为例》（http：//www.caacnews.com.cn/special/2022zt/6996/2020mhcy3/202202/t20220216_1339764.html），有改动。

课堂讨论：
(1) 重庆江北国际机场为什么受新冠肺炎疫情的影响比较小？
(2) 你还知道哪些航空公司的数字营销活动？

第一节　航空公司营销管理哲学及组织创新

一、营销管理哲学的演进

营销管理哲学是企业经营活动的指导思想或经营观念。迄今，企业的营销管理哲学经历了从生产观念、产品观念、推销观念、市场营销观念到社会市场营销观念的演变。

营销管理哲学是企业经营活动的指导思想，但对于这种指导思想产生的经济学基础，有关市场营销学论著却探讨得不够。笔者认为，商品内在的使用价值和价值的矛盾是营销管理哲学的经济学基础，商品内在矛盾的发展变化决定了营销管理哲学的演变，马克思的商品理论对现代企业的营销管理具有现实的指导意义。

（一）商品内在矛盾与以消费者需求为导向

马克思主义政治经济学认为，商品是用来交换的劳动产品，具有使用价值和价值两种属性，商品是使用价值和价值的矛盾统一体。所谓统一，指商品必须既具有使用价值又具有价值，二者缺一不可。商品的使用价值不同于物的使用价值，它必须是社会的使用价值，即能满足他人或社会需要的使用价值。马克思指出，商品生产者不仅要生产使用价值，而且要生产价值，不仅要生产价值，而且要生产剩余价值。所谓矛盾，指一个商品对商品所有者来说，没有直接的使用价值，否则他就不会把这个商品拿到市场上去交换；他的商品只对别人具有使用价值，因而别人才去购买它。一切商品对它们的所有者是非使用价值，对它们的非所有者是使用价值。任何商品生产者从事生产都不是为了得到商品的使用价值，而是追求商品的价值，但由于使用价值是价值的物质承担者，因此，商品生产者必须首先生产使用价值并将其让渡出去，才能实现商品的价值。可见，商品的使用价值能否让渡出去，对商品生产者来说是至关重要的事情，它决定着商品生产者的命运。

商品内在矛盾的原理说明，商品生产者能否实现商品的价值，从而达到从事商品生产的目的，关键在于他所生产的商品对社会来说是否具有使用价值，是否符合社会的需要，符合消费者的需求。这就决定了任何商品生产者从事商品生产都必须以消费者需求为导向，而不能以生产者需要为导向。商品生产者必须根据消费者的需求来生产商品，生产符合消费者需求的、具有社会使用价值的商品，而不是能生产什么就生产什么，生产什么就卖什么。为了解消费者的需求，商品生产者在从事商品生产之前就必须进行必要的市场调查和市场预测，尽可能比较准确地把握消费者的需求状况及其变化。这就必然引起商品生产者在商品生产之前的竞争。谁能把握消费者的需求，谁生产的商品就具有社会使用价值，就能实现商品的价值，谁就能在竞争中获胜。只有在了解消费者需求的基础上，根据消费者需求进行产品的设计、生产、定价和销售等活动，商品生产者才能达到从事商品生产的目的。可见，商品内在的使用价值和价值的矛盾，从根本上决定了商品生产者必须以消费者需求为导向的经营思想。

（二）商品内在矛盾与市场营销观念

市场营销观念作为现代企业市场营销管理哲学的内容，产生于20世纪50年代西方发达资本主义国家的买方市场形势下。在西方国家，有人把这一经营思想的变革同产业革命相提并论。其产生的经济学基础是什么？我国市场营销界认为是消费者主权论。笔者则认为，其真正的经济学基础是商品内在的使用价值和价值的矛盾。所谓市场营销观念，就是一种以消费者需求和欲望为导向的营销管理哲学，它把企业的经营活动看作一个不断满足消费者需求的过程，而不仅仅是制造或销售某种产品的过程。它认为实现企业各种目标的关键，在于正确地确定目标市场或目标消费者的需求和欲望，并且比竞争者更有效地提供目标市场所期望的商品或服务，进而比竞争者更有效地满足目标市场的需求和欲望。

市场营销观念的形成和在实践中的广泛应用对西方企业改善经营起到了重要作用，取得了显著成效。我国的企业也正在学习和运用这种经营思想，其成效也日渐显著。那么，市场营销观念的理论基础是什么呢？市场营销学理论认为，市场营销观念的理论基础就是消费者主权论，即决定生产何种产品的权利不在于生产者，也不在于政府，而在于消费者。在生产者和消费者的关系上，消费者是起支配作用的一方，生产者应当根据消费者的意愿和偏好来安排生产活动。生产者只要生产出消费者需要的产品，就不仅可以为消费者创造便利，而且可以使自己获得利润，否则生产的产品就没有销路。因此，从本质上说，市场营销观念是一种以消费者需求和欲望为导向的哲学，是消费者主权论在企业市场营销管理中的体现。

市场营销学的这种分析无疑是符合经济生活实际的。西方发达资本主义国家正是从

20世纪50年代开始，由卖方市场过渡到买方市场，卖方竞争激烈，买方的权利受到重视。因此，企业不得不转变经营思想，由以生产者为导向转变为以消费者为导向，但是这种分析并没有触及本质，而是仍然停留在供求关系变化的表面现象上。它并没有从本质上说明在商品生产中为什么消费者必须拥有主权，为什么决定生产何种产品的主权不在于生产者，也不在于政府，而在于消费者。事实上，消费者主权论的根源不在于买方市场这一现象，而在于商品的内在矛盾。商品内在的使用价值和价值的矛盾在根本上决定了任何商品生产者，无论是在卖方市场形势下还是在买方市场形势下，都必须以消费者需求为导向，生产出符合消费者需求的使用价值，商品才能销售出去，才能实现商品的价值，从而达到商品生产的目的。

市场营销学从买方市场这一现象出发对市场营销观念的分析，往往会使人们在观念上形成一种错觉，似乎只有在过剩经济和买方市场条件下，才存在消费者主权，才需要考虑消费者需求。但从商品内在矛盾的分析出发，即使在短缺经济和卖方市场形势下，消费者主权同样客观地存在，商品生产者同样要考虑消费者的需求。如果商品生产者所生产的商品根本不符合消费者的需求，不具备社会的使用价值，商品就不能销售出去，不能达到商品生产的目的。只不过，在卖方市场形势下，商品内在矛盾表现得不像在买方市场形势下那样充分，消费者主权不能得到充分体现而已，但绝不能因此把消费者主权，或者把以消费者为导向看作买方市场这种特殊现象的产物。

随着货币的产生，商品内在的使用价值和价值的矛盾转化为商品和货币的外在对立，生产者拥有商品，消费者拥有货币。货币作为一般等价物，作为社会财富的一般形式，可以与任何商品交换，而消费者作为货币的持有者，必然在商品交换关系中处于主导地位。生产者要卖掉自己的商品，实现商品的价值，就必须根据消费者的需要，提供消费者所需要的商品和服务。由此可见，商品内在的使用价值和价值的矛盾是消费者主权论的根源，是市场营销观念的经济学基础。

（三）商品内在矛盾的发展变化与营销管理哲学的演变

市场营销作为一种有意识的经营活动，是在一定的经营思想指导下进行的。这种经营思想在市场营销学中被称为"营销管理哲学"，它是企业经营活动的指导思想或经营观念。迄今，在西方国家，企业的营销管理哲学经历了从生产观念、产品观念、推销观念、市场营销观念到社会市场营销观念的演变。其中，前三种观念可以归结为以生产者为导向的经营思想，主要存在于20世纪50年代以前的西方国家；后两种观念可以归结为以消费者为导向的经营思想，主要存在于20世纪50年代以后的西方国家。分析表明，正是商品内在矛盾的发展变化决定市场营销管理哲学的演变。

商品内在的使用价值和价值的矛盾，在市场上人格化为商品生产者和消费者的对立。在商品经济发展的不同阶段和不同的市场供求形势下，生产者和消费者在矛盾中的地位和作用是不同的。有时，生产者处于矛盾的主要方面，或者说供给处于主要方面；有时，消费者处于矛盾的主要方面，或者说需求处于主要方面。一般来说，在前一种条件下，市场营销管理哲学通常以生产者为导向；在后一种条件下，市场营销管理哲学通常以消费者为导向。

在资本主义工业化初期以前，物资短缺，产品供不应求，买方竞争激烈，消费者关心的是"买得到"和"买得起"产品，生产者绝对地成为矛盾的主要方面，因此产生了以增加产品数量为导向的生产观念，即企业的一切经营活动以生产为中心，以产定销，以量取胜。企业的任务就是努力提高效率，扩大产量，降低成本。随着工业化的发展，市场上产品供给增加，消费者收入增长，消费者不再担心买不到或买不起产品，而是关心"买得好"，消费者在矛盾中的地位有所改变，对商品生产的影响有所增强，因而产生了一种以提高产品质量为导向的产品观念。产品观念认为只要产品质量好，自然就会顾客盈门，产品就不愁销路。这种经营观念在商品经济不太发达的时代是有一定道理的，但它毕竟没有考虑消费者的真正需要，仍然是以生产者为导向的经营观念。

随着社会生产力的进一步发展，西方国家的市场形势发生了很大变化，尤其是1929年开始的经济大萧条，使大量产品供过于求，销售困难，意味着商品内在的使用价值和价值的矛盾，或者说生产者和消费者之间的矛盾发生了根本转变。消费者意识到这种质的变化，但一些生产者没有从根本上转变经营观念，而只是根据产品销售困难的表面现象，提出了以扩大产品销量为导向的推销观念，即以抓推销为重点，通过强化推销措施来扩大产品销售。生产观念、产品观念和推销观念都是以生产者为导向的营销管理哲学，它们的演变是商品内在矛盾发展但尚未严重激化的反映，是生产者处于矛盾主要方面的体现。

进入20世纪50年代，随着科学技术的发展，社会生产力水平提高和经济的迅速增长，西方发达资本主义国家的市场发展到名副其实的供过于求，卖方竞争激烈，买方处于有利地位的买方市场。商品内在的使用价值和价值的矛盾、生产者和消费者的矛盾发生了本质变化，商品价值能否实现、生产者能否实现利润增长目标，关键在于生产者所生产商品的使用价值是否符合消费者的需求。消费者取代生产者成为矛盾的主要方面，消费者主权取代生产者主权，生产什么，生产多少，不再由生产者决定，而是由消费者决定。这样就产生了一种全新的营销管理哲学，即以消费者需求为中心，通过满足需求实现生产者目标的市场营销观念。

20世纪70年代以后，市场营销观念进一步发展为社会市场营销观念，它弥补了市场营销观念的不足。社会市场营销观念认为，企业不仅要满足消费者的需求和欲望并由此获得企业利润，而且要符合消费者自身和整个社会的长远利益。它与单纯的市场营销观念的区别在于，它不能只顾满足消费者眼前的生理上的或心理上的某种需求，还必须考虑消费者个人和社会的长远利益。这两种观念都是以消费者为导向的营销管理哲学，它们的产生和形成在表面上看是产品供过于求的买方市场以及消费者主权论的反映，但从本质上看，则是商品内在矛盾、生产者和消费者矛盾充分发展并发生本质变化的必然结果。

综上所述，商品内在的使用价值和价值的矛盾从根本上决定了消费者主权论，并进一步表现为以消费者需求为中心的市场营销观念，商品内在矛盾的发展变化决定了营销管理哲学的演变。

二、航空公司的战略组织创新

组织有两层含义。一是作为名词特性的组织，它是指一群人为了实现共同目标，按照一定的规则组成的一个团体。在这个团体内部有明确的分工和相应的职权关系，有一定的机构和信息沟通网络，它们共同构成了组织成员活动有序化的支撑体系。二是作为动词特性的组织，它是指通过分工协作对组织资源进行有效整合，以更好地实现组织目标的活动。名词性的组织是管理活动的载体，动词性的组织则是管理的重要职能或活动。由此可见，不管是名词性的组织还是动词性的组织，它们都属于管理的范畴，自然组织创新也属于管理创新的内容。组织目标和整合资源的方式方法不断发生变化，这必然要求组织不断地进行创新。组织创新包括组织机构创新和管理制度创新，也正是在管理制度这个层次上，组织创新与制度创新存在着内容交叉。

任何组织机构，经过合理的设计并实施后，都不是一成不变的。它们如生物的机体一样，必须随着外部环境和内部条件的变化而不断地进行调整和变革，才能顺利地成长、发展，避免老化和死亡。

组织创新主要包括：提出一种新的组织理念；采用一种新的组织机构形式；采用一种新的组织沟通网络；采用一种新的职责权限划分方法；设计一种新的管理制度，并有效实施；提出一种组织学习的有效形式等。

三、航空公司的组织结构创新

（一）组织结构创新的影响因素

1. 技术

技术的巨大变化是组织结构变革的直接动力。先进制造技术的应用，改变了组织的生产流程与作业组织；信息技术，尤其是计算机与互联网的推广应用，改变了一个组织与其他组织（供应商、经销商、用户、金融机构等）的联系方式，也导致了组织经营决策方式和生产经营组织方式的变革。新技术的应用加速了组织的技术进步。各种自动化、智能化、检测技术的普及，也会不同程度地改变组织生产与运作过程。所有这些新技术的应用客观上需要与之匹配的新型组织结构形式。

2. 社会与环境

电子商务的出现，要求人们对相关法律规范进行完善，而新的法律规范反过来会促进新事物的发展，这反映了技术与法律规范的互动关系。事实上，各国和地区政府都致力于促进技术创新和市场经济的发展，这必将带来组织经营环境的改善，同时也会加剧全球化竞争。组织面临的现实状况及所处的产业发展阶段也是组织结构创新的原因之一。此外，市场环境中的供应商、消费者、经销商、金融市场、竞争对手的情况等都会对组织形成新的有时甚至是巨大的竞争压力，迫使组织进行变革以适应新环境。

3. 资源情况

组织所拥有的各种资源（人力、财力、物力、信息等）一直都是组织决定其经营方式的主要因素，人力或智力资源的状况同时会影响组织内部机构，即组织内的部门设计与安排。在缺乏某种物质资源（如厂房、场地、机器设备等）时，一些组织将部分生产、经营环节委托别的组织完成，这种专业化分工与协作的基本思路使组织降低了交易成本。

4. 战略与目标

企业战略是在市场经济条件下，企业为谋求生存与发展而做出的全局性、长远的总体谋划。企业战略包括企业未来一段时间内的经营范围，经营方针，长期、中期和短期的经营目标。企业战略指导一个企业未来的发展。管理学中有"结构追随战略"的说法，即企业的组织结构应随着企业的战略而调整，其目的是保证企业战略目标的实现。企业战略管理的一个关键问题是培养和保持企业的竞争优势。企业在哪个范围内取得优势、取得何种优势都与企业的组织结构密切相关。如果是全球化战略，企业就需要建立跨国模式的组织结构；而对于多元化经营的企业，事业部制结构最为普遍。

5. 企业生命周期

关于组织生命周期，国外学者进行了不少研究。1972年，美国哈佛大学的葛瑞纳教授（Larry E. Greiner）《在组织成长的演变和变革》一文中，第一次提出企业生命周期的概念，他把企业生命周期分为五个阶段。1983年，美国学者奎因（Robert E. Quinn）和卡梅隆（Kim Gameron）在《组织的生命周期和效益标准》一文中，将组织的生命周期简化为四个阶段（创业阶段、集体化阶段、规范化阶段、精细化阶段）。后者更具有普遍适用意义，被广泛接受。

葛瑞纳和奎因等都认为，企业的成长是一个由简单到复杂，由幼稚到成熟，由应变能力差到应变能力强的发展过程。每一个阶段都由两个时期组成，即稳定发展时期和变革时期。在稳定发展时期，组织结构和内外条件的需要相适应，组织结构和经营活动无重大变动。当企业进一步发展，一些新的矛盾或危机就会从内部出现，现行的组织结构就不再适合，组织变得不稳定，从而进入变革时期。企业采用适当的方法，变革现行组织结构和运行规则，矛盾或危机得到解决，组织结构适应内外部条件，企业又进入一个新的稳定发展时期。如此循环，企业组织不断适应变换的内外部环境，不断走向成熟。可以这样认为，企业的整个发展过程，总是伴随着组织结构变革与创新。企业在发展的不同阶段，从事的业务领域不同，生产经营的规模不同，组织结构也有很大差别，在矛盾激化、组织不稳定时，结构变革的内部动力就产生并聚集起来，组织结构创新就不可避免。

6. 制度与文化

企业的各种制度会直接影响组织的类型。组织结构还与产权结构与治理结构有关，如家族企业或股份制企业采用不同的管理制度，集权与分权程度差别很大，组织结构要求也不同。企业家制度，即高级经理的激励与约束机制，关系到总经理的创新精神的发挥。很多事实说明，总经理的企业家精神会导致整个企业的变革与组织创新。此外，企业文化对企业组织创新有两种作用：阻碍或促进。如果企业建立了一种开放、合作、适应性的文化，企业的变革与组织创新便容易实施，并且变革的预期目标容易实现；反之，如果企业建立了一种保守、封闭、僵化的文化，对新生事物不敏感，不去主动适应变化的外部环境，安于现状，不思进取，企业任何变革都会遇到巨大的阻力，组织创新就会无比困难。

（二）组织结构创新的过程模式

在崭新的时代背景下，企业组织变革的任务是创造出具有快速、灵活、动态、自我变革与创新特征的新型组织，企业在结构创新中要实现中央职能与网络组织、团队组织和横向组织的结合。企业组织结构创新的过程模式如图2-1所示。

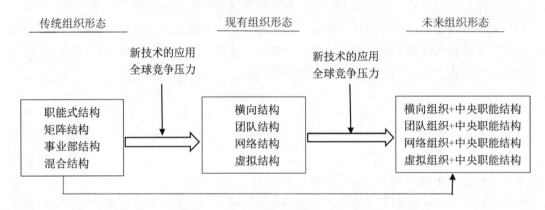

图2-1　企业组织结构创新的过程模式

适应新技术革命的新型企业组织结构创新的过程有三条路径：第一，从传统组织形态转变为现有组织形态，然后变革成未来组织形态；第二，从传统组织形态直接转变为未来组织形态；第三，按未来组织形态构建一个新企业。

接下来，笔者分别讨论这三条路径。

1. 传统形态—现有组织形态—未来组织形态

传统形态—现有组织形态—未来组织形态，这是一条多数现有企业选择的路径。现有的许多企业已经在某一行业或多个行业中经营了多年，它们有着自己的管理制度、运作系统和组织结构，如矩阵结构、事业部结构、混合结构等。这些结构对于企业过去或现有的经营活动来说也许是行之有效的，虽然也暴露出不少弊端，但其仍在继续运行。如今，有一些企业正在对组织结构进行调整与改造，如在组织内调整工艺流程、运作流程，变垂直结构（职能式结构）为横向结构，在组织内建立工作团队；在组织外采用虚拟组织、网络结构去整合外部资源，把一些非核心的环节外包出去等。这种组织结构的改造或改良，使企业增强了组织弹性，提高了反应速度，减少了官僚制度、机构重叠的负面影响，但是还不能达到新型组织结构的目标。这些做法只满足了企业目前经营活动和业务需求的某些需要，还不能造就具备自我变革与创新能力的新型组织。

企业从传统组织形态转变到未来组织形态，需要经历一个过程，这个过程包括两个步骤。

第一步，企业完成从传统组织形态向现有组织形态的转变。这只能是组织结构创新过程的启动,目前还有不少企业仍未迈出这一步。如果一个企业将自己的组织全部改变为横向结构或团队结构,原有的生产经营管理部门(生产、营销、采购、仓储等)不复存在,上述部门的管理人员均被安置到基层小组或项目工作团队之中,企业的职能部门(研究开发、质量管理、会计与核算等)也同样被撤销,相关人员也被安置到基层小组或项目工作团队中。这就可能导致主要职责为关注企业管理、提供统一服务、确定合理的评估激励制度的企业级职能部门逐渐退出历史舞台,最终形成高层直接管理各个项目团队或横向价值流小组的结局。

的确,在技术和市场瞬息万变的时代,企业级的计划与监督管理已不合时宜,信息技术和外部资源的发展使许多企业的中心支持性职能部门形同虚设。况且,没有人能比企业的管理者更了解自己的企业,取消职能部门似乎是大势所趋。但实际情况并非如此,取消了职能部门后,谁来承担企业长期发展所需的必要投入?由谁从事企业核心能力的开发与培养?在推广期,由谁来变革与创新组织制度?这些面向未来竞争的基础性工作不可能全部由企业管理者来做。

第二步,企业完成以基层组织(横向组织、团队组织、网络组织、虚拟组织)为主的结构向基层组织与中央职能相结合的结构变革。这一过程不是恢复职能部门,而是创造一个崭新的中央职能体系。新的中央职能体系与企业旧的职能部门角色大相径庭,新的中央职能部门不负责业务团队、小组、单元的工作程序与日程表,而是指导、协调各业务团队、小组、单元的工作。例如,在百事可乐公司,中央职能部门人员与各业务单元紧密协作,确保它们不为短期盈利而影响企业长期战略发展;在日立公司,现在也有这样的部门,除负责识别各业务单元可能忽略的新机会外,也致力于促成业务单元之间的协作、创新,推动组织发展。

在第二个步骤中,企业需要做到以下三点。

1)创建中央职能部门

一个企业要构建哪些中央职能部门,需根据每个企业的具体情况而定。具有共性的中央职能部门应该包括以下几个单位。

一是技术研发单位,负责企业核心技术的开发和推广。所谓核心技术,就是具有充分的用户价值,具有独创性,不易被别人模仿和扩展的技术,就像日本夏普公司的液晶显像技术和佳能公司的光学技术、成像技术、微处理技术一样,其能够帮助夏普公司在计算机、掌上电脑、手机、各类液晶显示器等产品市场上占据一席之地,能帮助佳能公司在复印机、照相机、摄像机、激光打印机、成像扫描仪等产品市场上获得竞争优势。企业的核心技术为各价值流小组或项目团队提供具有领先优势的关键技术,它是各横向组织或项目团队取得成功的有力保障。各价值流小组或项目团队既无足够的人力、财力,又无充足的时间从事核心技术的开发。

二是信息系统单位,负责企业的信息系统开发与利用。企业是一个生产经营的完整系统。管理者将权力下放到基层,建立横向组织、项目团队不会影响企业整个系统的目的性、关键性、开放性等特性。企业内部组织结构变革只能是企业系统的自组织过程。当今时代的企业组织变革更加依赖信息技术,如此企业才能实现组织扁平化、取消中层、建立网络结构和虚拟组织等目标。信息在企业管理中犹如人体的中枢神经,离开了高效的信息

系统，新型企业的结构模式就不可能实现。企业信息系统的开发与更新只能是职能单位的责任，各个基层组织只是使用这一系统，为顺利开展生产经营活动服务。在实际运行中，信息系统职能单位还要指导各基层团队、小组正确地应用这些先进技术，提高工作效率。

三是财务智囊单位，负责判定整个企业的财务制度，并为不同经营价值流小组、项目团队提供财务服务。这个由经验丰富的财务精英组成的中央职能部门，用真正的专业化、高水平的知识去指导各基层单元的财务管理、成本管理等工作。

四是法律单位，负责整个企业的法律事务。这一点对规模较大的企业、经营分散的企业十分重要。传统的集权式管理的企业，所有经营活动决策由企业总部做出，有一两位专职律师就能够处理企业内外的法律事务。新型组织结构以独立经营的价值流小组或项目团体为基本单元，权力下放，这些价值流小组或项目团队直接面对消费者、供应商、银行等，较多的基层组织缺乏法律方面的专业人士。企业级的法律单位能够用少量的律师或法律顾问去满足多个价值流小组或项目团队的需要，合理地利用了法律人才资源。同时，他们对基层单元的指导也是价值流小组或项目团队获得成功的有力保障。

五是人力资源管理单位，负责整个企业的人力资源开发与利用。未来的竞争是人才的竞争，只使用人、不培养人的企业是无法挖掘员工的潜力的。基层工作单位主要负责用人，至于培养人，也只能在用人的过程中进行培养。基层工作单位为了自身利益，可能摧残性地使用人才，也可能埋没人才，这种做法不符合企业的根本利益。制定统一的人力资源政策，合理配置企业内的优秀人才，以期发挥人才的最大效益，都是企业级人力资源管理单位的职责。

六是企业制度管理单位，负责各种制度的建立与改革。如果说企业的高层管理团队是企业变革与创新的"播种机"，那么企业制度管理单位有点像企业变革与创新的"孵化器"。它把高层管理团队的变革思想转变为工作规程、各项政策与制度。它也负责总结、提炼基层单元的创新成果，并使所在基层单元共享这些成果。负责企业制度管理的中央职能部门担负着促进整个企业管理创新与组织创新的重大职责。

2）明确中央职能部门的职责和相互关系

中央职能部门主要为企业未来发展从事研究、开发、制度设计和组织创新等工作。中央职能部门与基层单位（价值流小组、项目团队）的关系是指导、协调和服务关系。中央职能部门对高层管理团队负责，接受高层管理团队的领导。基层工作单位与中央职能部门在工作中不断磨合。

每当一种新型组织体系投入运行后，总会遇到传统势力、人们的习惯的阻挠，也会出现正常的工作冲突，还会遇到各种偶然因素的破坏。这就需要一个适应过程，也就是我们常说的磨合过程。磨合过程蕴含着人与人的矛盾、人与物质条件的矛盾、人与环境的矛盾。企业只有勇于面对困难，积极解决问题，才能较快、平稳地度过磨合期。

3）将新型组织结构模式制度化

在基层工作单位与中央职能部门顺利度过磨合期之后，新型组织结构体系的运作方法必须被制度化，被固定下来，才能长期发挥作用。这个过程就像库尔特·卢因（Kurt

Lewin）组织变革模型中的再冻结阶段①。制度化可以防止传统势力、旧的习惯卷土重来，制度化可以促使企业内部所有部门都推行这种新体制、新方法。制度化可以使各级管理层在分享这一成果的同时，改进和提高企业的运行规则和工作效率。此外，制度化的新型结构模式可能成为下一轮企业组织结构创新的新起点。

图 2-2 是企业组织结构创新过程模型，包括整个创新过程的工作和步骤。

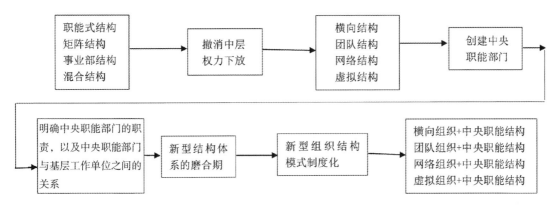

图 2-2　企业组织结构创新过程模型

2. 传统组织形态—未来组织形态

从传统组织形态直接到未来组织形态，这是一场声势浩大的企业组织变革活动，它符合对旧的组织结构体系进行创造性摧毁的思想，只是在具体操作上面临的困难较多。如图 2-2 所示，这条创新的路径，要将撤销中层和权力下放、组建基层工作单位（横向结构、团队结构、网络结构、虚拟结构）和创建中央职能部门同时进行，这实际上是对现有组织体系的彻底摧毁和全面创新。要实施这样企业变革的庞大系统工程，必须事先考虑下列问题。

一是企业高层管理团队的决心、共识与配合。这是企业从传统组织形态直接变革到未来组织形态的首要条件。对于规模较大企业，这种变革几乎涉及全方位、所有层次和绝大部分员工。高层管理团队的成员是否意志坚定，敢于迎接挑战，去解决一个又一个难题，这是企业在变革前需要慎重考虑的问题。

二是日常生产经营活动能否维持。企业从原有的职能式、矩阵、事业部、混合结构转变为基层业务单元的横向、团队、网络、虚拟结构，这是管理职能、生产经营职能向流程型、项目型基层单元的转变，人员、设备、厂房、资金等都需要重新分配。很多人会不习惯这种新的运作方式，过去的规程、方法、制度全被废弃，新方法、制度还未建立，或者新方法不健全，实施中问题较多。种种原因都会造成生产经营活动的中断。

三是如果日常生产经营活动出现中断，企业依靠各方面的资源是否能顺利度过较长的过渡期。企业生产经营活动停顿，进行彻底变革，资金成本是否允许？时间成本又是否允许？这同样是值得深思的问题。

---

① 在组织变革模型中，最具有影响力的是卢因的组织变革模型。该模型又被称为"力场"组织变革模型，其中包含三个阶段，分别是解冻、变革和再冻结。卢因将变革看作对组织平衡状态的一种打破，即解冻。解冻一旦完成，组织就可以推行本身的变革，但仅仅引入变革并不能确保它的持久，新的状态需要被再冻结，并保持相当长的一段时间。因此再冻结的目的是通过平衡驱动力和制约力两种力量，使新的状态稳定下来。

四是企业高层管理团队同时面临双重压力：调整并组建流程型、项目型基层工作单位和创建中央职能部门。前者涉及资源分配、基层工作单位的组建和授权、管理体制变革等诸多问题，后者涉及精英人才的选拔、职能部门的角色转换、中央职能部门与各基层工作单位的关系等问题。

因此，第二条路径比第一条路径艰难得多。企业在第二条路径中面临的麻烦可能远不止上述讨论涉及的内容。任何剧变都伴随着阵痛。旧组织形态的所有弊端，新时代员工的新需求，全球化竞争带来的新压力、新矛盾一并爆发，企业只有通过组织结构创新来解决这些问题，才能实现长远发展。

3. 按未来组织形态构建一个新企业

按未来组织形态构建一个新企业，这一路径比第一、第二条路径容易得多。它相当于在一张白纸上画图，只有在创建一个新企业时适用。新企业可以由三部分组成：以总经理为中心的高层管理团队；企业级的中央职能部门；流程型、项目型的基层单元（价值流小组、项目团队等）。

创建新企业的过程是：先构建基层工作单位和中央职能部门，然后对基层工作单位授权，明确基层工作单位的职责和权利，明确中央职能部门的职责和权利，明确基层工作单位和中央职能之间的关系。这样，就可进入新企业组织结构体系的试运行期——磨合期。企业在磨合期中不断发现问题，解决问题，组织体系的运行不断制度化。这样，一个基层工作单位与中心职能部门相结合的新企业的创建过程告一段落（见图2-3）。

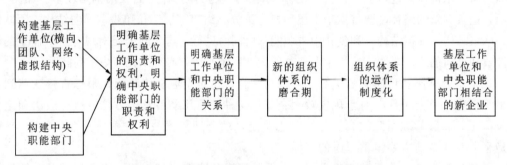

图 2-3　按未来组织形态构建一个新企业的过程模型

第二节　航空公司营销环境

一、航空公司微观营销环境

目前，全球排名靠前的航空公司均对航空服务有着较高的标准，每家航空公司都力求推出个性独特且深受旅客欢迎的服务项目。在 2020 年全球最佳航空公司排行榜中，新西兰航空、新加坡航空、全日空航空三大国外航空公司位居前三位，国内航空公司均未进入排行榜前十位。全球最佳航空公司排行榜的评选使用国际行业和政府安全审计大数据，评判标准包括乘客评价、机队情况、员工关系、营利能力等要素。

在航空服务中，机上服务最能体现航空公司服务质量及细节把控的程度，也更容易影响乘客的服务满意度，尤其对于长途空中旅行来说，如何使乘客轻松、舒适、愉快地度过乘机时间是航空公司首先要考虑的问题。目前，国外的一些知名航空公司在这一点上确实领先国内航空公司的服务标准。相关人士认为：很多乘客愿意利用他们在飞机上的时间去体验一些不一样的事物，并且这些事物是他们在平常生活中遇不到的。例如，国泰航空推出特选经济舱，强调平衡乘机舒适度和票价的理智型乘客。乘客购买特选经济舱，就可以享受相对独立、幽静的乘机空间，座位间距相对更宽敞，座椅靠背可以完全放下，方便乘客舒适地休息，同时座位配备脚踏、私人电视屏幕及充电插座，并备有储物空间。另外，国泰航空还为特选经济舱乘客准备了环保旅行护理套装、多款美味特色的佳肴，几乎接近一般航空公司的商务舱服务标准。

航联传播旗下品牌民航旅客服务测评（Civil Aviation Passenger Service Evaluation，CAPSE）于2012年正式成立，作为独立的第三方民航服务测评，CAPSE以倾听旅客声音、提升服务价值为目标，致力于提供民航服务数据咨询及服务解决方案。民航旅客服务测评通过对乘客的问卷调查，从空乘服务、客舱设施、机上广播、机上娱乐、机上餐食、行李服务、值机与离港服务、安全选项、不正常航班机上服务等方面对全球各大航空公司进行数据测评。

通过梳理国内外相关理论成果，笔者认为，航空公司微观营销环境中包括：现有竞争者、潜在进入者、替代品、供应商、买方。它们直接作用于航空公司的整个营销过程。

（一）现有竞争者

现有竞争的程度主要受行业增长率、竞争者集中度、差异化程度、超额能力、进出壁垒等因素影响。在我国，由于经济长期稳定发展和民航体制改革的影响，国内航空公司的发展比较平稳，市场集中度持续提高，行业进出壁垒相应降低，但由于航空公司运力增速过快，运输产品差异化程度低，航空公司面临的竞争日益激烈。受多种因素的作用和影响，行业竞争者的不确定性较高，航空公司较难合理估计各种可能性，也无法预测各种可能性发生的概率，这很有可能对自身的发展战略带来影响。

（二）潜在进入者

新加入企业的竞争程度取决于该行业进入的容易程度，主要体现在规模经济、进入分销渠道和关系网的难易度、法律障碍等方面。航空运输业属于高投入、高技术、高风险行业，新进入航空公司仍然面临巨大的挑战，但随着航空代理、直销渠道的快速发展，以及民航体制改革使行业进入门槛降低，航空公司面临越来越多的潜在进入者。潜在进入者可能带来的不确定性有多种可能，可能对营销战略造成较大影响。

（三）替代品

替代品对企业来说有风险，是由于存在替代品及消费者转购替代品等因素导致消费者转向其他竞争者，严格地说，是生产同类或同种产品的企业都构成了对企业产品的威胁。航空运输的替代品主要包括铁路运输、公路运输、水路运输等。在我国，铁路、公路、水路交通运输系统的建设和发展受国家控制，总体上来说，我们一般能够预测其可能的发展趋势，这种发展趋势对航空公司营销战略影响较大。

（四）供应商

航空公司的供应商主要包括机场、空管、航材企业、航油企业、航空电信企业、航空维修企业等航空公司保障组织。我国民航市场化改革目前较多涉及航空公司，但较少涉及航空公司个体保障组织，因此这些保障组织的不确定性较低，一般不会对航空公司的营销战略造成太大影响。

（五）买方（消费者与航空代理人）

买方主要通过压低价格、对产品质量和服务质量提出要求，以及对产品的选择来影响市场上现有企业的营销活动，因此其对企业营销活动造成的风险比较大。由于在大多数情况下，消费者是通过航空代理人来消费航空公司的产品，为了分析方便，我们将航空代理人也作为买方。消费者方面的风险主要体现为消费者需求变化带来的风险；航空代理人方面的风险主要是代理人信用风险。航空公司只能确定在未来一定时间内消费者需求变化或航空代理人信用风险的范围，该范围往往是连续的，其对营销战略影响较大。

微观环境因素存在于微观营销环境系统，系统各因素间相互作用，相互影响，共同影响航空公司，其对航空公司营销活动的影响是全面的、综合的，其带给航空公司的风险统称微观环境系统风险。由于多种风险因素共同作用，系统带有极强的不确定性，航空公司既无法完全预测各种可能性，也无法合理预测各种可能性发生的概率，这极有可能给航空公司的营销战略造成影响，甚至造成致命威胁。

二、航空公司宏观营销环境

在制订营销战略时，航空公司需要对外部环境的诸多因素进行详细分析，总结企业有可能面临的机会、挑战和威胁，以便适应外部环境的变化，充分利用自身优势和外部条件，规避自身劣势和市场风险。下面将从政策环境、经济环境、社会文化环境、技术环境的角度重点分析航空公司的宏观营销环境。

（一）政策环境

2016年12月，中国民用航空局、国家发展和改革委员会、交通运输部印发了《中国

第二章　航空公司市场营销与管理

民用航空发展第十三个五年规划》，其中指出，"十三五"期间，航空运输在综合交通中的比重进一步提升，旅客周转量比重达到28%，运输总周转量达到1420亿吨千米，旅客运输量7.2亿人次，货邮运输量850万吨，年均分别增长10.8%、10.4%和6.2%。服务品质明显改善，全面提升运行质量，航班正常率力争达到80%。此外，该规划对航空安全、构建综合机场体系、改革创新推动转型发展等方面也提出了具体要求。

（二）经济环境

经济环境对民航业的影响是显而易见的。民航业作为国民经济的晴雨表和助推器，是实体经济的重要组成部分，它一方面在社会经济的发展中发挥着不可替代的作用，另一方面对宏观经济变化的反应非常敏感，经济增长的速度、经济结构的调整、经济政策的变化都会对航空市场产生直接影响。

（三）社会文化环境

社会文化环境是指在某种社会环境中产生的社会价值理念、民族精神、宗教信仰、道德品质、思想品质以及传统的风俗习惯等。在这样的大环境下，航空公司所开展的经营活动必然会受到一定的影响和限制，因此，航空公司需要结合不同的社会文化环境制订不同的营销战略，并且需要根据社会文化环境的变迁及时调整战略，开展相应的营销活动。对社会文化环境的分析涉及教育状况、宗教信仰、消费习惯分析。

1. 教育状况分析

受教育程度会影响人们对航空公司营销服务要求的差异性。通常，在教育水平较高的国家和地区，人们对航空公司服务的质量要求高，附加服务多元化、个性化、特色化趋势明显。因此，航空公司在组织机票促销、开发市场等营销活动时，应该充分地考虑客户的受教育情况，以及客户的需求，以此确定相应的营销手段。

2. 宗教信仰分析

在社会文化中，宗教信仰是非常重要的一部分，宗教人士的宗教信仰对他们的消费习惯和偏好会产生非常大的影响。因此，航空公司在营销活动中需要关注不同宗教信仰者的节日礼仪、膳食要求和禁忌，航空公司在服务环节中应尊重客户的宗教信仰，从而避免矛盾和冲突。

3. 消费习惯分析

对客户的消费习惯进行调查研究，对于航空公司了解市场需求、发展趋势等有着非常关键的作用，是航空公司在组织经营活动时必须考虑的问题。合理的消费习惯分析能够帮助航空公司确定适宜的营销活动，正确、主动地引导客户理性、愉悦地消费，建立良好的口碑和品牌形象。

(四) 技术环境

航空业属于资金和技术密集型产业，技术发展对行业的发展至关重要。信息技术的迅猛发展为航空公司在成本、效率等方面赢得诸多优势，为航空公司提供了新的销售渠道和促销方式，也促使传统的营销格局发生巨大转变，这主要表现在以下方面。

首先，航空技术取得进步，尤其是高精尖技术在飞机制造方面的应用，极大地提高了飞行安全水平和效率。我国航空公司已经取得了较明显的成绩，尤其在信息系统、模拟装配等方面，国内四大航空公司（中国国际航空公司、南方航空公司、东方航空公司、海南航空公司）的进步最明显。但是，和发达国家知名航空公司相比，我国航空公司还有较大的进步空间。

其次，计算机预定系统（computer reservation system，CRS）兴起，并经过改良与发展，演变成为全球分销系统（global distribution system，GDS），其整合了大量的航空运输资源，实现了消费者通过网络进行机票预定的功能。

再次，电子商务平台的蓬勃发展，电子支付技术的进步，使消费者可以通过电商平台购买附加服务及会员服务。

最后，移动互联技术的发展，微信、微博等社交媒体的兴起，为航空公司提供了一个直接同消费者对话的渠道，将传统营销变成精准营销。

三、航空公司营销环境分析

近年来，随着国内大型机场的建设和规划、国内外航空网络的布局和完善、航空服务品质的提升，我国民航业迎来了巨大的发展机遇。但是受全球经济下滑的影响，全球民航业发展基本陷入停滞状态，一场民航业的"生死战"或许将成为民航史上的第三次大洗牌。随着市场逐渐恢复正常，民航业正式开启复苏之路。

（一）潜在进入者的威胁

通常，对于具有部分垄断性质的航空公司而言，潜在进入者需要具备比原有市场占有者更强劲的竞争力，包括政策的支持、充足且稀缺的资源、创新的业务能力等。

航空公司的潜在进入者至少需要面对以下三大问题。

1. 政府政策

航空运输业是政府严格监管的行业，行业的进入者需进行申请并获得许可证。中国民用航空局通过航线规划、机型配备、票价管理等方面对航空公司进行严格监管。

2. 资金成本

航空公司的营运需要大量的资金支持，除了购买飞机、飞行设备及日常维护的高额固定成本外，还包括燃油、起降航务、空地勤人力等直接运营成本，且各航空公司之间的成本结构差异不大。

3. 产品差异及用户转变

航空公司的产品差异较小，各航空公司均采用同一种类的交通方式，因此一个航空公司想获得更多的旅客流量，就需要提供具有明显差异和优势的旅客服务，才能在原有市场中拥有更大的占有率。

（二）供应商的议价能力

民用航空属于特殊行业，主要采购种类为飞机、航空器材、飞机燃油及其他机供品。航空公司需向航空器材制造商购买飞机、零部件及相应的维修服务，向燃油公司购买飞机燃料，向空中交通管理局（简称空管局）购买航班起落和空中指挥等空中服务。

民航业供应商数量少，具有一定的垄断性质，且采购价格与国际贸易关系、国际经济形势息息相关。航空公司在选择供应商时，集中考虑成本、经济性等因素，一旦选定了供应商，就很难进行更换，因此供应商的话语权及议价能力很强。

（三）消费者的议价能力

旅客作为航空公司的实际消费者，主要需求是支付更低的票价、获得更高水平的服务。消费者的议价能力主要由两个因素决定。

一是消费者的购买能力。不同年龄、不同职业、不同收入水平的消费者对机票价格的敏感度不同，因此他们在选择不同舱位及服务等级时会有较大的差别。

二是消费者对信息的掌握情况。消费者在了解到部分市场信息或需求时，会挑选购买机票的平台或渠道。当今，互联网技术发展迅速，航班状态及机票销售信息相对透明，消费者可以轻松地获取更多比价信息。航空公司为了提升客座率，通常会对机票价格及销售时间进行一定程度的调整，因此消费者具有一定的议价能力。

（四）替代者的替代能力

航空出行方式具有快捷性、机动性、安全性、舒适性和国际性等特点，这些特点在长途客运和国际客运中体现得最为明显。近年来，我国高速铁路建设加速，且高速铁路具备与航空出行较为相似的特点，在出行成本上却低于航空出行。我国高速铁路的建设和完善对民航旅客分流影响较大，这种影响会随着高速铁路网络的逐步完善而更加显著。为了降低行业替代者的影响，航空公司应加速布设、完善航线布局，发展支线航线，降低运营成本，提升服务质量，想方设法保持市场占有率，提升竞争力。

（五）现在竞争者的竞争能力

目前，国内航空公司在提供基础服务方面并未存在较大差异，因此各个航空公司着重发展各项航旅增值服务，其中包含机场贵宾室、值机/选座/登机等优先权益、积分升舱、行李托运提额、定制化餐食、机上娱乐设施等服务。

第三节　航空公司顾客价值与营销价值创新

一、航空公司顾客价值

基于顾客价值的航空公司价值链管理优化将对顾客价值的关注纳入航空公司的竞争战略，基于目标顾客所重现的价值要素和航空公司的资源与核心能力，定位航空公司新的、比竞争对手优越的顾客价值；航空公司可以以创新后的顾客价值为导向，通过整合横向和纵向价值链，使其产生协同效应，聚焦核心价值环节，对航空公司内部生产经营过程、顾客价值创造和提供过程进行优化，提升航空公司价值链的运行效率。同时，航空公司与外部企业的关系需要进行重组。航空公司可以通过加入航空公司联盟或产业链上相关企业的战略联盟，形成基于各自核心能力的战略合作关系，共同寻求效率的提高和成本的降低。此外，航空公司还应优化信息管理平台，相应地调整组织结构，并培养新的企业文化，以保证价值链管理优化过程的顺利进行。整个优化过程始终坚持以顾客为导向。航空公司开展一切活动时，都要围绕着顾客价值的实现。航空公司通过价值链中的各项活动实现价值创造与价值增值，然后将价值传递给顾客，并最终实现顾客价值。航空公司的价值链管理优化思路如图 2-4 所示。

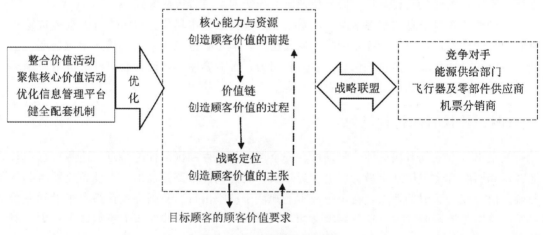

图 2-4　价值链管理优化思路

基于图 2-4 中的价值链管理优化思路，笔者对我国航空公司价值链管理提出以下优化建议。

（一）将对顾客价值的高度关注纳入航空公司的竞争战略

对顾客需求的重视，是价值链管理发展的原则和目标。顾客价值优势是保证航空公司持续发展最重要的因素，因而航空公司必须将对顾客价值的高度关注纳入航空公司的竞争战略和发展战略，通过战略的实施，强化各部门及员工对顾客价值和顾客需求的关注。只有充分重视顾客需求，航空公司才能不断创新产品与服务，才能为顾客提供高水平的服务。

（二）基于顾客价值整合航空公司价值链

航空公司应注意各部门、各环节之间的内在联系，从整体出发，以顾客价值为基础开展各项活动，在现有的组织结构和职能基础上，基于业务价值链，建立有效的、跨部门的价值链流程系统，提高价值链运行效率和管理水平。同时，航空公司可以通过价值链分析，强化12个最主要的价值环节：飞机购买、机场航线选择与规划、飞行器作业、登机服务、机上服务、地勤服务、转机服务、行李托运、广告促销、信息系统、人力资源管理、订票系统。这些价值环节共同创造了顾客价值，包括顾客感知利得和顾客感知利失。航空公司应将资源和能力尽量集中于这些核心的价值环节，以培育和保持核心竞争力。

（三）加入航空公司联盟和产业链上相关企业的战略联盟

国内中小型航空公司应争取加入航空公司联盟。通过联盟，不同航空公司不仅可以建立战略联系，形成战略网络，扩大营运市场，而且有利于满足顾客需求，为顾客创造更多便利。同时，联盟也是航空公司争取发展规模经济、降低生产成本的有效手段。由于航空运输业与相关产业间存在着资源、产品与服务的相互依赖关系，我国航空公司也可以基于产业链上下游专业化协作关系，与能源供给部门、上游飞行器及零部件供应商和下游机票分销商建立战略联盟，形成基于各自核心能力的，以优势互补、信息共享、同获利益见长的供应链伙伴关系。

（四）优化信息管理平台，保证顾客价值的有效传递与实现

为了实现信息增值，保证顾客价值的有效传递与实现，航空公司应集成公司内所有管理信息系统，打造统一的信息系统管理平台，实现系统兼容和信息资源共享，提高公司整体的决策效率和管理水平。例如，航空公司可以应用新技术对信息系统进行统一开发，加强公司对各信息系统的集中管理和外包管理水平，对相关人员进行培训；航空公司还可以通过对信息管理平台的优化，实现信息的及时收集、加工、存储、提供和有效利用，支持航空公司价值链管理，保证价值链能够合规、高效、有序运转，实现信息增值和航空公司价值增值，保证顾客价值的有效传递与实现。

（五）建立基于顾客价值的相关价值链管理优化配套机制

航空公司必须建立各项价值活动有效协同的机制，从制度上保证创造顾客价值的各项价值活动的有效协同。首先，航空公司可根据不同价值活动的范围、需要的资源、活动特点，建立不同的活动模型，提高协同效率和协同绩效。其次，航空公司除了建立各项价值活动有效协同的制度之外，还应该根据各项价值活动之间的关系对航空公司的组织结构做

出相应的调整。之所以要这样做，是因为不同的组织结构模式对应不同的经营管理方式，良好的组织结构是航空公司良好价值链管理的基础。最后，航空公司如果想在基于顾客价值的价值链管理中获得成功，就需要培养新的企业文化，改变传统的惯性思维方式，坚持以顾客需求为导向。

通过建立以顾客价值为导向的企业文化，航空公司可以将以顾客为中心的价值观传递给公司的不同部门和所有员工，以顾客需求和顾客价值引导各部门开展相关工作，使航空公司员工在价值链的各项活动中真正做到从顾客的角度出发，为顾客创造价值。唯有如此，航空公司才能真正实现基于顾客价值的价值链管理。

二、航空公司营销价值创新：从传统到数智

（一）营销价值

过去，人们认为营销的本质是提供产品、满足顾客需求，并将产品或服务变成利润的过程。当下，营销活动逐渐丰富和深入，企业很难发现还未被满足的顾客需求。

心理学家亚伯拉罕·马斯洛（Abraham Maslow）把人类的需求分为生理需求、安全需求、社交需求、尊重需求和自我实现需求五类，依次由较低层次到较高层次递进，这就是需求层次理论（见图2-5）。需求层次理论有两个基本出发点：一是人人都有需求，某层次的需求得到满足后，高一层次的需求才会出现；二是在多种需求未得到满足前，人们首先要满足迫切需求，该需求满足之后，后面的需求才显示出其激励作用。也就是说，人们在某一层次的需求得到满足后，就会向高一层次的需求延伸，追求更高层次的需求就成为人们行为的动力。相应地，满足基本的需求就不再是一股激励力量。

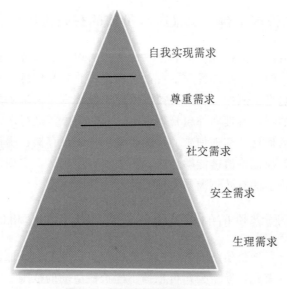

图2-5　马斯洛的需求层次理论

在市场竞争变得日益激烈的时代背景下，顾客需求的突出表现就是顾客需求不断向高层次发展。企业在竞争过程中，可以根据马斯洛的需求层次理论，划分出五个顾客市场：一是生理需求市场，即满足顾客最低需求层次的市场，顾客只要求产品具有一般功能即可；二是安全需求市场，即满足顾客对安全的需求的市场，顾客关注产品对身体、心理、环境等的影响；三是社交需求市场，即满足顾客对社交的需求的市场，顾客关注产品是否有助于提升自己的社交形象；四是尊重需求市场，即满足顾客对产品有与众不同要求的市场，顾客关注产品的象征意义；五是自我实现市场，即满足顾客对产品有自己判断标准的市场。在上面的五个顾客市场中，顾客需求的层次越高，其需求就越不容易被满足。

这样的划分是以产品分别满足顾客不同层次的需求而设定的。我们不妨以航空公司的机票为例进行阐述。

机票能满足顾客的第一层次需求，即生理需求。顾客关注机票本身，只要飞机能把自己送到目的地，产品价格越低越好。

机票能满足顾客的第二层次需求，即安全需求。顾客关注航空出行的安全性，在价格的差异不是很大的情况下，顾客会选择事故率更低、安全性更高的航空公司。

机票能满足顾客的第三层次需求，即社交需求。顾客关注产品对于交际的影响，比如航空公司能提供餐食、接送等附加功能，以及航空公司良好的品牌形象，这些都会让顾客愿意支付更高的价格。

机票能满足顾客的第四层次需求，即尊重需求。顾客关注的是获得他人的认可，把机票当作一种身份的象征，贴心的服务、独特的技术、独一无二的功能等，甚至包括高价格都是顾客做出选择的理由。

机票能满足顾客的第五层次需求，即自我实现需求。顾客第一至第四层次的各种需求已经得到满足，他们对机票的认知已经转变为某个品牌对其生活的影响，比如品牌内涵恰好契合顾客的心理，即航空公司的品牌对顾客的选择影响很大。此时，顾客获得的是价值共鸣，而非产品的单一功能。

传统的满足顾客基本需求的时代已经过去，取而代之的将是产品对顾客高层次需求的满足，为顾客创造价值，这就是新环境下的营销本质。

（二）营销价值创新

1. 差异化价值

在当下同质化异常严重的商业竞争环境中，一个企业要获得成功，就必须具有自己的差异化价值，即企业能为消费者提供别人不具备的价值。差异化价值应该是整个营销战略的核心。没有实现差异化价值的营销只是比拼成本的血战而已。

2. 数据可视化的价值

有句话叫作"一图胜千言"。在数据分析领域，它指的是对于复杂难懂且体量庞大的数据而言，图表的信息量要大得多，这也是我们为什么要谈数据可视化。顾名思义，数据可视化就是将数据转换成图或表，以一种更直观的方式展现和呈现数据。数据可视化能让复杂的数据通过图形化的手段进行有效表达，准确高效、简洁全面地传递某种信息，甚至帮助人们发现某种规律和特征，挖掘数据背后的价值。

在营销领域，数据可视化具有重要的作用，能创造巨大的价值，包括提高利润、细分客户等。

（三）数字化营销

企业可以借助移动互联网和数字交互式媒体来实现营销目标，将品牌建设逐步转移到线上，通过各种营销措施，直接或间接向消费者靠拢，让品牌变得鲜活生动，形象不再冰冷。这为品牌带来的最直接的好处就是品牌可以通过互联网获得维护消费者和管理消费者的权力。品牌通过大数据和新媒体平台增强自身的活跃度，提高自身的曝光率。

美国西南航空公司的战略创新

从任何一个方面来看，美国西南航空（Southwest Airlines）公司都是美国最成功的航空公司之一。自1973年以来，在美国国内，西南航空公司是唯一一家年年实现盈利的公司，其净利润在行业里多年保持最高水平。在美国公开的上市公司之中，它的股票回报也是最高的。美国西南航空公司因其奉行的战略以及它所建立的支持战略的组织，而从竞争对手之中脱颖而出。

在选定的航线上，美国西南航空公司为顾客提供低成本、便捷的服务，主要在短程航线上为经常性旅客和商务旅行者服务。从休斯敦到圣安东尼奥，从圣何塞到橘子郡，都是它服务的典型航线。不像其他大型航空公司把服务建立在轴心-轮辐式的航线设计之上，美国西南航空公司提供的是无停留的、点对点的飞行服务。轴心-轮辐式的航线设计是指从许多不同地点出发的飞机大致在同一时间在同一个"轴心"机场汇合，方便旅客换乘，再飞往不同的目的地。这种航线设计的一大优点是可以增加每个航班的载客数量，因而与不停留地从出发地到目的地运送旅客的航班相比，轴心-轮辐式的航线设计具有更大的成本效率。

与这种做法相反，美国西南航空公司在自己的航线上达到了更低的成本水平。其成本优势的一个来源就是飞机的高利用率，即每天每架飞机在空中的小时数。因为它的航班不通过共同的轴心与其他航班建立网络联系，所以任何一架特定航线上的飞机不需要等待其他飞机的到达，其停机时间必然会减少。这就使美国西南航空公司可以自由地减少两架航班间的机场停留时间。美国西南航空公司的飞机因为始终保持大约15分钟的周转时间而在业界备受尊敬。这带来的结果是，美国西南航空公司能够把飞机利用率提高到每天11个小时，而行业的平均水平是每天8小时。

美国西南航空公司航班快速周转的秘密，部分在于它的持续努力，以及成功地"培训"顾客适应它的系统。比如，与竞争对手不同，美国西南航空公司不使用机票，不设特等舱，只提供花生作为零食，而不提供餐点，并且只使用一种型号的飞机。除了能够快速周转，这些与传统企业背道而驰的做法也直接有助于降低成本。花生比质量差的餐点价格便宜，使用单一型号的飞机降低了飞机维修和人员培训的成本。尽管美国西南航空公司实行"无修饰"的服务政策，但是它获得了非常高的顾客评价。

资料来源：《西南航空公司的战略和组织》（http://www.doczj.com/doc/854081874-2.html），有改动。

阅读并思考：
（1）美国西南航空公司采取了什么战略使自己从竞争中脱颖而出？
（2）美国西南航空公司是如何控制成本的？
（3）结合案例分析航空企业的战略创新及其特点。

【综合实训】
　　你了解航空公司的哪些营销创新战略？请你为一个航空公司制定营销创新战略。

中国国际航空打造"人文中航"文化品牌

本章小结

　　营销管理哲学是企业经营活动的指导思想或经营观念。在市场营销学理论中，市场营销观念的理论基础是消费者主权论，即决定生产何种产品的不是生产者，也不是政府，而是消费者。企业要顺利地制定并实施营销策略，就要先构建合适的组织结构，同时结合战略目标对组织结构进行创新。适应新技术革命的新型企业组织结构创新的过程有三条路径：第一，从传统组织形态转变为现有组织形态，然后变革成未来组织形态；第二，从传统组织形态直接转变为未来组织形态；第三，按未来组织形态构建一个新企业。航空公司需要对微观营销环境进行分析，从政策、经济、社会文化、技术的角度重点分析宏观营销环境。此外，航空公司需要对价值链管理进行优化，对营销价值进行创新，提高顾客价值和顾客满意度。

中英文专业名词对照

航空营销 Aviation Marketing

组织形态 Organizational Form

营销管理 Marketing Management

营销环境 Marketing Environment

营销管理哲学 Marketing Management Philosophy

市场营销 Marketing

顾客满意度 Customer Satisfaction

消费者主权论 Consumer Sovereignty Theory

顾客价值 Customer Value

组织创新 Organizational Innovation

价值链管理优化 Value Chain Management Optimization

组织结构创新 Organizational Structure Innovation

营销价值创新 Marketing Value Innovation

思考题

（1）试述航空公司的战略组织创新。

（2）谈谈你对航空公司营销价值创新的理解。

第三章
航空公司消费行为分析

消费者的购买行为就是消费者在一定购买欲望的支配下，为了满足某种需要而购买商品的行为。消费者需求是消费者购买行为的起点，也是市场营销的出发点，消费者需求引发购买动机，购买动机决定购买行为。在航空公司产品种类日益繁多的情况下，对消费者行为进行研究可以使航空公司更好地了解消费者的需求和动机。

学习重难点

1. 重点
（1）掌握影响消费者购买行为的主要因素。
（2）列举和定义购买决策的步骤。
（3）定义组织市场并解释组织市场与消费者市场的区别。
（4）了解数字化消费行为的新特征。

2. 难点
（1）掌握航空公司消费行为的大数据分析方法。

本章引例

春秋航空打造面向年轻人的营销创新战略

一、面向 Z 世代，春秋航空推出二次元 IP "阿秋"

数字"520"与汉语中的"我爱你"发音非常相似，因此很多人将这个数字作为表达爱意的代号。2022 年 5 月 20 日，春秋航空股份有限公司（简称春秋航空）正式发布其首位二次元IP①，昵称"阿秋"。阿秋造型时尚可爱，身着具有春秋航空新版涂装特色的机甲装扮。春秋航空将年轻人喜好与企业特色相结合，将阿秋设定为一个出生于上海的小姑娘，她拥有绿色的眼睛，戴着绿色的发饰，喜欢天空、云朵、机油，经常在机场对着天空发呆，阿秋的爱好是太极和收集旗袍。

春秋航空同时推出520份限量版阿秋专属微信红包封面和表情包，开启首期"阿秋福利日"线上互动。在阿秋的发布首秀上，春秋航空引入了二次元IP的"成长进度"概念，作为一个正在持续成长的IP，阿秋成长进度的初始值设定为10%。阿秋在新媒体平台上吸引了年轻用户的关注，收获了无数好评，也引发了民航界、旅游界、科技界、动漫游戏界相关专家学者的极大兴趣和广泛讨论。

2022年6月30日，春秋航空发布了基于"阿秋"形象的3D数字藏品，众多年轻用户抢购并在社群内分享互动体验。同时，阿秋也为年轻用户带来了丰富的福利与周边产品。同时，春秋航空还发布了"飞越云端"数字藏品。

其实，春秋航空涉足二次元产业，是经过深思熟虑后做出的决策。相关研究报告显示，国内二次元产业已经步入爆发期，2020年，二次元产业整体市场规模达1000亿元，"90后"和"00后"用户占比超过80%。春秋航空在国内民航业率先探索跨界布局二次元市场。早在2014年，春秋航空就开通了国内首个Cosplay②动漫主题航班，从上海浦东飞往以动漫产业著称的日本，在两个小时的航程中，职业动漫表演者现场表演，机组人员集体"变身"，为旅客带来了特别的飞行体验。

二、春秋航空17周年大促销活动

2022年7月初，阿秋第一次以3D二次元的形象来到春秋航空的官方微博直播间，与真人主播互动，并开始预热春秋航空于2022年7月18日开始的17周年大促活动。此次直播做了简单的预热，同步进行效果测试，力求发现问题。7月18日大促当天，春秋航空在微博第二次推出了阿秋直播，也是正式大促直播秀，当天直播高潮迭起，直播观看人数超过了370万。

"无限空间"是春秋航空首航17周年之际推出的一个虚拟空间平台，也是春秋航空创新产品落地的一个重要探索。"无限空间"由"春秋展厅""春秋放映厅""春秋演播室""民航画展""微笑空间""雪中小镇"等多个展示空间组成，集中展现了春秋航空的发展历程、企业文化、周年庆活动、创新产品、品牌创意等春秋航空近来推出的新业态、新内容、新玩法。用户可以在"无限空间"中创建自己的虚拟形象，进行购票、优惠券寻宝、逛展、观影、看演出等多种互动体验。直播中，春秋航空负责人亲自来到新上线的"无限空间"平台做推介。该负

---

① IP英文为Intellectual Property，直译过来就是知识产权。在新媒体时代，IP指的是新媒体内容的一种跨界经营模式。它的主要特征是多层次、多元化、跨产业、跨业态的对内容价值进行多样化的变现，也就是我们常说的内容生产者。IP可以作为一种被广泛认可的形象，可以为人们提供价值，产生影响力。

② Cosplay是"costume play"的组合词，源于日本。它是一种流行文化现象，指的是人们通过穿戴特定角色的服装和化妆，模仿并扮演动漫、电影、游戏或其他虚构世界中的角色。Cosplay不仅仅是简单的着装，还包括模仿角色的动作、台词以及表演方式，力求将虚构角色的形象还原到现实生活中。

责人表示，随着"无限空间"的发布，春秋航空希望它能起到桥梁作用，长久地联通春秋航空与旅客，传递彼此的信息和观点。太极文化是春秋航空企业文化的重要组成部分。在直播中，该负责人还不忘和来自二次元世界的阿秋开展了一场时空交错的太极拳互动，获得大量网友的关注。

这次17周年活动还使用了年轻人喜爱的"抽盲盒"的玩法，该玩法与飞机飞越云端IP形象结合，成功吸引了很多年轻人的参与，活动参与率达到36%。在所有参与者中，17岁以上的人群占比明显提升。春秋航空的相关负责人表示，25~35岁的年轻白领已经占到了春秋航空出行群体的七成左右，年轻人更喜欢别具一格的出行方式。春秋航空通过一系列营销活动，立体化地向年轻用户呈现了一个年轻、活泼、亲近生活的航空公司形象。

从春秋航空的案例中，我们可以知道，理解消费者行为是市场营销管理者的首要任务。消费者在年龄、收入、生活方式和个性等方面有很大不同，他们需要的产品和服务也千差万别。营销管理进入消费者导向阶段之后，洞察消费者的需求、心理和行为就成为营销管理的出发点和基础。消费者行为学就是破解消费者行为的"密码"。面向营销管理的消费者行为学，强调将消费者行为研究的目标和结果引入营销管理，在理论解释的基础上加强应用，从而提升营销管理水平。为了消除营销决策中的盲目性和风险，制定有效的营销策略，企业需要立足于对消费者行为的分析与判断，将消费者行为与企业的营销战略及营销策略有机地关联起来，形成一个系统的框架。

资料来源：《从春秋航空虚拟主播"阿秋"看中国民航创新之路》（https：//www.traveldaily.cn/article/164348），有改动。

课堂讨论：
（1）什么形式的营销策略会吸引消费者？
（2）消费者行为是如何影响航空公司营销策略的？

第一节　消费者市场与消费者购买行为

 一、消费者市场与消费者行为

狭义的消费者是指购买、使用各种产品与服务的个人和家庭。广义的消费者是指购买、使用各种产品与服务的个人/家庭和组织。消费者市场是为生活消费而购买产品和服务的个人、家庭、组织的集合，又称最终市场或生活资料市场。消费者市场的特点可以概括为以下四点：第一，就消费主体来看，消费者分布广泛，人数众多；第二，就消费对象来看，消费品种类繁多，规格多样；第三，就市场特征来看，消费者市场具有较强的替代性和较大的需求弹性；第四，就交易双方的力量对比来看看，消费者常处于弱势。

消费者行为是指消费者为获取、使用、处置消费资料和服务所表现出的各种行为的总和。在消费者行为中，最关键的是消费者购买行为，它是指与购买商品和服务有关的各种活动的集合。在分析消费者购买行为时，我们通常会采用"7W＋1H"分析框架去解构消费者的购买行为。"7W＋1H"的内容为：What，指的是购买什么，需要分析消费者想要购买什么，对产品有什么要求；Why，指的是为什么要买，需要分析和了解消费者行为的动机以及影响因素；Who，指的是谁要买，需要分析和了解消费者的个人特征，如阶层、民族、地域、职业等；Where，指的是在何地购买，需要分析和了解消费者的购买渠道，在哪里购买；When，指的是何时购买，需要分析和了解消费者一般会在什么季节、时间发生购买行为；Who，指的是谁参与购买，购买决策往往会有其他人参与，我们需要分析和了解谁参与了购买决策；For Whom，指的是为谁购买，需要分析和了解所购买的产品或服务的最终使用者或者受益者是谁；How，指的是如何购买，需要分析和了解消费者购买的方式，比如支付方式，以及消费者如何使用自己购买的商品。营销人员在掌握有关消费者行为基础理论的前提下，通过大量的调查研究，明确企业各种营销活动与消费者之间的关系，采用相应的经营策略来传递适宜的市场营销信息，去刺激和影响消费者的心理过程及其购买行为。

消费者乘坐飞机是为了满足旅游、公务、探亲等需求，需求获得满足是消费者的最终目的。航空运输是帮助消费者完成空间位移的一种方式。因此，当消费者产生运输需求后，航空公司需要对消费者行为进行分析，这有利于航空公司制订适合的营销战略。

航空公司的消费者行为分析主要包括以下内容：机票费用来源、对票价的敏感程度、对时间的敏感程度、年内乘机次数、航线中转/直达消费比例、航线团体/个人消费比例、购票途径、消费者出行痛点等。其中，年内乘机次数反映了消费者对航空公司的忠诚程度；航线中转/直达消费比例、航线团体/个人消费比例体现了特定航线消费者的需求偏好；机票费用来源、对票价的敏感程度、对时间的敏感程度、购票途径、消费者出行痛点等体现了消费者是时间敏感型消费者还是价格敏感型消费者，以及消费者的需求有哪些，这些直接影响航空公司经营战略与营销策略的选择和实施。

 二、航空公司消费者行为影响因素

（一）文化因素

文化是影响消费者行为最为关键的一类因素，是指人们在生活实践中建立起来的价值观念、道德、信仰、理想和行为方式的综合体。某一文化群体中的次级群体所拥有的文化被称为亚文化。亚文化以特定的认同感和影响力将群体成员联系在一起，因此对于消费心理与行为，亚文化的影响比文化的影响更大、更深入。我们通常将亚文化分为民族亚文化、地域亚文化、宗教亚文化、语言亚文化四种类型。

航空公司隶属于服务业，航空公司的营销与服务往往是相互融合、相互促进的关系。航空公司在营销与服务实践中会特别关注亚文化的影响。在空乘制服款式选择上，一些航空公司往往强调民族特色和地域特色。例如，西藏航空有限公司（简称西藏航空）为空乘设计的常规商务款制服融合了藏文化中的五彩经幡元素，这在空乘的丝巾、衬衫袖口和西裙上均有所体现。同时，这款制服以中华民族最喜欢的中国蓝和中国红作为主色调。西藏航空还推出了改良的藏袍款式的制服。再如，瑞丽航空有限公司（简称瑞丽航空）作为云南唯一一家本土民营航空公司，为了让更多的人通过瑞丽航空来了解、感受云南本土文化，瑞丽航空推出了改良的景颇族款制服，用于节庆当日或特殊性质的航班。瑞丽航空还有傣族款式的制服。云南的另一家航空公司——昆明航空有限公司（简称昆明航空），于2016年10月特别推出了"阿诗玛示范组"，并对应设计了若干款融合少数民族服饰元素的航空制服。

不同地域会形成各自独特的文化，特别是在我国，文化的地域差异较大，像河北的燕赵文化、山东的齐鲁文化、广东的岭南文化、山西的三晋文化、福建的闽南文化、上海的海派文化等。一些航空公司重视地域亚文化，这在作为航空公司营销和服务的重头戏之一——机上餐食方面会得到体现。天津航空有限责任公司（简称天津航空）最初在西安等西北地区的出港航班上推出具有浓郁三秦特色的地方小吃，如秦川烧卖、陕西凉皮等。试水成功后，天津航空又在武汉、上海等地的出港航班上大力推广当地特色小吃，同时联合新疆海航汉莎航空食品有限公司等机上餐食供应商，将煎饼馃子、大盘鸡拌面、新疆过油肉拌面、干拌牛肉面、东北小鸡炖蘑菇等富有地域特色的小吃送进了机舱，获得了很好的反响。

航空公司在营销，特别是国际营销过程中，需要特别注重宗教亚文化，需要充分了解文化中的禁忌，避免文化冲突，有针对性地采取营销策略。同时，航空公司也要关注语言亚文化。生活在不同的历史、风俗背景下的人们会对语言有不同的联想和解读。在国际营销文案的创作中，航空公司需要考虑所在国语言与本国语言的差异，一些国际品牌也需要考虑所在国的语言亚文化，重新进行命名。美国达美航空公司（简称达美航空）作为美国三大航空公司之一，在进入中国市场时，将其英文名"Delta"（三角）替换成中文"达美"，体现出通达美国的寓意，这对于中国消费者来说比直译为"三角"更容易接受和理解。

文化因素中的另一个重要因素是社会阶层。企业在进行营销时，会依据经济收入、社会地位、受教育水平、价值观念等将消费者划分为不同的社会阶层。处于同一阶层的消费者拥有大致相同的生活方式和消费习惯。就航空客运而言，不同社会阶层的消费者倾向是不同的，消费者往往会选择与自己所在的社会阶层相匹配的航空公司品牌，也会选择符合自身需要的航空公司产品。

经典案例3-1

大韩航空在中国的营销战略

大韩航空株式会社（简称大韩航空）是韩国最大的航空公司，也是亚洲规模最大的航空公司之一，是天合联盟的创始成员之一。天合联盟（SkeyTeam）是由世界上多家知名航空公司组成的航空联盟，主要目标是提高运营效率。近年来，大韩航空充分利用中国阶段性开放国际航空运输市场的契机，加大了对中国市场的拓展力度。大韩航空在确立中国是未来的核心市场之后，积极调整战略布局，制订了一系列具有针对性的营销策略。

大韩航空提出了本土化战略，多维度推行符合中国国情的营销策略。2004年，大韩航空在青岛设立了针对中国境内消费者的统一呼叫中心，中国消费者通过该服务热线，就能得到所需要的各种服务。针对大批经仁川国际机场转机欧美的中国客源，大韩航空在中韩航线上配备中国空乘，与中国南方航空股份有限公司（简称南航）等中国内地航空公司联合开展换乘服务，并在中国国内主要城市招收空乘。大韩航空还与中国国内旅行社联合推出济州岛新婚蜜月之旅等服务项目。大韩航空专门为经仁川国际机场转机到欧美的中国乘客设计了中转产品，中国旅客经仁川国际机场转机，在始发地可直接打印两段登机牌，行李直达目的地，旅客在仁川国际机场只需凭护照、机票、登机牌中转，行李自动完成转机，大韩航空还在中转柜台安排会说汉语的工作人员提供转乘协助。这样的联程值机模式简化了中转流程，为消费者提供了便利。

阅读并思考：

（1）大韩航空在中国市场的迅速发展基于其本土化的营销策略，为什么大韩航空会做出这样的选择？

（2）你还了解哪些航空公司成功的本土化策略？

（二）社会因素

影响消费者购买行为的社会因素主要有参照群体。就航空消费者而言，参照群体是最为关键的影响因素。

在了解参照群体之前，我们需要先对群体这个概念有基本的了解。群体是指通过一定的社会关系结合起来，进行共同活动并产生相互作用的集体。在一个群体中，个体相互联系，相互作用，这就导致群体对个体产生影响，这种影响体现在三个方面：一是群体成员共同遵守某种评价标准和行为准则，这些被称为群体规范；二是群体有吸引其成员留在群体中的力量，这种力量被称为群体内聚力；三是个体会做出放弃自己的意见而与群体内多数人保持一致的行为，这被称为从众行为。参照群体是指那些作为人们判断事物的标准或仿效模范的群体。在市场营销环境下，参照群体是消费者在做出购买决策和实施消费行为时用以参照、比较的群体。参照群体是群体的一种特殊类型，因此群体对个体的影响在参照群体中同样适用。

参照群体可以分为所属群体和相关群体两种类型。所属群体是与群体中成员有交流和接触的一类群体。关系密切的所属群体被称为主要群体，比如至亲好友、同事同学、家庭成员。往来不频繁、关系不密切的所属群体被称为次要群体，比如社会团体、业务组织。至于另外一类参照群体，其群体成员虽然与消费者没有直接接触，但是仍然会对消费者购买行为产生影响，这就是相关群体。相关群体可以分为向往群体和厌恶群体。消费者渴望、崇拜、仰慕的相关群体被称为向往群体，比如影视明星、网红、体育明星等，消费者对其有效仿心理，这类群体往往会成为消费潮流的导向者和意见领袖。相反，当相关群体成员的价值观念和行为准则与消费者差距很大时，消费者就会避免与这类群体来往，这类群体被称为厌恶群体。

【综合实训】
东航推出"引荐人计划"航空创新产品，请运用本章知识对这一产品的营销策略进行分析，并开展汇报交流。

（三）个人因素

1. 经济因素

经济因素是决定消费者购买行为的首要因素，是指个人可支配的收入、储蓄、资产以及借贷的能力。消费者的消费需求、生活方式、消费结构，甚至消费态度都会受到个人经济因素的影响。当经济水平下降时，消费者往往会减少甚至取消一些不必要的支出，调整原本的消费结构，比如放弃选购头等舱，减少旅游出行，在出行选择上以更加经济的低成本航空或者更实惠的其他交通运输工具为主。

2. 生理因素

生理因素是影响消费者购买行为的个人因素，它是指消费者的性别、生理需要、健康状况等生理特性，它们导致了消费需求的差异。航空公司会根据孕妇、盲人、婴儿、聋哑人、老年人等特殊消费者的生理特征，推出相应的产品和服务，以契合和满足这类人群的乘机需求。

3. 生活方式与个性

生活方式是指一个人在生活中表现出来的活动、兴趣和态度的模式。个性是一个人表现出来的经常的、稳定的、实质性的心理特征，是一个个体与其他个体区别开来的具体特质、行为方式等。个性在一定程度上影响人的生活方式。个性是内部的心理特征，而生活方式是外显行为。

拥有不同生活方式的人对产品和服务的见解、对营销策略的反应有很大差异，这会直接影响其购买行为。航空公司在开展营销活动时，需要使产品与目标消费者的生活方式相适应，促使人们在追求其生活方式时，记住特定的产品或服务，并使这些产品或服务成为他们生活方式的一部分。

4. 自我观念

自我观念又称自我形象、自我概念，是指个体对自身的认识和评价的总和。消费者总是选择与其自我观念一致的产品和服务。航空公司需要发现目标市场消费者的自我观念中比较明显的部分内容，发展能够契合消费者自我观念的产品和服务，并进行广告宣传，使消费者感受到符合自我观念的产品和服务，这对于提高航空公司的品牌知名度具有积极作用。

（四）心理因素

1. 动机与需要

行为源于动机，动机产生于需要。需要和动机成为行为启动的重要驱动力。消费者的消费需要是他们对消费品匮乏的一种感知，消费者做出购买行为实际上就是解决如何满足需要的问题。动机是人的内在力量，这种力量刺激和支配着人的行为和反应。需要是指消费者生理和心理上的匮乏状态，即消费者感到缺少什么，从而想获得它们的状态。当人产生需要而未得到满足时，会产生一种紧张不安的心理状态，在人遇到能够满足需要的目标时，这种紧张的心理状态就会转化为动机，推动人们去从事某种活动，去实现某种目标。目标一旦实现，人就会获得生理或心理上的满足，紧张的心理状态就会消除。这时，人又会产生新的需要，引发新的动机，指向新的目标，这是一个循环往复、连续不断的过程。因此，人们产生某种需要后，就会产生动机，动机成为人们做出某种行为的直接驱动力。每个动机都可以引起行为，但在多个动机中，起主导作用的动机才会引发人做出某种行为。

2. 学习

学习是人们经由阅读、听讲、研究、观察、理解、探索、实验、实践等，获得知识或技能的过程。学习主要具有四个特点：一是强化，消费者购买和使用商品以后感到非常满意，会对所购的品牌、产品等产生好感，并重复购买；二是保留，消费者购买以前自己不知道的品牌或产品，不论结果是称心如意还是非常不满，都会铭记于心；三是概括，消费者对产品感到满意，对所涉及的企业及品牌也产生好感；四是辨别，消费者对品牌、产品一旦形成偏好，需要时就会直接进行购买，成为忠诚的顾客。

学习有两种类型：一种是定向学习，是人借助经验来获得备选品的相关信息或知识；另一种是偶发学习，当前消费者可能对一种产品或服务没有兴趣，但他们仍会被动地接受产品信息。

航空公司会通过稳定、持续、适量、适度的广告宣传使消费者进行偶发式学习，当消费者有需求时，他们就会回忆起这些航空公司以及这些航空公司推出的产品，进而有可能做出购买行为。

3. 信念与态度

学习能使消费者获得信念和态度，这种信念和态度反过来会对消费者购买决策产生影响。信念是指一个人对某些事物或观念确定的看法，比如，机票通常比火车票贵一些，坐头等舱的人要比坐经济舱的人社会地位高，全服务型航空公司会比低成本航空公司提供的乘机体验更好，这些都是人们日常形成的一些信念。航空公司需要不断利用消费者的这些信念进行营销策划，使产品与消费者的良好信念一致，同时要及时修正消费者的信念偏差。例如，春运期间，在主要劳动力输出省份、城市与北京、上海、广州、深圳等劳动力输入城市的航线上，会在春节前后的一段时期内存在单向客流。这是因为，在春节前，劳动力输出省份、城市至劳动力输入城市的客源较少，在春节后，劳动力输入城市至劳动力输出省份、城市的客源较少。航空公司会针对这些航线上客源不足的单向航班推出比高速铁路同程二等座票价更便宜的机票，并大力宣传促销。航空公司此举就是修正一些人头脑中的飞机票比火车票贵的固有信念，吸引这部分消费者在这个时期选择购买自己的产品。

态度是消费者在购买和使用商品的过程中对商品、服务及有关对象持有的长期概括性的评价和行为倾向。消费者的态度一般产生于他们与产品、品牌或企业的直接接触，并受到他人、生活经历、家庭环境等的影响。态度有以下几个特点。第一，态度是一种行为倾向，而非行为本身。第二，态度是一种持久状态，而不是情绪这样瞬时的状态。第三，态度包含情感的成分，所以态度不是中性的，也不是纯客观的。第四，态度是人后天习得的，而不是本能的。

（五）产品属性

前面几个因素可以作为影响消费者购买行为的共性因素。由于航空运输业的行业特性，影响消费者购买行为的关键因素主要包括航空公司的安全水平、机型及客舱布局、票价、航班时刻、航班频率、服务质量等。

1. 安全水平

安全是消费者选择航空公司时重点考虑的因素，也是航空公司运营的基础。当前，相比其他交通工具，航空出行总体而言安全水平很高，因此，虽然安全因素对消费者而言是重要的因素，但是在选择购买机票时，消费者往往更多地考虑其他方面的因素。

2. 机型及客舱布局

机型及客舱布局是影响消费者选择航空公司航班的一个因素。机型及客舱布局综合体现了航空公司所提供产品的安全性、舒适性和快速性。在其他条件相近的情况下，消费者一般倾向于选择新型飞机和宽体飞机。客舱的装饰氛围、是否有影音娱乐设备、可否无线上网等也是影响消费者购买行为的因素。

3. 票价

票价是影响消费者购买机票的重要因素。航空公司通常会通过票价来调节一个航班客座率的增长速度，通过合理把握客座率和票价来实现航班收益的最大化。票价对消费者购买行为的影响程度取决于消费者的经济水平以及购买机票的费用来源。经济水平较高、机票费用由所属企业承担的消费者通常对票价不敏感。当消费者个人承担机票费用时，大部分消费者会更加关注机票价格。

4. 航班时刻

消费者对于航班时刻都是有偏好的，合理的航班时刻是航班计划的关键，也是航空公司提高经济效益最直接、最有效的手段。一般情况下，航班时刻安排得好，该航班的竞争力就强，航班客座率就高。固定的消费者偏爱的时刻并不存在，航空公司一般会根据航线情况以及消费者出行安排来确定航班时刻。一般来说，过早的航班和过晚的航班都会给消费者出行带来不便，因此这类时刻的航班往往通过降低票价来吸引消费者。

5. 航班频率

航班频率是消费者做出购买决策时考虑的因素。高航班频率会为消费者出行带来一定的便利性，对于公务和商务消费者而言更是如此。较高的航班频率往往能够覆盖更多的时间段，同时可以为消费者出行提供更多的选择机会，因此很多消费者倾向于选择拥有较高航班频率航空公司的航班。对于旅游休闲的消费者而言，其出行的计划性往往较强，因此在正常情况下，航班频率对其选择航班的影响不大。同时，当出现航班延误或航班取消时，航班频率高的航空公司将具有突出的优势。

6. 服务质量

航空公司隶属于服务业，服务质量和特色一直是航空公司致力提高的重要方面。同等条件下，消费者会选择服务质量好、有特色的航空公司。高品质和差异化的服务也成为航空公司争夺目标市场消费者的主要途径。

三、消费者购买决策过程

（一）消费者购买决策的参与者

购买决策是指消费者通过分析、综合与比较，做出购买决定的一系列过程。人们可能在购买活动中扮演以下五种角色。一是发起者，即首先建议或想到购买某种产品或服务的人。二是影响者，即观点或决策直接或间接影响购买决策的人。三是决策者，即最后决定或部分决定购买的人，如选择什么时刻的航班、哪家航空公司、什么渠道购买等。四是购买者，即实际执行购买决策的人。五是使用者，即实际使用或消费商品的人。

（二）消费者购买决策过程的主要阶段

消费者购买决策过程的五个阶段为确认需要、信息收集、评估选择、购买决定、购后行为，这就是五阶段模型。也有学者提出了七阶段模型，就是将购后行为分解为使用、评价、处置三个阶段。对于航空公司的产品而言，七阶段模型中的购后行为只分为使用和评价两个阶段。消费者购买决策的最终实现是几个阶段共同作用的结果。在每个阶段，消费者都可能改变主意。企业和营销人员要根据各阶段的特点和情况，拟定相应的营销战略、策略和措施，引导消费者实施购买行为。

1. 确认需要

需要是购买活动的起点。消费者的理想状态与现实状态之间存在一定的差距，因而消费者有了解决相应问题的想法和意图。需要产生于现实生活的缺口、收入水平的变化、消费风气的影响、促销的有效性。企业的核心任务是研究消费者的需要，了解消费者的现实需要和潜在需要，分析消费者需要的变化趋势，以便设计恰当的、能唤起消费者需要的营销战略。例如，学生和教师群体拥有寒假和暑假，他们不仅有回家的需求，也有旅游的需求，每到寒假和暑假，这类群体的出行次数明显增加。每到开学季和毕业季，这个群体的出行需求也很明显。为此，航空公司就会针对这类消费群体的需要设计专属产品，比如，中国东方航空公司（简称东航）推出了"爱在东航·校园行""东方万里行·开学季""东方万里行·毕业季"等产品，中国南方航空股份有限公司（简称南航）推出了"学生旅行"产品等。

2. 信息收集

消费者在信息收集过程中，会分析、处理所得到的信息，并逐渐对市场上能满足其需要的航班、时刻、产品等形成不同的看法。信息来源主要有：个人来源，例如亲朋好友的介绍等；商业来源，例如广告、企业自媒体等，这些是企业可以控制的传播途径，是企业营销的主要方式；公共来源，例如新闻媒体、社会组织等；经验来源，即消费者在面对一项购买决策时，可能会进行内部搜寻（internal search），调动自己的记忆，汇集各种不同备选出行信息。一般来说，商业来源信息数量最多，其次为公共来源，个人来源、经验来源信息数量较少。但是，人们一般对经验来源、个人来源信息更为青睐，然后是公共来源，最后才是商业来源。在消费者的购买决策中，商业来源信息更多地扮演了传达、告知等角色，个人来源、经验来源和公共来源信息则在发挥权衡、鉴定等作用。企业营销人员不仅要注意目标顾客的信息来源，而且要分析不同来源或途径对他们购买决策的相对影响力。

3. 评估选择

消费者购买的评估选择过程，是消费者不断比较并逐步缩小目标范围的过程。在这个过程中，企业要通过努力补充消费者决策所需的信息，使自己的产品进入他们的备选范围，成为最终选定的购买对象。在这一阶段，产品属性、品牌信念、效用要求和评价模式会影响消费者的评估选择。

产品属性是指产品一系列基本特征的集合，如价格、安全性、舒适性、快捷性等。消费者对产品各种属性的关心程度因人而异，但他们一般更注意那些与自己的需要关系密切的产品属性。尤其需要注意的是，显著的属性不一定就是重要的属性。例如，在航空公司中，服务质量是消费者最为关注的显著属性，消费者也许对航空安全表现得不太在意，这使得安全性成为不显著的属性，但旁人一提醒，消费者就会意识到安全十分重要。航空公司应当辨识哪些是重要的属性，而不能只关心那些显著的属性。消费者可能会因为某一个属性而对不同的品牌产生不同的信念，也就是形成品牌信念，比如哪个品牌的哪一个属性更突出，哪一个属性相对较弱，以及总体表现如何等。例如，对于远距离出行，消费者会觉得飞机比高铁更快捷。消费者对产品属性的效用要求也是有差异的，只有产品的每一个属性效用都达到特定水平的时候，消费者才可能接受产品。例如，公务人员和商务人士对舒适、快捷、服务质量比较看重，会选择服务质量和舒适度更显著的头等舱或者公务舱，很少选择经济舱。消费者会采用不同的评价模式或者评价程序来评价不同品牌或者产品。常见的评价模式有非补偿性决策规则（noncompensatory decision rule）和补偿性决策规则（compensatory decision rule）。非补偿性决策规则是只要备选品牌和产品达不到某些基本标准，消费者就会将其否决；补偿性决策规则为品牌和产品提供了弥补缺陷的机会，采用这一规则的消费者一般介入度较高，因而愿意以更准确的方式尽力全面地对品牌和产品进行评价。

4. 购买决定

经过评估选择，消费者会对备选范围内的品牌和产品形成一定的偏好顺序。但此时，消费者对这些品牌和产品更多地还只是有购买意向。消费者最终确定是否购买产品还会受到他人态度和意外情况的影响。他人态度的影响力取决于他人肯定/否定态度的强度、他人与本人的关系、他人的权威性。消费者最终做出购买决定是有一定前提的，例如，机票价格每天都在波动，在经历了连续几天的涨价后，一旦某一天票价降低，消费者就可能做出购买决定。因此，意外情况，即消费者非预期的情境因素，很可能使其改变购买意向。

5. 购后行为

消费者在完成购买后，企业的市场营销工作并没有结束，消费者的购后行为是值得企业关注的重点。购后行为，包括购后使用和购后评价两个阶段。消费者会基于使用过程中获得的实际效用，会有意或无意地继续检验其购买决策是否正确，这会影响消费者满意度。期望确认理论是消费者满意的经典理论之一，它认为消费者满意取决于消费者预期（consumer's expectation）与购买产品或服务后的感知绩效（perceived performance）之间的关系。当消费者购买并使用产品或服务的过程中感知的绩效未达到之前的预期绩效，消费者会感到不满意，预期绩效越低于实际感知绩效，消费者的不满意程度越深。如果感知绩效符合预期绩效，消费者会感到满意。预期绩效高于实际感知绩效的程度越高，消费者的满意度就越高。消费者在购买产品或服务后所确认的满意程度将作为他们后续购买决策的重要参考。消费者的不满意会影响其后续的重复购买，也会导致他们产生抱怨、投诉等行为，影响其他人的购买决策。因此，企业在营销活动中应关注购后行为，在进行产品广告宣传时，应实事求是，恰如其分，避免过度吹嘘，避免夸大其词，这容易导致消费者在实际使用过程中的感知绩效与期望不符，使消费者产生强烈的反感情绪。

第二节 组织市场与组织购买行为

一、组织市场及特点

航空公司通过各种途径向其他组织出售产品和服务，这就涉及组织市场和组织购买行为。组织市场是指企业为从事生产、销售等业务活动，或者非营利组织和政府部门为履行职责而购买产品和服务所形成的市场。通常，组织市场的个体涉及的销售金额与机票销售数量要远远大于消费者市场个体。就航空公司而言，其面对的组织市场有以下四种类型：一是旅游服务市场，旅行社的旅游产品往往集成了吃、住、行、娱、购等要素，需要航空公司提供运输服务，航空公司成为其旅游产品的供应商；二是中间商市场，包括机票代理、差旅管理公司，以及在线旅游服务商；三是企业差旅市场，企业不仅会选择机票中间商作为企业员工出差的出行供应商，也会直接与航空公司签署集团客户协议，由航空公司直接提供航空出行及其他附加服务；四是政府及机构市场，例如各级政府以及学校、医院等各种非营利组织和事业单位的差旅服务。

相比消费者市场，组织市场具有以下特点。第一，组织市场中的市场营销者通常面对数量较少但规模更大的买者。即使在规模巨大的组织市场中，大部分购买需求也常常来自少数买家。第二，与消费者购买相比，组织购买常常涉及更多的决策参与者和更加专业的购买工作。通常，组织购买由受过训练的采购代理人完成，他们一直在实践中积累相关经验。第三，与消费者购买相比，组织购买者的购买决策常常更加复杂，组织购买常常涉及大量的资金，以及与买方组织中不同层次的多个人员的互动。

二、组织购买的类型

组织购买有重购和新购两种主要类型。其中，重构又可以分为直接重购、调整重购两种类型。

（一）重购

1. 直接重购

直接重购（straight rebuy）指按部就班地重复以往的购买决策，通常由采购部门按常规完成即可。被选中的航空公司作为差旅出行的供应商，会努力维护产品和服务质量。落选的航空公司要发现与作为现有供应商的航空公司的差距，创新营销战略，努力为组织购买者创造价值或消除不满，争取组织购买者在下一次做购买决策时会重新考虑它们。

2. 调整重购

调整重购（moded rebuy）指组织购买者有意调整现有的产品要求、价格、交易条件等情况，然后再做出购买行为。这为落选的航空公司带来了难得的机会，它们能够接触购买决策者并积极与之沟通，通过提供更有竞争力的产品和服务来争取达成新的合作。

（二）新购

新购（new task）是首次购买一种产品或服务的组织面临的情况。对航空公司的市场营销者而言，新购是最好的机会，不存在直接重购中情感因素的影响。相比直接重购，企业在新购方面花费的成本高，决策风险大，决策参与者多，需要收集的信息量大，决策过程复杂。这时，营销者需要尽可能多地接触组织购买决策的关键影响者，积极地推介详细的产品信息。

三、组织购买的影响因素

（一）组织购买的主要影响因素——购买过程的主要参与者

组织的决策制定单位被称作采购中心（buying center），由在企业采购决策制定过程中发挥作用的所有个人和单位组成，包括产品或服务的实际使用者、购买决策的制定者、购买决策的影响者、实际购买者以及控制购买信息的人等。有些大型组织成立了采购中心这一单位，但是它通常以非固定的、非正式的形式存在。在组织内部，采购中心的规模和组成因不同的产品和采购类型而有差异。

采购中心有不同的组织成员，他们分别发挥不同的作用。产品或服务的实际使用者是将要使用该产品或服务的组织成员，通常他们会发起采购建议，并协助购买决策的制定者确定对产品的具体要求。购买决策的影响者常常也会协助确定对产品的具体要求，并提供评价备选方案所需要的信息，技术人员是特别重要的购买决策的影响者。实际购买者有正式的权力选择供应商和提出采购条件，但他们的主要作用是选择供应商和谈判，在一些复杂的采购谈判中，实际购买者会包含企业的高层管理者。购买决策者拥有正式或者非正式的权力选择最终的供应商，在常规购买中，实际购买者常常就是决策者，或至少是审批者。控制购买信息的人被称为"守门人"，是控制信息流向采购中心的其他人，例如技术人员或者秘书，他们常常有权阻止销售人员见到产品或服务的实际使用者或实际购买者。

（二）组织购买的其他影响因素

1. 环境因素

环境因素包括经济、政治、竞争、额外利益、文化与习俗等。例如，政府往往愿意选择自己管辖区域内的航空公司，以促进这些航空公司的发展。经济因素对购买者而言的确非常重要，购买者偏爱提供最低价格，或最佳产品，或最高质量服务的供应商，在经济低迷时期尤其如此。航空公司获取集团客户的途径之一，是通过与政府、事业单位或者企业基于优势互补、利益互惠的形式商定战略合作协议，在这个过程中，航空公司将自己作为其差旅出行的供应商。

2. 组织因素

组织因素也很重要，包括流程、制度、组织结构等。营销者需要了解组织购买决策参与人数、组织购买决策参与者的身份、组织购买决策参与者的评价标准、组织的采购流程和政策，等等。

3. 人际关系因素

采购中心通常包括许多彼此影响的参与者，所以人际关系因素也影响组织购买的过程。营销者需要判断哪些人是关键决策的制定者，哪些人对组织购买决策影响不大或者没有影响。实际上，评价这些人际关系因素和群体动态常常非常困难。

4. 个人因素

在组织的采购中心里，参与购买决策的成员都具有个人动机、感知和偏好，这些个人因素受到诸如年龄、收入水平、教育背景、专业资格、个性和对风险的态度等个人特征的影响。采购中心成员的专长和风格也会不同，有些成员习惯在选择供应商之前对竞争性提案进行深入分析，另一些成员善于通过商业谈判来获得最优惠的交易条件。同时，组织采购中心的成员并非都是理性的，情感因素也会发挥重要的作用。例如，在旅游旺季一票难求时，航空公司能够为核心旅行社提供支持和帮助，尽量满足其机票需求；在淡季需求下滑时，航空公司会向旅行社求助，获得旅行社的支持，使旅行社尽量选择自己作为出行的航空服务的提供商。

第三节　航空公司市场的数字化消费行为

一、数字时代消费者购买行为的特点

当前，越来越多的消费者在互联网上完成购买决策全过程。随着移动通信技术的发展和智能移动终端的普及，移动购买、移动商务得以快速发展。航空公司的市场已经进入移动互联网时代，网络销售渠道成为主要销售渠道，数字化的营销手段已成为航空公司的重要工具。当前，实力雄厚的在线旅游平台的移动端销售量已占据主要的销售份额。各大航空公司也在加大直销力度，大力发展自有的网络销售和移动销售平台。

移动商务是借助移动设备，通过移动互联网和信息技术完成信息沟通、互动、交易的商业活动，它是电子商务与移动互联技术的结合。移动智能终端的普及和移动互联技术的迭代升级，使移动商务变得越来越普遍。移动商务的出现强有力地改变了消费者的消费行为。移动互联技术所带来的不只是技术上的更新换代，它也改变了人们获取信息的方式、交流方式和购买决策行为。

电子商务由于必须有线接入，在使用范围上具有一定的局限性。移动互联网的普及与移动设备的便携性结合，可以使人在任何时间、任何地点通过移动终端设备来进行商业活动，弥补了传统电子商务的缺陷，拓宽了商家的营销和销售渠道。移动商务的出现使消费者突破时间和空间的限制，随时随地都可以进行消费活动。消费者可以在任何地方通过手机随时完成所有购买流程。同时，消费者可以购买的产品或服务也基本不受限制。移动支付的出现与发展也为消费者进行移动购买带来了方便。移动购买是指消费者利用智能终端完成购买决策全过程的购买行为。移动购买的新特征可以归纳为以下六点。

（一）信息获取具有主动性和场景化特征

消费者在购买过程的早期阶段会到网络上搜寻信息，随后很多人会再次回到网络上验证他们的决策。个体消费者有更多的信息主动权，他们会通过应用程序（Application，App）、社交网络等随时随地找到所需的商品，查询价格，有的消费者还会货比三家，同时查看他人的评论和推荐。与传统信息搜索不同，一个拥有智能移动终端的消费者会基于场景来搜索信息。比如，游客到达一个地方时，如果想了解附近有哪些比较好的餐厅，以及他人对这家餐厅的评价，他就可以通过网络来寻找需要的信息，因此这种信息获取方式呈现出显著的场景化特征。

（二）消费者在虚拟社群中获得信息

消费者往往从社交媒体平台、应用程序或官方网站来获取信息。在所有的信息来源中，网上评分和评论经常影响消费者购买行为，并且二者通常紧密联系在一起。网上评分是指消费者给予企业产品和服务的指导性分数，反映了消费者使用产品或服务后感知质量、满意度等情况。评论是消费者对所评价的商品进行的细节性描述。评论可以对评分进行解释和验证，并为其他消费者提供参考。通常情况下，消费者不太信任电视、杂志、广播、网络广告、赞助商广告以及来自销售人员或付费代言人的推荐信息。消费者一般对同龄人的推荐更加信任，会通过社交网络等虚拟社区主动接触陌生用户，了解他们对购买过的商品的评价，从而形成自己的偏好和选择。推荐与引荐是消费者个人对产品的"代言"。推荐与引荐比评分与评论更具有社会影响力。

（三）购买过程快速化

有调研显示，通过移动方式做出购买行为的消费者总是希望立刻就能找到他们想要的产品或服务，希望缩短从信息搜索到完成购买的时间。手机支付、条形码扫描技术、产品信息和消费者奖励回馈计划的融合，促使移动购买的支付过程变得简单流畅。在传统购买流程中，消费者在每个环节都需要花费时间，时间越长，消费者原有的购买冲动消失的可能性就越大。消费者通过移动终端可以一键下单，购买行为的冲动性更加显著。

（四）消费者习惯分享和传播售后体验

购买完成之后，一些消费者会热衷于表达内心的想法，他们习惯通过社交网络分享他们的体验和感受，包括购物体验、产品图片以及其他相关信息。网络和虚拟社群的口碑传播效应，对其他消费者而言具有非常广泛而重要的影响。营销人员需要思考的是采取什么举措才能使自己成为不同消费者之间互动对话的参与者。消费者在决策过程中会不断寻求中立且可信的信息，这就使得其他消费者分享的信息成为一种十分有效且有影响力的信息。

（五）消费者具有可识别性与个性化特征

消费者个人信息是指消费者在消费过程中产生的，能够单独或与其他信息对照后，可以识别特定的消费者的信息，这些信息包括消费者的姓名、家庭住址、手机号码、购物情况等。目前，社会普遍关注的消费者个人信息指的是能够准确识别特定消费者的个人信息。企业在与消费者的交互过程中，对于消费者的浏览、搜索及关注的信息数据进行分析，能挖掘和了解消费者的喜好和习惯，并针对性地向消费者推送一系列优惠信息和营销文案，提供相关服务。

在信息商业化的过程中，信息失控已成为不争的事实。伴随着电子商务的普及，消费者成为个人信息泄露的主要受害群体。伴随信息泄露而至的垃圾短信、骚扰电话、精准诈骗日益威胁着消费者的隐私、财产甚至生命安全；同时，消费者个人信息泄露还容易破坏市场秩序，滋长各类犯罪行为，危害社会稳定，甚至引发公共安全危机。因此，保护消费者个人信息安全对于更好协调信息自由流通，保护消费者的隐私具有重大意义。

（六）消费者具有位置相关性特征

移动商务具有基于位置的服务（location based service，LBS）这一特有的应用。由于移动终端设备具有便携性，消费者可以让移动终端和移动网络保持连接，企业可以通过移动终端设备的定位功能了解消费者当前所处的位置，为消费者推荐其附近的商业资源，包括消费者可以选择的超市、餐馆、停车场、商场等。

随着移动商务的发展，移动购买行为可能会继续演变，企业与消费者交互的方式也将从根本上发生变化，旧的营销规则正在逐步改变，移动营销等新的营销方式正在不断发展和更新。

二、数字化消费决策

（一）消费者决策历程模型

戴维·考特（David Court）提出了消费者决策历程（consumer decision journey，

CDJ）模型。该模型对数字化时代的消费者购买决策做了新的描述，认为消费者购买决策历程包含四个阶段：考虑、评估、购买，以及享受、推介和建立纽带。这一决策历程是循环往复的，而不是逐渐缩减范围。

1. 考虑阶段

消费者通过各种信息来源，会累积一些备选的产品或品牌信息。消费者在这一阶段想到的品牌最多，此时，品牌知名度至关重要，进入初选品牌名单的商品最终被购买的可能性是未进入初选品牌名单的商品的 3 倍。

2. 评估阶段

那些在考虑阶段未被纳入备选名单的品牌并非全无机会。消费者会通过亲朋好友、虚拟社区评论了解信息，他们最初的备选品牌范围常常因此不断扩大，同时，随着信息量的增加以及选择标准的变化，消费者会剔除原先的一些备选品牌。

3. 购买阶段

在购买阶段，消费者做出购买行为。有一个重要的概念，叫作"购买点"（point of purchase），它是指交易发生的地点和一般条件。在零售界，购买点有时被称为POP，这个术语通常包括消费者可以购买的商品的介绍以及完成交易的方式。从这个角度来看，购买点既包括吸引业务的要素，也包括允许消费者为所选商品付款的方式。

4. 享受、推介和建立纽带阶段

对企业来说，消费者完成购买并不是营销的结束，消费者购买后的体验才是企业需要更加关注的环节。消费者的购后体验决定了消费者对该类产品后续的决策意见，会影响消费者后续的消费行为。在购买产品后，消费者会与产品以及新的在线接触点形成互动，这是继续加深消费者与企业品牌联系的机会。当消费者使用产品或服务后感到满意时，他们会通过口口相传推介这个品牌的产品，并激发该品牌的潜在影响力。一旦消费者与品牌之间建立起紧密的联系，成为企业品牌的忠诚客户，消费者就会完全跳过考虑和评估这两个阶段，而直接做出购买决策并进入"购买—享受—推介—购买"的循环之中。消费者使用购买的产品或服务后，如果这些与其预期不符，消费者可能感到失望，感到不满意，可能会放弃这个品牌，也会出现对此品牌产品负面的宣传。

（二）AISAS 模型

日本电通集团控股公司提出了 AISAS（attention-interest-search-action-share）数字化购买决策模型。AISAS 模型由 AIDMA 模型演变而来。AIDMA 模型认为，消费者决策的过程包括引起注意（attention）、产生兴趣（interest）、激发欲望（desire）、强化记忆（memory）和促使行动（action）。AIDMA 模型反映出传统营销由企业营销人员通过大众媒体控制主导权，影响消费者直至其产生购买行为。进入移动互联网时代，消费者由被动接受商品信息和营销宣传，逐步变为主动获取自己所需的信息。AISAS 模型认为，消费者由需要引起注意（attention）时，就会产生对商品或服务的兴趣（interest），之后一般会去互联网搜索（search）相关的信息，然后决定是否购买（action），接着还会基于自己购买及购后全程体验，将信息分享（share）给更多的人。

数字化时代的消费者拥有更加自主的决策控制权，能够主动接触营销信息，而不是被动地由营销人员推送信息和宣传劝说。在数字化时代的消费决策过程中，消费者积极主动地寻找和吸收对其购买决策有帮助的信息。在移动互联网时代，消费者主导的营销越来越重要。企业过去通过传统广告、直接营销和其他渠道影响消费者的做法需要修正，消费者决策方式的转变要求营销人员主动优化营销方式。由于过去从营销人员到消费者的单向沟通转变为双向的互动，营销人员需要建立与消费者多维度的交互关系，提高市场判断力和掌控力，影响和管理消费者口碑推荐的过程，学会运用虚拟社区进行口碑传播，利用互联网来影响消费者的购买决策。

三、消费者行为大数据分析

（一）消费者行为大数据分析的步骤

跨行业数据挖掘标准流程（cross-industry standard process for data mining，CRISP-DM）模型是人们经常使用的消费者行为大数据分析模型。该模型包括六个不同的步骤。

1. 商业理解

商业理解（business understanding）是第一个步骤。此时，人们需要从业务的角度了解项目的要求和最终目的是什么，并将这些目的与数据挖掘的定义以及结果结合起来，明确分析需求。数据分析的本质是服务于业务需求，如果没有理解业务，缺乏业务指导，分析也会没有重点。此外，人们还需要评估业务需求，判断并分析是否可以将需求转换为数据分析项目，某些需求是不能转换为数据分析项目的，比如不符合商业逻辑、数据不足、数据质量极差的需求。

2. 数据理解

数据理解（data understanding）这个步骤是数据收集工作的开端。抽取的数据必须能够准确反映业务诉求，否则分析结论将会对业务造成误导。同时，原始数据中存在数据缺失和坏数据，如果不妥善处理，数据处理结果可能失真，因此我们需要对数据进行过滤清洗，从而提取有效数据。

3. 数据准备

数据准备（data preparation）涵盖了从原始粗糙数据中构建最终数据集的全部工作。数据准备工作有可能被实施多次，并且其实施顺序并不是预先规定好的。人们需要根据数据与目标的相关性、数据质量、技术限制条件，选择后续分析和使用的数据。为了达到模型的输入数据要求，人们还需要对数据进行转换，包括构造衍生变量标准等。

4. 建模

在建模（modeling）时，人们会选择和使用各种各样的建模方法，综合考虑业务需求精度、数据情况、花费的成本等因素，选择合适的模型。在实践中，对于一个分析目的，人们往往会运用多个模型，然后通过后续的模型评估，进行数据优化和调整，以寻求最合适的模型。

5. 评估

从数据分析的角度考虑，在评估（evaluation）开始之前，人们已经建立了一个或多个高质量的模型。但在进行最终的模型部署之前，人们还需要进行更加彻底的评估模型，回顾在构建模型的过程中所执行的每一个步骤，这是非常重要的，因为这样做可以确保这些模型能达到企业的目标。一方面，人们需要对模型过程进行评估，包括评估模型的精度、准确性、效率、通用性等。另一方面，人们需要评估是否有遗漏的业务，模型结果是否回答了当初的业务问题，此时人们往往需要邀请专家参与评估。

6. 应用

应用（deployment）指的是人们将发现的结果以及过程组织成可读的文本。创建模型并不是项目的最终目的。只有将模型应用于业务实践，人们才能实现数据分析的真正价值，从而产生商业价值和解决商业问题。同时，人们需要对模型应用效果进行及时的跟踪和反馈，以便后期对模型进行调整和优化。

（二）大数据在航空公司营销中的应用

1. 大数据使产品投放更精准

随着互联网时代的到来，企业需要采集并处理丰富的信息，对信息进行分析。在对客户数据进行深入挖掘和分析的基础之上，抓住目标消费者的需求，做出有针对性的营销战略，实施精准营销。消费者在购票时，航空公司可以根据对消费者搜索数据及消费数据的分析，为消费者推荐最佳航线、替代航线、空铁联运产品等，更好地满足消费者的需求。

2. 有利于航空公司制订航线网络

对于航空公司来说，新开发产品市场潜力的大小，潜在航线客源是否充足，会直接影响未来的收益。在开辟航线时，航空公司可以充分利用大数据，从多个角度做出综合考量，制订最佳航线网络。大数据已成为航空公司制订航班计划的强有力的工具。借助大数据，航空公司能够对新的市场进行精准分析，把握市场中的动态变化，对即将开辟的新航线进行预测，对现有的航线结构进行调整，还可以建设时刻价值评估算法和模型，打造全面的智能航网，实现航班编排效益最大化。

3. 有利于航空公司开展收益管理

航线的票价受到共飞竞争航空公司的票价、起飞时刻、当前客座率等多种因素的共同影响。航空公司会根据特定航线的历史销售数据，利用程序进行数据分析和处理，为航空公司下属的收益管理部门提供相关信息，包括该航线不同折扣等级票价的投放时期、某时段投放特定折扣等级票价的数量等，能帮助收益管理部门做出核算，从而达到航线收益最大化的目标。

4. 有利于航空公司提供个性化服务

个性化服务是以消费者为中心的服务模式的体现。企业根据消费者的信息需求，利用现代信息技术、数字化信息资源，主动为消费者提供具有针对性的、能满足消费者个性化需要的产品和服务。航空公司基于消费者数据搭建航空公司服务体系，针对消费者航空出行的全流程触点，为消费者提供多层次、全方位、定制化、个性化的服务。这需要航空公司从根本上了解消费者的潜在需求，实现流程服务便捷化，完善售票、值机、登机、行李托运等所有服务环节，使消费者服务体验升级，实现营销与服务的融合。同时，航空公司致力于提供丰富的集成服务，包括个人定制、机场接送、特殊人群服务等增值服务内容，体现服务的竞争力、想象力和独特性。

5. 有利于航空公司开展渠道营销与管理

基于全球分销渠道销售数据，航空公司能从中寻找销售机会，进行渠道营销。一方面，航空公司可以借助代理商提供的数据，分析消费者的偏好，分析销量变化数据，寻找可能的销售机会，为开展渠道营销打下基础。另一方面，航空公司可以建立代理销售异常行为的监控体系，该体系涉及销售数据异常分析、销售行为规范分析、因代理行为引起的投诉及处理分析、特殊的"钻空子"违规行为分析等，监控体系的建立有利于航空公司开展渠道管理工作，更好地完善营销战略。

本章小结

狭义的消费者是指购买、使用各种产品与服务的个人和家庭。广义的消费者是指购买、使用各种产品与服务的个人/家庭和组织。我们在本章使用的是广义的消费者概念。要真正了解消费者购买行为并不是一件简单的事，有许多不同的因素会影响消费者的购买行为。对于个人/家庭而言，影响其购买行为的因素有文化因素、社会因素、个人因素、心理因素和产品属性。这类消费者购买决策过程的主要阶段包括确认需要、信息收集、评估选择、购买决定、购后行为。

组织购买有重购和新购两种主要类型。其中，重构又可以分为直接重购、调整重购两种类型。采购中心作为组织购买的决策制定单位，由组织内部产品或服务的实际使用者、购买决策的制定者、购买决策的影响者、实际购买者以及控制购买信息的人等组成。除了采购中心，组织购买的其他影响因素包括环境因素、组织因素、人际关系因素、个人因素。

进入数字经济时代，消费者拥有更加自主的决策控制权。消费者的移动购买决策呈现出如下特征：信息获取具有主动性和场景化特征；消费者在虚拟社群中获得信息；购买过程快速化；消费者习惯分享和传播售后体验；消费者具有可识别性与个性化特征；消费者具有位置相关性特征。

消费者决策历程模型对数字化时代的消费者购买决策做了新的描述，认为消费者购买决策历程包含四个阶段：考虑、评估、购买，以及享受、推介和建立纽带。日本电通集团控股公司提出的 AISAS 数字化购买决策模型认为，消费者决策的过程包括引起注意（attention）、产生兴趣（interest）、激发欲望（desire）、强化记忆（memory）和促使行动（action）。如今，大数据在航空公司营销中已得到广泛应用，表现在如下方面：大数据使产品投放更精准；有利于航空公司制订航线网络；有利于航空公司开展收益管理；有利于航空公司提供个性化服务；有利于航空公司开展渠道营销与管理。

中英文专业名词对照

消费者购买行为 Consumer Buyer Behavior
补偿性决策规则 Compensatory Decision Rule
消费者市场 Consumer Market
组织购买者行为 Business Buyer Behavior
文化 Culture
组织购买过程 Business Buying Process
亚文化 Subculture
采购中心 Buying Center
社会阶层 Social Class
使用者 User
群体 Group
影响者 Influencer
生活方式 Lifestyle
购买者 Buyers
学习 Learning

决策者 Decider
感知 Perception
守门人 Gatekeeper
动机 Motive/Drive
直接重购 Straight Rebuy
个性 Personality
调整的重购 Modified Rebuy
信念 Belief
新购 New Task
非补偿性决策规则 Noncompensatory Decision Rule
跨行业数据挖掘标准流程 Cross-Industry Standard Process for Data Mining

（1）影响消费者行为的因素有哪些？
（2）在大数据时代，消费行为的演变有哪些特征？
（3）消费者购买决策一般要经过哪几个主要阶段？
（4）影响组织消费行为的因素有哪些？
（5）借助大数据分析消费者行为需要遵循哪些步骤？

第四章
航空公司市场调研与预测

市场调研和市场预测是经营决策过程中的重要组成部分,正确的经营决策和营销策略离不开深入细致的市场调研和科学的市场预测。航空公司应从市场研究出发,了解市场需求和竞争者的最新动态,开展市场营销调研,广泛收集市场营销信息,预测未来市场需求及其变化,并据此制订营销策略。

学习重难点

1. 重点
(1) 理解航空公司营销系统的构成。
(2) 理解航空公司营销调研的步骤。
(3) 理解航空公司市场预测的方法。

2. 难点
(1) 掌握航空公司营销调研的方法。

本章引例

美国航空公司的市场调查

美国航空公司(American Airlines)又译为美利坚航空公司,简称美航。美航是寰宇一家航空联盟的创始成员之一。美航注重探索为旅客服务的好方法。为了达到这个目的,几个经理组织了一个头脑风暴式的小组会,产生了一些构想。其中一位经理提出在9000多米的高空为乘客提供通信服务项目的建议,大家一致认为这是一个激动人心的想法,同意对此做进一步研究。

经过与美国电话电报公司联系,美航认为,以B747飞机从美国东海岸到美国西海岸的航行为例,电话服务在技术上是可行的。这种系统的每航次成本约1000美元,如果每次电话服务费为25美元,则每航次至少有40人通话才能保本。

今后的研究要解决什么问题,要掌握哪些信息呢?美航相关负责人必须妥善把舵,对问题的定义既不能太宽,也不能太窄。一方面,如果营销经理要求营销研究人员去收集旅客需要的所有服务,那么这位经理将得到许多不需要的信息,而实际需要的信息却可能得不到。另一方面,如果营销经理要求营销研究人员去调查是否有足够多的旅客乘坐从美国东海岸到美国西海岸的B747飞行中,愿意支付电话费,从而使美航提供这种服务时能够保本,那么这个问题就太狭窄了。

最后,营销经理和营销研究人员确定了他们要解决的问题:提供飞行电话服务是一项会使美航吸引更多旅客、创造更多利润的投资吗?他们就此提出了下列研究目标。

第一,旅客在航行期间而是不等到飞机着陆后再通电话,主要原因是什么?

第二,哪种类型的旅客最喜欢在航行中打电话?

第三,在一次典型的长距离飞行中,有多少旅客可能会打电话?价格对旅客有何影响?最佳价格是多少?

第四,这种新增服务会为美航吸引多少旅客?

第五,这一服务对美航的形象会产生多大的有长远意义的影响?

第六,其他因素,诸如航班次数、食物和行李处理等,对旅客选择航空公司有何影响?这些因素的重要性如何?与这些因素相比,电话服务的重要性如何?

营销研究人员查阅了许多关于航空旅行市场的第二手资料。例如,美国民用航空署的出版物提供了关于各航空公司的规模、发展历程和市场份额的资料;美国空中运输协会的图书馆中有关于航空公司的偏好和空中旅行者行为的资料;各种旅游公司为空中旅客选择空运单位提供的指南等。这些资料为调查提供了一个起点,并具有成本较低、易获得的优点。但是,营销研究人员所需要的资料可能不存在,或现有资料可能过时、不正确、不全面或不可靠。在这种情况下,营销研究人员就必须花费较多的费用和较长的时间,去收集可能更恰当和更准确的第一手资料。为了获得这些资料,美航的营销研究人员可以逗留在飞机场、航空办事处和旅行社,听取旅客谈论不同航空公司和代理机构如何处理飞行安排;营销研究人员也可乘坐美航和竞争者的航班,观察航班服务质量,听取旅客反映的问题;营销研究人员还可以在某次航行中,宣布每次通话服务的收费是25美元,而在之后的同一航次上,又宣布每次通话收费为15美元。

在美航的调查中,样本应该是公务出行的旅客,还是享受旅游乐趣的旅客,或者两者兼有?应该重点访问年龄在21岁以下的旅客?夫妻同时乘坐飞机时,是访问丈夫还是妻子,或者两者都访问?当营销研究人员确定了样本后,应向其中多少人进行调查?在这些人中,又应该如何选择重点访问对象?这些问题都需要美航的营销研究人员做出回答。

在决定实施调查计划之前,营销经理应该要求营销研究人员对调查计划的成本做出估算,然后才能批准实施调查计划。该计划的目的是帮助美航降低风险、增加利润。假设美航未经市场调查,就估计推出空中电话服务可获得5万美元的

长期利润,而调查能帮助公司改进促销计划,并获得 9 万美元的长期利润。在这种情况下,公司就愿为这项研究花费 4 万美元。如果这项研究的成本超过 4 万美元,那就应拒绝它。

通过对资料的收集、分析,美航得到的主要调查结果如下。

第一,旅客使用飞行电话服务的主要原因是有紧急情况,例如处理对时间要求非常苛刻的商业交易等。旅客用打电话来消磨时间的情况是不太可能出现的,绝大多数电话服务的使用者是商业人士。

第二,每 200 位旅客中,大约有 5 位旅客愿意花费 25 美元进行一次通话,而约 12 位旅客希望每次通话费用为 15 美元。因此,相比每次收取 25 美元(5×25=125 美元),每次收取 15 美元(12×15=180 美元)会使美航获得更多收入。然而,这些收入都远远低于飞行通话的保本点 1000 美元。

第三,推出飞行电话服务使美航每次航班增加 2 位旅客,美航能从这 2 位旅客的身上获得 620 美元的纯收入,但是,这也不足以使美航保本。

第四,提供飞行电话服务强化了美航作为创新和进步的航空公司的品牌印象。创建这一品牌形象使美航在每次飞行中需付出约 200 美元的成本。

当然,这些调查结果可能会受到抽样误差的影响。

从上面的例子中我们可以看出,市场调研是市场营销活动的起点。在调查活动中,营销研究人员通过一定的方法收集、整理、分析市场信息,从而对市场加以了解和把握,掌握市场发展变化的规律和趋势,为进行市场预测和决策提供可靠的依据,从而帮助美航确立正确的发展战略。

资料来源:《美国航空公司的市场调查》(https://www.docin.com/p-55816884.html),有改动。

课堂讨论:
(1) 你是否参与过企业的市场调查?
(2) 你知道哪些市场调查方法?

第一节 航空公司营销信息系统概述

一、航空公司的市场营销信息

企业要想为消费者创造价值并与他们建立密切的关系,就需要市场营销者对消费者需求有及时、准确、深入的了解，洞察消费者的需求和动机。对消费者需求的深入、持续、及时的洞察，是企业建立竞争优势的基础，对企业发展来说十分重要。但是，企业要具备这种洞察能力并不容易。消费者的需求和购买动机常常是隐蔽的，不容易被察觉。为获得高质量的消费者洞察报告，市场营销者必须有效地管理来自各种渠道的市场营销信息。

市场营销信息是指一个时期内在特定的市场环境下，与企业的市场营销有关的各种信息。所有的市场营销活动都是基于市场营销信息展开的，市场营销信息是经营者制订营销决策的基础。市场营销信息是企业的战略性经营信息系统的基础，对企业的营销活动有重要的指导作用。

在信息时代，每天都会有大量的市场营销信息产生，并且信息产生的渠道也呈现出多样性。消费者通过电子邮件、微信、微博、抖音等与其他消费者分享大量信息，自发地产生海量信息。因此，企业要想获得市场营销信息并不难，难的是面对如此纷繁复杂的信息，企业如何进行信息的筛选、处理、分析，以避免企业自身淹没在海量的数据海洋中而无所作为。日趋成熟的信息生成、收集、存储和分析技术产生了大量复杂的数据，催生了"大数据"（big data）的概念。如果企业能有效利用大数据，企业就能获得丰富、及时的消费者信息。

航空公司拥有独立的信息仓库，其中包含了生产、运营、销售、客户等信息。这些信息覆盖了航空公司生产经营的全过程，航空公司将这些信息处理归类后，供各部门使用。利用这些信息，航空公司可以开展深层次的旅客行为分析，为市场营销策略提供参考。

二、航空公司的营销信息系统

营销信息系统（marketing information system）是由人员和程序组成的有机系统。通过有计划、有规则地收集、分类、处理、分析营销信息，企业能够洞察消费者和市场。企业需要保证营销信息系统的运行效率，从而使得营销信息系统迅速、准确、可靠地为企业的营销决策者提供各种所需信息，帮助他们更好地理解消费者需求和制定市场营销决策。

营销信息系统的使用者是市场营销管理者、企业内部和外部伙伴，以及其他需要市场营销信息的人。对于营销信息系统来说，其使用者既是信息需求的初始发起者，又是做出营销决策的人。营销人员可以从内部资料、市场营销情报、市场营销调研中获得所需的信息。营销人员通过分析这些信息，比较各种指标的计划和实际执行情况，可以及时发现企业的市场机会和存在的问题。营销人员需要认真思考自己真正需要的信息是什么，而不是盲目地收集所有能够获得的信息，信息过量与信息不足都不利于营销决策。同时，获取、存储、整理、分析这些数据资料需要付出成本，优秀的营销者需要判断增加额外信息所带来的价值与成本，权衡利弊，判断是否需要进一步收集信息。

许多航空公司都建立了自己的营销信息系统，将内部数据与外部的竞争性营销情报整合，形成营销信息数据库，并且能够按照不同的需求通过程序进行数据的处理和分析。营销信息系统通常由内部数据库、外部竞争性情报、营销调研系统和营销分析系统四部分组成。

内部数据库中的信息有多种来源,包括从其他系统中获取的销售信息、内部收入结算单位提供的财务信息、运力投放数据等。

外部竞争性情报是指关于消费者、竞争对手和市场环境的有关动态的信息。营销人员利用外部竞争性情报的目的是通过理解消费者环境、评价和追踪竞争者行为,以及提供关于企业机会和威胁的早期预警,帮助企业管理者更好地制定战略决策。企业可以从多种途径获得外部竞争性情报,包括从机场或政府的统计公报中获得竞争对手的部分生产数据和销售数据,通过旅行社和机票代理商等销售渠道获取竞争对手的销售策略等。另外,航空公司营销者需要运用互联网及时关注竞争者的官方网站以及微博等社交媒体上的动态,并做出相应的营销策略。例如,春运期间,在典型的劳动力输入地与劳动力输出地间的航线(如广州—北京)存在单向客流。在春运前,从广州至北京的航线缺乏客流,而从北京至广州的机票几乎会以全价售罄。因此,在春节前的一段时间,各大航空公司会通过机票打折等方式尽力在广州至北京的航线上争取更多旅客,这个时候,每个航空公司都需要特别留意竞争对手的机票价格,以及竞争对手官方网站和其他平台的特价产品和营销策略,并及时跟进调整,如若不能及时发现,则有可能导致航线单程极低的客座率和座公里收入。

企业可以利用营销调研系统完成市场营销情况分析,通过特定的工作程序或方法,收集、分析和研究有关的信息和资料,针对性地解决特定问题,针对研究结果出具正式报告。

企业可以借助营销分析系统,运用各种统计方法,针对所输入的市场信息,按照营销人员的要求进行统计分析。营销分析系统还能协助营销决策者选择最佳的市场营销策略。

第二节 航空公司的市场调研

一、市场调研的概念及内容

市场调研(marketing research)是市场调查与市场研究的统称,是个人或组织根据特定的决策问题而系统地设计、收集、记录、整理、分析及研究市场各类信息资料,并报告调研结果的工作过程。市场调研是市场营销活动的起点,能帮助企业掌握市场发展变化的规律和趋势,进行市场预测和决策,确立正确的发展战略。企业进行市场调研能够避免决策的主观性,防止决策失误。

航空公司的市场营销活动建立在对航空公司市场信息的掌握和分析的基础上,航空公司市场的特点是时效强、变化快,因此航空公司需要根据市场环境和竞争态势频繁调整自身的营销策略。航空企业需要重视市场营销信息,努力全面、准确、及时、持续地收集、整理相关信息,及时发现新问题,分析、研究、提出相应的应对策略和战略,进而赢得市场主动权。航空公司市场调研主要包括以下四个方面的内容。

（一）航空公司市场旅客需求调研

航空公司市场旅客需求调研的内容主要包括以下几点：对旅客的年龄、性别、受教育程度、职业、家庭结构等人口特征的调查；对旅客的出行动机、出行地点、时刻选择、对机票价格弹性的接受程度等消费行为的调查；对旅客到达机场的方式、在机场的消费等机场出行行为的调查；对空中配餐、行李运输、值机候机、登机服务、客舱布局等航空运输出行各关键触点服务方面的调查。

（二）航空公司市场环境调研

航空公司市场环境调研是指在宏观上调查和把握影响航空公司生产经营活动的外部影响因素及产品的销售条件等。它涉及企业运营的外部因素，主要包括：国家或地方有关的大政方针、行业政策等，如航空公司时刻分配政策、航权分配政策、碳达峰和碳中和相关政策等；国家或地方有关国民经济发展的规划和行业发展规划，如我国各个枢纽机场发展规划、民航五年发展规划、国家区域发展规划、国家五年发展规划等；国家有关的重大活动和重大事件，如大型体育盛会、国际交流会、大型庆典等；目标国际市场环境调研，包括政治、外交、经济、贸易、文化、法律等多方面，如 2012 年，日本政府宣布"购买"我国钓鱼岛，我国政府采取有力反制措施，受此影响，中国赴日游客锐减，这就导致航空公司陆续暂停或调减赴日航班。

（三）航空公司市场容量调研

航空公司市场容量调研主要包括以下内容：机场市场容量调研，如成都第二机场天府国际机场、北京第二机场大兴机场等新增机场，城市改建或扩建机场，城市新开首座机场等；国内地区间的经济社会联系，如产业链的上下游、旅游客源地与旅游目的地、劳动力输出地与劳动力输入地的联系等，这些联系都会产生地区之间人和物的流动，这些客流和物流都有其特定的流向，有些流向只存在于特定时期。

（四）航空公司市场竞争调研

航空公司市场竞争调研主要包括以下内容：铁路、公路、航空等交通运输方式的供给与竞争，它们各自在运输距离、时间、价格、安全性和舒适程度方面的优势和劣势；各航空公司在特定航线的班次、座位数、机型、客座率、市场占有率、班期、时刻、票价、广告、促销方法、销售网点的数量和分布等信息。

二、航空公司市场调研的类型

根据需要调研的问题的性质，我们可以把市场调研分为描述性调研、探索性调研、因果性调研三种。

（一）描述性调研

描述性调研（descriptive research）是一种常见的调研类型，是指对客观事实所面临的不同因素、不同方面的现状的数据资料进行收集、整理和分析的静态调查研究。描述性调研解决的是"怎么样"或"如何"的问题，常用在市场占有率、顾客态度等方面的研究。例如，航空市场的描述性调研会定期对自身与共飞的竞争航空公司在市场占有率、经济舱客座率、平均票价、座公里收入等方面的情况进行调研分析，掌握经营状况。相比探索性调研，描述性调研的目标更加明确。

（二）探索性调研

探索性调研（exploratory research）是一种小规模的调研活动。企业不确定调研内容、性质和方向，不清楚要调研的准确问题时，往往采用探索性调研。通过探索性调研，企业能对问题有比较清晰的界定，更好地理解问题的环境，进行初步资料搜集和分析。在探索性调研中，企业通常可以借助现有的二手资料，咨询专业人士，或分析以往的案例。例如，航空公司定期对经济舱客座率进行统计分析，发现城市 A 至城市 B 航线经济舱的客座率持续下滑，这时，航空公司需要先调研城市 A 至城市 B 的客座率与城市 B 至城市 A 的客座率的变动情况，整条航线的客源数量有什么变化，整条航线运力投入有什么变化等，这些调研的结果显示整条航线客源数量和运力投入没有明显的变动，外部经济环境良好，这条航线城市 A 至城市 B 的客座率下滑明显，城市 B 至城市 A 的客座率变动不大，这时航空公司就可以基本做出判断：在城市 A 的市场占有率出现了问题，在城市 A，该航空公司输给了竞争对手。如此得出结论，航空公司才能进一步对造成这一结果的原因进行调研，并提出对策。

（三）因果性调研

因果性调研（causal research）是指为了解事物发展不同影响因素之间的关系，以及特定现象产生的原因而开展的数据和资料的收集、整理和分析的调研活动。通过这种形式的调研，企业可以清楚外界因素的变化对项目进展的影响程度，以及项目决策变动对市场反应的灵敏程度，例如价格变化与销售量变化的因果关系，广告投放量与促销效果的因果关系等。因果性调研通常在描述性调研之后。通过描述性调研，企业收集了变量因素，进而针对变量间的关系展开调研以明确其因果关系。相比描述性调研，因果性调研具有动态性。

三、航空公司市场调研的方法

（一）文案调研法

文案调研法，又称二手资料法，是企业对现成的数据、报告、文章等信息资料进行搜集、分析、研究和利用的一种市场营销调研方法。企业在探索性调研的阶段经常采用文案调研法。其优点是获取资料的速度快、花费少，操作灵活，且不受时空限制；缺点是针对性、准确性和客观性较差，需要采用适当的方法来验证这类资料。

（二）观察法

观察法指的是调研人员直接或者通过仪器在现场对调研对象的情况直接进行观察、记录，以取得市场信息资料的一种调研方法，例如航空服务产品试用与模拟体验等。应用这种调研方法时，观察者与被观察者之间没有任何交谈，观察者只是对被观察者的行为等外部表现进行观察并记录，无法观察被观察者的内在动机、态度与意向等内在因素。

观察法是由调研者（即观察者）在现场观察被调研对象的行为并加以记录、获得信息的方法。观察既包括在自然环境中进行观察，也包括在人为的实验环境中进行观察。观察时，观察者有时可以掩饰调研目的，有时也可以不掩饰调研目的。观察调研既包括结构化的观察，即观察者按照事先拟定的观察内容进行记录；也包括非结构化的观察，即观察者不限于拟定的问题，而是对被观察者的所有行为进行记录。非结构化的观察适用于探索性调研。在观察中，根据调研目的，观察者可以完全参与观察，即较长时间地与被观察者生活在一起，也可以不完全参与或非完全参与的方式观察。

（三）小组访谈法

小组访谈法是一种常用的定性研究方法，其访谈结果可通过录音、录像、文字等方式记录下来，用于后续的定性分析。它指的是一组具有代表性的消费者或客户在一个装有单面镜和录音、录像设备的房间内，在一个受过专门训练、有经验的主持人的组织下就某个问题进行无结构的、深入的讨论，从而使调研者获得对该问题的深入了解的一种调研方法。小组访谈法最适合在较短的时间内了解研究对象对某个问题的看法是否存在差异，调研者经常可以得到意想不到的发现。这种调研方法的特点是资料收集速度快、效率高、结构灵活。

（四）深层访谈法

由具有访谈经验并掌握一定访谈技巧的调研人员对受访者进行面对面的深入访谈，以揭示受访者对某一问题的潜在动机、态度、信念和情感。它是一种无结构的、直接的、一对一的访问，主要用于探索性调研。与小组访谈法相比，深层访谈法能使调研者更深入地了解受访者内心深处的想法和态度，双方能更自由地交换信息，因此深层访谈法对信息的挖掘更充分。

深层访谈法尤其适合调研一些涉及隐私的问题、比较敏感的话题、容易受到其他人影响的话题、比较复杂且难以简单说清的问题，以及一些感性的、富于个人情感的产品评价。时间长度一般在两个小时以内。通常，调研者会事先撰写访谈提纲，并在访谈过程中对问题的措辞及提问顺序灵活做出调整，调研者还要善于使用追问技巧。

（五）面访调研法

面访调研法是一种应用广泛的调研方法，由调研人员与受访者进行面对面的交流，通过结构性调研问卷从受访者处搜集信息。根据操作方式的不同，我们可以将面访调研法分为入户面访调研法和街头拦截式面访调研法等不同类型。

（六）电话调研法

这是一种调研者通过电话对受访者进行访问以获得信息的方法，可以分为传统电话调研法和计算机辅助电话调研法。这种调研方法的优势是编制受访者名单比较容易，并且可能访问到不易接触的调研对象。不足之处表现在以下方面：一是受获取电话号码样本范围的限制，抽样总体与目标总体可能不一致；二是调研时间不宜过长，因为长时间的调研容易导致受访者挂断电话终止访谈，所以调研时间短，调研内容难以深入；三是在电话调研中，调研人员无法观察受访者的表情、姿态等肢体语言。

（七）网上调研法

网上调研法是信息搜集者通过网络向受访者提供调研问卷，搜集并处理信息的一种调研方法。

应用网上调研法时，调研者可以方便地参照标准对信息进行收集、处理，便于开展定量调研。网上调研法可以进一步细分为电子邮件问卷调研、网页问卷调研和下载问卷调研等形式。随着一些专业的调研网站的出现，网上调研法已经成为人们经常使用的调研方法。

（八）实验调研法

从影响调研对象的若干因素中选择一个或几个作为实验因素（即自变量），在控制其他因素均不发生变化的条件下，观察实验因素的变化对调研对象（即因变量）的影响程度，从而为航空企业的营销决策提供参考依据。航空公司市场调研中的实验调研法起源于自然科学领域的实验法，其优点是方法科学，可以精确操控，内部效度比较高。缺点则是不易进行大规模的实验，并且调研费用比较高，对调研人员的专业水平要求高。

（九）德尔菲法

在使用德尔菲法的过程中，调研人员首先请许多专家独立地做出预测，然后，由一个局外人收集这些预测，并计算出一个平均值。接着，这个局外人把个人的初始预测和计算得出的平均预测值反馈给特定的专家，让他们重新思考自己最初的预测意见。一般来说，这些专家往往会改变自己最初的预测，并使之与得出的平均预测值接近。调研人员将这一过程重复几次，就可以得到一致意见。

四、市场调研的抽样方法

总体（population）也称调研母体，是指所要调研的全体对象。大多数市场调研都是从研究对象总体中抽取一部分代表性个体进行调研，被抽取的个体被称为样本，整个抽取过程叫作抽样。样本是研究总体的子集，样本的特征被称为统计量，统计分析就是用统计量来推断总体的参数。根据抽样是否遵循随机化原则，我们可以将抽样的方法分为两类：概率抽样和非概率抽样。

（一）概率抽样

概率抽样是随机选择样本单位。这要求调研人员对研究总体有精确的定义，然后指定样本的数量，由此可以计算出每个样本被选出的概率。概率抽样的好处是，由于样本个体是随机选出的，因此调研人员可由样本估计值来推断总体参数的大小以及置信区间，从而完成对总体特征的推论，并计算出抽样误差。另外，概率抽样可以完全排除主观因素的干扰。概率抽样有四种具体方法。

1. 简单随机抽样

简单随机抽样是最基本的概率抽样方法。当总体数量为 N，样本数量为 n，每一个个体被抽中的概率相等，均为 n/N。简单随机抽样需要有完整的抽样框，每个个体被赋予唯一的编号，然后采用电脑软件、随机数表或抽签的方式进行抽取。

2. 系统抽样

系统抽样包括三个步骤：首先确定一个随机的起点；其次计算出抽样间距，抽样间距约等于 n/N，如果从 1000 个总体中获取 100 个样本，那么抽样间距就等于 10；最后从随机的起点开始，从抽样框中每隔固定抽样间距进行样本的抽取。

3. 分层抽样

分层抽样包括三个步骤：首先按照某个特征先将研究总体分为若干子群（层），层与层之间既不能重复，也不能遗漏，同层之内的个体应尽可能同质，不同层的个体尽可能异质；其次计算每层所抽取的样本个数，既可以按照每层在总体中的比例计算每层应抽取的样本数量，也可以根据研究的需要，对于那些个体差异较大或者比较重要的层，将抽样的比例适当调大；最后采用随机方法从每一层中抽取样本个体。分层抽样可以在不增加样本数量的情况下增加精确度，使样本更具有代表性。

4. 整群抽样

整群抽样是将总体分成若干个子群，群与群之间既不能重复，也不能遗漏，然后再随机抽取一定数量的子群作为样本。与分层抽样不同，整群抽样要求同群之内的个体应尽可能异质，群之间尽可能同质。整群抽样主要的好处是提高抽样的效率，降低抽样的成本。

（二）非概率抽样

与概率抽样不同，非概率抽样主要依靠主观判断来进行样本的抽取。非概率抽样也有四种主要方法。

1. 便捷抽样

便捷抽样是以方便快捷的原则，选择那些容易获得的样本。调研对象的选择是由调研人员现场决定的。例如，很多调研人员在街头随机拦截并访问个人，教师使用授课的学生作为样本进行研究等都属于便捷抽样。便捷抽样是所有抽样技术中耗时最少、成本最低的方法，在现实生活中被普遍采用。应注意的是，利用便捷抽样获得的样本具有较大的偏差，对总体的代表性差，更适合进行探索性研究，而不是描述性或者因果性研究。

2. 判断抽样

判断抽样也称主观抽样，由调研人员基于知识、经验，从总体中选出那些更具有代表性的样本。判断抽样一般适用于样本量较小的情况，例如产品试销市场的选择。

3. 配额抽样

配额抽样包括三个步骤：首先将研究总体根据某种特征或变量进行分类；其次确定每个子类别中抽取的样本数量（即配额），通常会使各类别的样本配额与该类别在总体中的比例相同；最后基于便捷原则或根据主观判断从每个子类别中进行抽样。配额抽样与概率抽样中的分层抽样比较相似，主要目的都是使样本的构成与总体更为接近，以获得更具有代表性的样本，但是配额抽样有可能遗漏较重要的分类特征，同时最终的抽取过程不是基于随机原则，因此与其他非概率抽样一样，配额抽样仍无法计算抽样误差。

4. 滚雪球抽样

滚雪球抽样是一种由被调研者推荐其他被调研者的抽样方法。首先，调研人员抽取少量符合要求的样本，在访谈完成之后，再由这些被调研者推荐其他被调研者，这样一轮一轮推荐下去，所获得的样本数量就会像滚雪球一样越滚越大，直到达到调研者需要的样本数量。滚雪球抽样一般适合于招募那些难以获得的特殊样本，比如高尔夫球的爱好者等。

五、航空公司市场调研的步骤

市场调研包括项目调研准备阶段、调研开展阶段、调研结果研究三个阶段，共五个步骤，即确定调研目标和背景、制定调研方案、实施市场调研、分析调研数据与编写调研报告。

(一) 确定调研目标和背景

市场调研的主要目的是收集与分析信息资料，以帮助企业更好地做出决策，减少决策失误。如果对调研问题不做出清晰的定义，收集信息的成本可能会超过调研结果的价值。因此，在市场调研准备阶段，调研人员需要对调研项目进行初步分析，广泛收集资料，确定调研的方向，然后再启动市场调研项目。调研目的是指特定的调研项目所要解决的问题，即为何要调研、要了解和解决什么问题、获得的调研结果有什么作用。调研任务是指在调研目的既定的条件下，市场调研应获取什么样的信息才能满足调研的要求。明确调研的目的和任务是设计调研方案的首要问题，只有调研目的和任务明确，调研人员才能确定调研的对象、内容和方法，才能保证市场调研具有针对性。

假设某航空公司的经济舱客座率持续下降，航空公司迫切需要找出其中的原因并制订相关对策。此时，调研的背景应包括以下信息。一是这家航空公司的运输量和收入统计，这有助于调研人员了解有关市场和航线的情况。通过缜密的分析，调研人员也许可以找到用于探究市场行为中这一突然变化的新思路和新方法。二是机场统计数据。如果能得到最近的机场统计数据，调研人员也许可以发现是否其他航空公司也面临同样的客座率下降的问题，判定这种趋势的影响是行业性的还是个别现象。三是对经济、社会、文化和政治环境进行分析。

完成了背景的收集和分析之后，调研人员就可以在调研报告中用以下简明的介绍对调研背景进行陈述："去年，我们在 X 航线上的经济舱客座率下降了 20%，其中 Y 市场的下降幅度最为明显，此市场的经济状况良好，没有任何迹象表明会出现客座率下降的趋势。我们在 Y 市场中所占的份额通常是 60% 左右，但市场份额近期在萎缩。因此，初步可以判定我们在客源方面输给了竞争对手，而不是市场呈现出整体疲软的状况。根据前期的背景调研，我们需要开展如下调查研究项目：Y 市场中，X 航线的经济舱旅客在航空公司的选择上发生了哪些变化；找出这些变化的原因；明确采取相应对策的必要性和紧迫性，认真权衡可供选择的几种对策；这些对策对未来旅客行为可能产生的影响。"

(二) 制定调研方案

航空公司可能自行调研，也可能委托专业的市场调研公司开展市场调研工作。航空公司自行安排人员进行调研有可能导致被访者回答问题时带有倾向性，因为被访者要么会顺着调研人员的意思说，要么避免公开批评，但被访者如果面对的是一个独立的调研公司，他们就可能直言不讳。现在，越来越多的航空公司在调研项目的制定和实施过程会聘请调研代理，他们以独立的操作能力和丰富的专业知识为航空公司提供帮助。即便如此，航空公司的市场营销人员仍需掌握一般调研方案的制定步骤。调研方案的制定一般有以下几个步骤。

1. 确定调研方法

调研方法通常有定性调研和定量调研两种。

定性调研包括从小部分人那里获取相对大量的信息资料，它采用的方式通常是随机性的，包括小组讨论或深入的个人访谈。这种方法旨在研究样本的反应、观点和行为。例如，航空公司的调研人员也许需要和一些公务舱的旅客接触，在他们之中，调研人员可能希望与乘坐自己公司航班和不乘坐自己公司航班的旅客进行单独交谈。因为调研范围较小，所以在通常情况下，和定量调研相比，定性调研通常可以在较短的时间内完成，所需费用也较少。利用定性调研，调研人员可以了解旅客对旅游、航空公司和竞争态势持有怎样的观点和态度，这些都是可信度很高的第一手资料。但是这种抽样调研范围有限，不足以帮助调研人员得出可靠的结论。定性调研主要有两个途径：小组讨论和一对一的深入面谈。小组讨论是指将多名被访者集中在一起，进行1~2小时的集体访谈，主要讨论航空公司想了解的问题。每一组被访者都来自整体目标人群中的一个细分市场，调研人员以这种方式组织每个组进行讨论，就能够使每一个细分市场的内容都被涉及。这是一种既快捷又相对节约开支的调研方法，通过这种调研方法，调研人员可以获得代表每一个细分市场的"一致意见"。但是，与一对一的深入面谈相比，通过小组讨论获得的"一致意见"难免流于形式，调研结果比较概括和笼统。如果一个调研项目包含定量调研的过程，那么调研人员就可以通过小组讨论获得足够丰富的信息，为下一阶段调研方案的设计和实施提供指导。如果一个调研项目不包含定量调研的过程，那么调研人员应当同时采用小组讨论和一对一的深入面谈，而不是仅仅依赖于其中一种调研方法。

定量调研对那些从具有代表性的反馈意见抽样调研中得来的信息进行系统分析，而这些反馈意见来源于调研人员在目标市场中发放的经过精心设计的调研问卷。调研人员如何判断自己选择的定量调研是否以恰当的方式提出了恰当的问题？这只有通过定性调研才能得以保证。这就是为什么调研人员需要综合使用定性调研和定量调研，它们互为补充，而不是互为替换。很多调研项目的设计是先进入定性调研阶段，再进入定量调研阶段。

2. 确定调研对象和调研单位

确定调研对象和调研单位是为了明确向谁调研和由谁来提供资料的问题。调研对象是根据调研目的确定的一定时空范围内的所要调研的总体，它是由客观存在的具有某一共同特征的许多个体所组成的整体。调研单位就是调查总体中的每个个体单位，它是调研项目的承担者或信息源。

就定性调研而言，调研人员需要确定调研对象的基本条件，接下来再物色合适的被访者并开始邀请他们参与调研活动，同时应当与被访者协商好调研的时间和地点。就定量调研而言，调研人员需要对来自较大群体的相对较小一部分被访者所提供的信息进行细致的研究和分析。

在进行抽样设计时，调研人员应当明确以下三个重要的问题：调研哪些人，调研多少人，如何抽样。调研人员可以从调研项目的目标中找到"调研哪些人"这个问题的答案。我们可以通过一个例子来进行解释。调研项目A的目标是：列出近三年来人们境外假期旅游访问频率最高的5个城市。调研项目B的目标是：估算出近三年来境外假期旅游市场在整个旅游市场中所占的比例。在项目A中，那些从未在假期出国旅游的人不是抽样调研的对象。但是，在项目 B 中，调研人员就有必要对所有游客进行抽样调研，从而实现项目 B 的目标：确定出国旅游的游客所占的比例。

确定了调研对象和调研单位之后，就需要确定抽样的方法。抽样的方法分为概率抽样和非概率抽样两种。概率抽样是指随意挑选被访者的抽样方法，比如在飞机上每隔 15 个座位选 1 名旅客进行调研。这种方法可以保证抽样的目标人群接受调研的机会均等，从而消除调研的倾向性，因此被广泛采用。相反，非概率抽样是指调研人员有针对性地挑选被访对象。这种方法很明显弥补了概率抽样的缺陷：吸纳被访者更加容易；无应答情况减少；节约时间和花费。但是，非概率抽样在调研结果倾向性方面有相当大的风险。经常选用的解决办法是引入一种以"分层"和"定量"形式进行抽样的调研结构。在这里，调研抽样中的每一"层"代表调研项目中一种重要的特殊类型的调研对象，在每一个层次上，调研人员都应当完成一定数量的访谈任务。

3. 明确调研的范围和时间

调研对象的范围越广，调研结果的真实度和可信度就越高，同时，调研的规模也越大，成本越高，所花费的时间越长。在竞争激烈的市场环境中，市场调研往往具有时间限制。因此，航空公司在进行市场调研时，需要平衡抽样的成本、时间与抽样的准确性、真实性。调研时间是指调研资料的所属时间，即应收集调研对象在何时的数据。确定调研时间是为了保证数据的统一性，否则数据无法分类和汇总，导致市场调研失效。

4. 设计访谈提纲或者调研问卷

就定性调研而言，要设计一个访谈提纲，以指导调研人员在进行小组讨论和一对一的深入面谈时提出适宜的问题。同时，在调研过程中，调研人员需要准备一些启发性材料，包括现有的关于本航空公司以及竞争对手的广告宣传和促销资料，以及供讨论的问题清单等。通常，需要用录像机记录小组讨论的过程和一对一的深入面谈记录。

就定量调研而言，需要设计调研问卷，将其作为搜集调研资料的工具。设计调研问卷时，应当遵循以下设计标准：确定调研问题的必要性；确定问题对所获取的信息的充分性；答案要穷尽；答案要互斥；说明目的，感谢合作，保护隐私；规范明了，含义清楚，避免歧义；问题的顺序正常，逻辑清楚；要考虑受访者的生活经历和接触面，对于一些受访者可能不了解的问题，要做出说明；不要采用带有某种倾向或诱导的问题；问卷长度适宜，答卷时间不宜过长，因为时间过长会影响受访者的答题质量。调研问卷有固定的框架，一般包括标题、背景说明、指导语、被调研者必要信息、正式问卷、结束语/感谢、编码。

常见的问题有三种形式，即封闭型问题、开放型问题和量表型问题。封闭型问题有多选题和单选题。例如：

请问您选择航空公司时注重的因素有哪些？（最多选 3 项）
  A. 准点率　　　　　　B. 品牌
  C. 餐食　　　　　　　D. 空乘服务
  E. 客舱布局

开放型问题可以分为半开放型问题和开放型问题。半开放型问题结构不够完善,方法不确定,可有一系列可能的方法,其结论或答案是一个或成系列,例如:

综合考虑各种因素,请对您可能会选择购买的下列航空品牌产品进行排序。
A. 东方航空   B. 南方航空
C. 中国国际航空   D. 厦门航空
E. 其他(   )

开放型问题提得比较笼统,圈定的范围不固定,给回答者以很大的回旋余地,例如:

在提到航班餐食时,您首先想到的品牌是(   ),其次是(   ),再次是(   )。

量表型问题是将调研者所需要的信息转化为一组被调研者能够并且愿意回答的问题。同时,调查研究作为定量研究,需要将被调研对象的答案转化为数字化(或其他符号)的数据,并要求答案与数字之间存在一一对应的关系,这就需要设计量表。李克特量表是常用的量表,是对一组陈述的语句进行从"非常不同意"到"非常同意"的判断,可以分为5分或7分量表。数值越大,表示越赞同表述;数值越小,表示越不赞同表述。5分量表的中间值3表示对表述的态度为中立,7分量表的中间值4表示对表述的态度为中立。例如:

下面是关于航空公司的一些描述,没有好坏对错之分。请根据你的实际情况,对每句话的同意程度评分,在认可的数字上画"○"。评分标准如下:非常同意打5分,比较同意打4分,一般打3分,不太同意打2分,很不同意打1分。

A. 这家航空公司的整体品牌形象很好   5 4 3 2 1
B. 航空公司的标识(符号)给我留下了深刻的印象,
   我一眼就能认出来   5 4 3 2 1
C. 航空公司的客舱环境与装饰非常好,体验感很好   5 4 3 2 1
D. 航空公司的名字寓意深刻,容易记忆   5 4 3 2 1

5. 确定调研期限、进度、组织计划和预算

调研期限是指一项调研工作从调研计划开始到调研报告完成所需花费的时间。航空市场是一个快速变化的市场,市场调研期限往往有限,因此,调研人员需要在设计调研方案时综合考虑调研难易程度、工作量的大小与时间期限的要求。确定调研期限后,调研人员需要统筹考虑调研的组织计划与进度安排。调研的组织计划是指为了确保调研工作的实施而制订的项目的组织架构、人力资源配置和职责分工计划。航空公司委托外部市场调研机构进行市场调研时,还应对双方的责任人、联系人和联系方式做出规定。在进行市场调研预算时,要将需要的费用尽可能考虑全面,以免将来出现一些不必要的麻烦而影响调研的进度。

6. 确定数据资料整理与分析方案

调研人员需要对回收的数据和资料进行审核、编码、分类汇总、统计分析等，明确数据资料处理分析的原则、内容、方法、要求等。

上述内容确定之后，调研人员就可以着手编制市场调研总体分析方案，或以调研项目委托人的身份制定与调研代理间的合同或协议的主体。市场调研总体方案的构成要素包括标题、背景导语、主体和附录等。

（三）实施市场调研

实施市场调研是市场调研能否成功的关键一步。市场调研方案的实施就是按照调研方案开展基础数据收集的过程。实施过程中，要有严格的组织管理和质量控制机制，事先挑选和培训调研人员，检查和评价调研人员的工作。在调研计划实施过程中，应随时注意以下几个方面的问题。一是进度。需要了解并掌握调研项目进展情况，判断进度是较快还是已经落后，根据实际情况及时采取措施，保证既定的工作计划按期完成。二是费用。所有费用支出是否在预算之内，是否出现了因花费过大而导致整个调研项目超出预算的情况。三是质量。是否已经顺利完成调研访问和调研问卷的填写，问卷反馈率是否偏低。调研人员需要将可能遇到的问题和出现的错误预先进行考虑，并给出对应的预案，这有助于调研的顺利实施。

（四）分析调研数据

分析调研数据主要是将所收集的各种数据资料进行整理和分析，使之成为能够客观反映市场经营活动并符合决策者需要的数据资料的过程。调研人员在调研实施阶段收集的数据资料质量参差不齐，在编制调研报告之前，需要先进行数据资料的整理工作。首先，需要对数据资料进行筛选，从回收的数据资料中发现并剔除错误或者无用的数据资料，如回收的问卷出现敷衍或不精确的回答、矛盾的答复等。其次，对筛选过后的数据资料进行编号，使数据资料易于归入适当的类别，以便查找、归档和使用。再次，将筛选后的数据资料转化为便于进行定性分析或者定量分析的数据样式。最后，就数据分析代表的意义和说明的问题进行详细阐述，得出必要的结论。

（五）编写调研报告

市场调研项目的结束是以完成调研报告的形式体现的，人们一般将调研报告作为调研项目的最终成果。在编写调研报告时，需注意客观真实、简明扼要、重点突出。调研报告一般包括目录、导语、主体和附件等内容。其中，导语一般介绍报告的根据、调研的目的与范围、资料来源及使用的调研方法等；主体一般包括调研的基本情况和主要发现，以及对调研结果的讨论、总结和建议等；附件一般包括调研问卷、附表、附图、技术细节说明以及实施细节说明等。

【综合实训】
你参与过航空公司的调研吗？请同学们设计一个方案，对某个航空公司的目标市场进行调研。

第三节　航空公司市场预测

结合当前经济社会的发展和航空企业的实际情况，对国际、国内的航空公司市场的发展进行科学预测，是航空公司科学制定发展规划和营销计划的基础。航空公司经常开展的预测有航空公司市场需求预测、航线网络运量预测、机场旅客吞吐量预测。

一、航空公司市场需求预测

航空公司市场需求预测是基于以往的历史数据，通过数理统计的方法推测未来的运输量，包括运输总周转量预测、旅客运输量预测、货邮运输量预测等。航空公司市场需求预测是航空机队发展规划的编制及其衍生出的相关人、财、物的规划的基础。就时间维度来看，航空公司市场需求预测可以是年度的短期预测，也可以是五年的中期预测，或者是五年以上的长期预测。就预测对象来看，航空公司市场需求预测可以是航空公司的总体市场预测、国内总体市场预测、国内某一区域市场预测，也可以是国际及地区市场预测、国际某一区域市场预测。

人们通常采用的航空运量的预测方法主要有权值分流法和计量经济法。

权值分流法是指将航空公司所完成的航空运量占全行业运量的比例作为航空公司在全行业中的权值，来预测航空公司运量的方法，多用于航空公司的总周转量预测。全行业运量预测是权值分流法的基础，也是权值分流法的第一步，然后需要采用时间序列法来测算航空公司的权值，最后用相应年份的权值乘以全行业的运量预测，就可以得到航空公司的运量预测数据。

计量经济法是将航空运量作为因变量，同时将影响运量的社会经济活动水平和服务水平等影响因素作为自变量，来构建航空运输运量预测模型的方法。首先，需要明确模型中的自变量、因变量和外生变量。需要根据预测的具体目标来确定预测模型的因变量。通过开展市场调研和分析研究相关资料，确定预测目标的相关影响因素并筛选出主要因素，以此确定预测模型的自变量。外生变量必须从航空公司或航空公司所在区域的社会经济因素中选择，比如人口、国内生产总值、外贸额、旅游业收入等与自变量和因变量无关的变量。其次，需要构建和检验回归预测模型。依据自变量、因变量和外生变量的历史统计数据，构建回归分析预测模型。回归分析是对具有因果关系的变量进行的数据统计分析，因此进行回归分析前必须解决变量间相关性的问题，也就是说，需要验证作为自变量的影响因素与作为因变量的预测对象是否有关，相关程度如何，并判断这种相关程度的可靠性有多大。再次，需要进行相关性分析，一般要求算出相关系数，以相关系数来判断自变量和因变量的相关程度。在完成相关性分析后，要对回归预测模型进行相关检验并计算预测误差，回归预测模型只有通过检验并且达到一定的误差标准时，才可用于预测。最后，计算并确定预测值。利用回归预测模型计算预测值，并对预测值进行综合分析，确定最后的预测值。

二、航线网络运量预测

航线网络运量预测指的是航线网络上的航空公司需求量预测，这是航空公司确定每条航线运力投放的关键，也是飞机选型和航班计划的基础，尤其是开辟新航线时，更需要准确地预测市场需求。只有预测出航线需求量，航空公司才能有针对性地优化资源配置。飞机型号的选择主要根据航线特征及航线运输量。通常，宽体大飞机会用在远程长航线上，如国际线或者时刻已饱和但仍有巨大需求的航线，如北京—上海航线；中型飞机多用于国际和国内的中短程航线；支线飞机通常用于航空支线市场。机队规划是根据航空公司市场需求预测做出的，航空公司依据一定的原则和方法，对规划期内机队的结构及规模做出系统性的动态计划，匹配航空公司的航线结构和航线网络规划，使航空公司的机队规模能够以尽可能低的成本运营，进而实现市场需求的满足和最佳经济效益的获得。航班计划就是航空公司规定的正班飞行的航线、机型、班次、班期和时刻的计划。合理的航班计划既能满足航线市场需求，又能提高飞机的利用率和经济效益。因此，航空公司必须先预测航线上的市场需求量，这是编制和优化航班计划的基础。航线的运力投放要综合考虑两个航点间的实际情况，来制定航线航班密度、投放的座位数等。比如，上海—武夷山航线，两个城市中，一个是经济高度发达的国际大都市，另一个是以旅游业而闻名的小城市，不能只简单地仅考虑一个航点的情况就确定运力的投入。引力模型法是预测航线网络运量的常用方法。引力模型法认为，城市间的运输量与城市的国内生产总值、人口等社会经济变量呈正比，与城市的航程、航空票价等变量呈反比。

三、机场旅客吞吐量预测

机场旅客吞吐量预测是以机场发展的历史和现状为出发点，以调查研究和统计资料为依据，以科学的定性分析和定量计算为手段，对机场吞吐量的趋势做出推测。机场旅客吞吐量预测是航空公司在地区市场投放运力的重要参考依据，也是航空公司在机场建设配套服务保障基建项目的决策基础。

进行机场旅客吞吐量预测时，要考虑机场所在地区的常住人口数量、产业经济水平、人均可支配收入、交通配套设施和旅游业发展情况等多种因素。民用机场吞吐量预测的方法较多，可以归纳为定性预测和定量预测两种。定性预测法包括类比法等，定量预测法包括时间序列法、灰色预测法和趋势外推法等。进行机场旅客吞吐量预测时，应根据机场的具体情况，选择合理的预测方法，才能得到较为准确的预测结果。

1. 类比法

对于新建机场而言，由于没有旅客吞吐量数据，选用类比法对新建机场的旅客吞吐量进行预测比较合适。可以通过将新建机场所在城市与同类型已通航城市相比较，通过城市规模、性质、经济发展程度、旅游业及机场航线航班服务范围等方面的对比分析，推断出新建机场的旅客吞吐量。

2. 时间序列法

时间序列法主要以连续性原理作为依据，事物的发展具有合乎规律的连续性，事物的发展是按照它本身固有的规律进行，只要规律赖以发生作用的条件不发生质的变化，事物的基本发展趋势在未来就会延续下去。假设机场旅客吞吐量的发展具有延续性，人们就可以对以往基于时间序列的数据进行统计分析，推测出未来的发展趋势，这种方法适宜在机场吞吐量短期预测中应用。

为了消除因偶然因素的存在而导致的随机性影响，人们在利用历史数据对机场吞吐量进行统计分析时，需要采用加权平均等方法对数据加以处理。时间序列法常和指数平滑法一同使用。指数平滑法认为，对象指标未来的发展与它过去的和现今的状况密切相关，在用历史数据进行预测时，对各个时间阶段的数据并不同等看待，而是赋予近期数据较大的权重。用于近期预测时，指数平滑法有较高的精确度。

3. 灰色预测法

当一些机场缺乏相应的历史数据时，人们就可以采用灰色预测法，这种方法一般适用于短期预测。当机场运输生产具有连续性时，生产前后条件在一定程度上具有相似性，其旅客吞吐量的变化趋势会呈现出一定的规律性，即所谓的线形关系，因此人们就可以采用灰色预测法对其进行预测。灰色预测法采用将原始数据进行直接累加、移动平均加权累加等方法，使生成数列呈现出一定的规律性，利用模型进行预测。

4. 趋势外推法

机场旅客吞吐量在发展过程中会随着时间的变化呈现渐进式发展，呈现出一定的趋势，这种变化规律可以用数学模型进行描述。趋势外推法是通过建立旅客吞吐量与时间之间的函数关系模型，如线形模型、多项式模型、指数模型、生长曲线模型等，分析旅客吞吐量随时间变化的趋势，来预测机场吞吐量。此方法适用于预测期内社会经济环境较稳定的情况。

第四章　航空公司市场调研与预测

经典案例 4-1

M 航空公司成都地区航空业务量预测

成都是国家区域中心城市,有国家首批历史文化名城、中国最佳旅游城市的美誉,也是西南地区的政治、文化、科教、商贸、金融、军事和国际交往中心。很多人到成都从事商务出差、旅游观光、探亲访友等活动,成都地区的航空市场旅客需求量大。据四川省机场集团消息,2023 年上半年,成都航空枢纽(成都天府国际机场、成都双流国际机场)累计起降航班 25.4 万架次,完成旅客吞吐量 3458.9 万人次、货邮吞吐量 34.0 万吨,均创历史同期新高。其中,旅客吞吐量在全国城市中排名第三,位列上海、北京之后。①

M 航空公司在成都双流国际机场设有运行基地。由于进驻时间较晚及机场用地限制,目前 M 航空公司在双流国际机场内无相关基础设施,时刻资源也十分紧张,不利于 M 航空公司扩大市场份额。2016 年,成都第二机场天府国际机场动工建设,M 航空公司努力争取更多新的时刻、土地、航站楼商业设施等关键的发展资源,这将为 M 航空公司在成都市场的发展带来新的机遇。M 航空公司决定在成都天府国际机场进行基地建设,提前布局天府国际机场。为此,需要测算"十四五"末期 M 航空公司在成都地区的旅客吞吐量,以指导后续的基地建设规划和运力投入计划。

以成都双流国际机场 2000—2014 年航空业务量历史数据(见表 4-1)和 M 航空公司成都双流国际机场 2000—2014 年航空业务量历史数据(见表 4-2)作为基础数据,分别采用趋势外推法和指数平滑法对 M 航空公司 2025 年在成都地区的旅客吞吐量进行预测。

表 4-1　成都双流国际机场 2000—2014 年航空业务量统计

年份	起降架次	增长率/(%)	旅客吞吐量/(人次)	增长率/(%)	货邮吞吐量/(吨)	增长率/(%)
2000	58610	9.70	5524131	10.80	158633.5	23.98
2001	66760	13.90	6244726	13.00	178003.2	12.21
2002	77718	16.40	7542200	20.80	204328.5	14.79
2003	83101	6.90	8196742	8.70	177310.2	−13.22
2004	110186	32.60	11685339	42.60	213026.8	38.80
2005	132999	20.70	13899636	19.00	251022.4	17.80
2006	156340	17.60	16278730	17.10	295486.3	17.70

---

① 数据来源:《上半年旅客吞吐量全国前三!旅游、创业……成都机场热,他们趁"热"逐梦》(https://new.qq.com/rain/a/20230816A0735900)。

续表

年份	起降架次	增长率/（%）	旅客吞吐量/（人次）	增长率/（%）	货邮吞吐量/（吨）	增长率/（%）
2007	166382	6.40	18586217	14.20	328428.9	11.10
2008	158709	-4.60	17253622	-7.20	374229.8	14.00
2009	190103	19.70	22638796	31.50	377536.7	8.10
2010	205537	8.10	25805815	14.00	432153.2	14.50
2011	222421	8.20	29073719	12.70	477695.2	10.50
2012	242658	9.10	31595130	8.67	508031.4	6.35
2013	250532	3.20	33444618	5.90	501391	-1.30
2014	270054	7.80	37675232	12.60	545011.2	8.70

表 4-2　M 航空公司成都双流国际机场 2000—2014 年航空业务量统计

年份	飞行架次/（万次）				旅客进出量/（万人）				货邮进出量/（万吨）			
	国际及地区	国内	合计	增长率/（%）	国际及地区	国内	合计	增长率/（%）	国际及地区	国内	合计	增长率/（%）
2000	—	0.2692	0.27	—	—	20.02	20.02	—	—	0.37	0.37	—
2001	—	0.3388	0.34	25.85	—	29.29	29.29	46.29	—	0.57	0.57	54.58
2002	—	0.8882	0.89	162.16	—	69.65	69.65	137.81	—	1.34	1.34	136.26
2003	—	1.0962	1.10	23.42	—	100.52	100.52	44.31	—	2.05	2.05	53.17
2004	—	1.4784	1.48	34.87	—	151.45	151.45	50.67	—	2.68	2.68	30.50
2005	—	1.4688	1.47	-0.65	—	163.94	163.94	8.24	—	3.16	3.16	18.21
2006	0.0004	1.7494	1.75	19.13	0.04	192.38	192.42	17.37	—	3.60	3.60	13.66
2007	0.0002	1.9029	1.90	8.76	0.03	220.60	220.63	14.66	0	3.65	3.65	1.45
2008	0.0004	1.8173	1.82	-4.49	0.07	193.56	193.63	-12.24	0	3.36	3.36	-7.79
2009	0.0020	2.5443	2.55	40.08	0.27	304.93	305.2	57.62	0	4.63	4.63	37.71
2010	0.0169	2.7049	2.72	6.89	2.59	337.08	339.67	11.29	0	4.94	4.94	6.73
2011	0.0680	3.0241	3.09	13.60	10.75	384.91	395.66	16.48	0.03	4.90	4.94	-0.15
2012	0.0896	3.1603	3.25	5.10	13.53	408.92	422.45	6.77	0.12	4.78	4.90	-0.63
2013	0.2972	3.0372	3.3344	2.60	—	—	—	—	—	—	—	—
2014	0.3171	3.2370	3.5541	6.59	—	—	—	—	—	—	—	—

一、利用趋势外推法对 M 航空公司 2025 年在成都地区的旅客吞吐量进行预测

根据 M 航空公司历年在成都双流国际机场旅客吞吐量的散点分布图,采用直线、对数曲线、指数曲线、多项式曲线分别进行拟合,选取拟合较合理、拟合度最高、相关系数 $R^2=0.9788$ 的二次多项式进行预测。为计算方便,将 2000 年记为 0,2001 年记为 1,依此顺序类推(见图 4-1)。经参数标定,得到如下公式:

$$Y = 0.5166x^2 + 26.176x + 15.463$$

式中,x 是以 2000 年为 0 开始编号的年份序号;Y 是 M 航空公司在成都地区的旅客吞吐量(万人次),据此预测 2025 年 M 航空公司在成都地区的旅客吞吐量为 993 万人次。

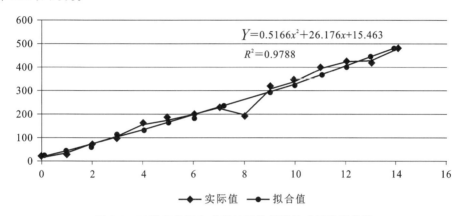

图 4-1 M 航空公司在成都地区的旅客吞吐量增长趋势

二、利用指数平滑法对 M 航空公司 2025 年在成都地区的旅客吞吐量进行预测

二次指数平滑预测模型可以用如下公式表示:

$$Y_{t+T} = a_t + b_t \cdot T$$

式中,

$$a_t = 2S_t^{(1)} - S_t^{(2)}$$
$$b_t = a \cdot (S_t^{(1)} - S_t^{(2)})/(1-a)$$

t 表示预测的起始期,如规划的基年,在本预测中,取 2012 年为基年;a 表示平滑系数;T 表示预测年份的时间跨度。据此可以得到指数平滑预算计算表(见表 4-3)。

表 4-3 指数平滑预测计算表

年份	序号	X_t	$S_t^{(1)} a=0.3$	$S_t^{(2)} a=0.3$
2000	0	20.02	—	
2001	1	29.29	20.02	—
2002	2	69.65	22.80	20.02

续表

年份	序号	X_t	$S_t^{(1)} a=0.3$	$S_t^{(2)} a=0.3$
2003	3	100.52	36.86	20.86
2004	4	151.45	55.96	25.66
2005	5	163.94	84.61	34.75
2006	6	192.42	108.40	49.70
2007	7	220.63	133.61	67.31
2008	8	193.63	159.72	87.20
2009	9	305.20	169.89	108.96
2010	10	339.6705	210.48	127.24
2011	11	395.6634	249.24	152.21
2012	12	422.4535	293.17	181.32
2013	13	424.4971	331.95	214.87
2014	14	475.7610	359.72	250.00

选用 $a=0.3$，以2014年为预测基年，建立旅客吞吐量预测模型。二次指数平滑的线形预测模型为：$Y=469.435+73.146T$，其中 $T=11$。计算得出2025年 M 航空公司在成都地区的旅客吞吐量为1274万人次。

阅读并思考：

(1) 你还知道哪些预测办法？请用这些方法预测2025年 M 航空公司在成都地区的旅客吞吐量。

本章小结

市场营销信息是指一个时期内在特定的市场环境下，与企业的市场营销有关的各种信息。所有的市场营销活动都是基于市场营销信息展开的，市场营销信息是经营者制订营销决策的基础。市场营销信息是企业的战略性经营信息系统的基础，对企业的营销活动有重要的指导作用。营销信息系统是由人员和程序组成的有机系统。通过有计划、有规则地收集、分类、处理、分析营销信息，企业能够洞察消费者和市场。企业需要保证营销信息系统的运行效率，从而使得营销信息系统迅速、准确、可靠地为企业的营销决策者提供各种所需信息，帮助他们更好地理解消费者需求和制定市场营销决策。营销信息系统通常由内部数据库、外部竞争性情报、营销调研系统和营销分析系统四部分组成。

市场调研是市场调查与市场研究的统称，是个人或组织根据特定的决策问题而系统地设计、收集、记录、整理、分析及研究市场各类信息资料，并报告调研结果的工作过程。根据需要调研的问题的性质，我们可以把市场调研分为描述性调研、探索性调研、因果性调研三种。调研方法包括文案调研法、观察法、小组访谈法、深层访谈法、面访调研法、电话调研法、网上调研法、实验调研法、德尔菲法。市场调研包括项目调研准备阶段、调研开展阶段、调研结果研究三个阶段，共五个步骤，即确定调研目标和背景、制定调研方案、实施市场调研、分析调研数据与编写调研报告。

航空公司经常开展的预测有航空公司市场需求预测、航线网络运量预测、机场旅客吞吐量预测。航空公司市场需求预测是基于以往的历史数据，通过数理统计的方法推测未来的运输量，包括运输总周转量预测、旅客运输量预测、货邮运输量预测等。航空公司市场需求预测是航空机队发展规划的编制及其衍生出的相关人、财、物的规划的基础。航线网络运量预测指的是航线网络上的航空公司需求量预测，这是航空公司确定每条航线运力投放的关键，也是飞机选型和航班计划的基础，尤其是开辟新航线时，更需要准确地预测市场需求。机场旅客吞吐量预测是以机场发展的历史和现状为出发点，以调查研究和统计资料为依据，以科学的定性分析和定量计算为手段，对机场吞吐量的趋势做出推测。机场旅客吞吐量预测通常采用类比法、时间序列法、灰色预测法和趋势外推法。

中英文专业名词对照

市场调研 Marketing Research
市场预测 Market Forecast
营销信息 Marketing Information
类比法 Analogy
营销信息系统 Marketing Information System（MIS）
探索性调研 Exploratory Research
描述性调研 Descriptive Research
因果性调研 Causal Research
灰色预测法 Grey Prediction Method
趋势外推法 Trend Extrapolation Method
时间序列法 Time Series Forecasting Method

(1) 航空公司营销信息有哪些特征？
(2) 航空公司市场营销调研的方法有哪些？
(3) 谈谈航空公司市场需求预测的方法。
(4) 航空公司市场营销调研有哪些步骤？

第五章
航空公司目标市场营销战略

任何一个航空公司都不可能面向所有的消费者生产和提供产品或服务。消费者在购买习惯、需求偏好、收入水平、资源禀赋等方面存在差别,这使得消费者群体的需求呈现复杂化、多元化趋势。航空公司可以在市场细分的基础上选择对自己最有吸引力的目标市场,开展目标市场营销工作,并在目标市场上塑造产品和服务的竞争优势。正如科特勒(Philip Kotler)所言,现代战略营销的中心,可定义为市场营销 STP 战略,包括市场细分、目标市场选择和目标市场定位。①

学习重难点

1. 重点
(1) 了解市场细分的标准及常见的航空细分市场。
(2) 了解目标市场选择的影响因素及营销战略。
(3) 了解目标市场的市场定位方法及定位战略类型。
2. 难点
(1) 掌握航空公司目标市场的定位方法。

本章引例

维珍美国:为精通技术者提供的飞行服务

维珍美国是美国最年轻的航空公司之一,也是目前世界上最受欢迎的航空公司之一。维珍美国于 2007 年首航,其母公司是维珍集团(Virgin Group)。首航六年之后,维珍美国就实现了盈利,比维珍集团其他任何一家航空公司的营利速度都快。

---

① 市场细分(segmenting)、目标市场选择(targeting)以及目标市场定位(positioning)就是我们熟知的市场营销 STP 战略。

维珍集团的创立者理查德·布兰森（Richard Branson）认为，企业只有照顾好员工，才能创造利润，这一价值观已渗透至维珍美国各项工作中。在一个旅客投诉居高不下的行业中，维珍美国依靠以旅客为中心的发展模式在市场中获得了立足之地。但是，当维珍美国在美国开始提供飞行服务时，已经有几家航空公司依靠"旅客至上"的经营理念取得了成功，包括低成本航空领先者美国西南航空。实际上，维珍美国的旅客对其服务非常满意，维珍美国一直是美国航空公司质量年报排行中的第一名，该排名是依据过去三年遗失行李、旅客投诉、取消登机和准点到达率等指标而做出的。由于美国西南航空已经稳居低成本定位领导者，在低成本航空领域竞争已经十分激烈，维珍美国知道不可能只依靠低价取得成功。

维珍美国发现了一个新的竞争点。它以年轻、智慧、有影响力，愿意为特别关心自己的航空公司多支付一些费用的消费人群——硅谷派为目标市场。通过提供吸引这群特殊旅客的服务和设施，维珍美国不仅能够稍微提高机票价格，而且建立起了旅客忠诚度。

在航空业，提供独特的设施对所有公司而言都是一项挑战。从成立之初，维珍美国就把旅客的体验放在首位。维珍美国的机队有61架全新的A300系列飞机，新飞机的使用减少了维护和修理等无法预期的延误理由。飞机上定制的皮椅比一般的机舱座椅更加宽敞和舒适。情景照明设施不仅让整个机舱沉浸在柔和、适宜的紫色光线内，还可以根据机舱外部的光线自动调节12种不同的色度。为了吸引硅谷的技术精英，维珍美国特别重视采用最新的硬件和软件。成立之初，维珍美国就是美国第一家提供全程机上无线网络的承运商——这项服务保留至今，依然是维珍美国的一大特色。维珍美国甚至一直通过升级网络来确保机上网速，以此保持竞争优势。每一个座椅都配有电源接口、USB端口、9英寸的触摸屏和一个QWERTY键盘，可以在飞行中满足旅客的娱乐和商务需求。维珍美国的专属Red系统能使每一位旅客选择自己喜爱的电影、电视节目。Red系统还允许旅客在谷歌地图上追踪航班信息，与其他旅客聊天，为自己或机上其他人订购视频和饮料。这是一个专为让旅客体验飞行过程中的控制感而设计的系统，大多数使用过该系统的旅客都对其印象深刻。

这些创意大多来自维珍美国精于技术的硅谷旅客。实际上，维珍美国是唯一一家立足于硅谷的航空公司。维珍美国不仅持续地改进各个方面的业务，而且非常努力地让硅谷的创业者和经理人参与这一过程，帮助维珍美国像其擅长颠覆性创新的客户一样思考。维珍美国的首席营销官说："我们更愿意将自己视为创意孵化器。"

在美国，民航运输业是一个竞争十分激烈的行业。美国的四家航空公司占领了80%以上的市场。维珍美国知道维持其靠前的排名会是一场持久战。作为一家新创的航空公司，维珍美国在世界上竞争最激烈、进入者面对重重壁垒的民航运输业中脱颖而出，是因为维珍美国坚持采用以旅客价值为导向的营销策略，将旅客置于第一位,同时瞄准恰当的消费者细分市场,并为目标市场的消费群体提供创新的产品和卓越的服务。

课堂讨论:
(1) 维珍美国是如何快速获得旅客认可的?
(2) 确立目标市场后,会如何制订公司的营销战略?

第一节 航空公司市场细分

 一、航空公司市场细分概述

(一) 市场细分的产生

如同市场营销学中的其他理论,市场细分理论也是经历了若干发展阶段后才逐渐形成和完善的。

1. 大众化营销阶段

大众化营销是指卖方针对所有消费者大量生产、大量分配和大量促销单一产品的营销方式,这在工业经济发展的初期较为常见。大众化营销观念认为,卖方通过低成本的营销方式和低价格,可以创造出最大的潜在市场,从而获得较高利润。

2. 差异化营销阶段

20世纪20年代到30年代,西方资本主义国家的经济危机为企业的营销活动带来了严峻挑战。面对产品严重过剩的现实,企业被迫转变经营观念,从大众化营销转向差异化营销,千方百计地向市场推出与竞争对手产品质量、外观和性能不同的产品。与大众化营销相比,差异化营销无疑是一个重大进步。但是,差异化营销只考虑企业自身的设计能力、技术能力及生产能力等,没有关注消费者需求,因此随着消费者需求的不断变化,差异化营销成功的可能性呈下降趋势。

3. 目标营销阶段

1950年以后,在科学技术革命的推动下,社会生产力水平得到极大提高,企业生产

的产品类型日新月异,企业不断推陈出新,生产与消费之间的矛盾日益突出,以产品差异化为中心的营销方式远远不能解决这一时期企业所面临的问题。于是,企业被迫转变营销理念,在研究市场的基础上,结合自身的资源和优势,选择最具吸引力和最能有效提供服务的子市场为目标市场,设计与该市场的需求特点相匹配的营销策略。总之,随着后工业化时代的到来,企业的营销目标从以销售量最大化为中心向以消费者为中心转变,追求消费者的忠诚度,差异化营销战略进入了更高级的发展阶段——目标营销战略。无论是差异化战略,还是目标营销战略,实施的前提都是对市场需求进行有效细分。因此,市场细分理论应运而生。

市场细分理论的产生使传统的营销观念发生了根本性变革,对营销实践活动与理论研究产生了很大影响,因而它的产生被学术界称为市场营销革命。在此之后,围绕该理论出现了两种截然不同的新理论:超市场细分理论和反细分化理论。前者认为,为满足消费者个性化消费的需要,企业应该对现有的细分市场进一步进行细分,这是因为消费者有不同的需要,企业通过市场细分,将一群消费者归入有共同需求的细分市场的传统做法已经不能满足单个消费者的特殊需要,而现代数据库技术和统计分析方法能够准确记录并预测每个消费者的具体需求,并为他们提供个性化的服务,从而提高消费者的忠诚度。在此基础上,企业可以进行超市场细分,围绕每个细分市场开展个性化营销。与此相对,有学者认为,在购买商品时,消费者更关注的是价值、价格、效用。显然,过度市场细分必然导致企业营销成本上升,进而使得企业总收益下降。于是,反细分化理论产生了。当然,也有一些学者和企业家认为,企业应该从成本和收益比较的角度出发,对市场进行适度细分,这无疑是对过度细分的反思和矫正,赋予了市场细分理论新的内涵,为企业的经营实践提供了更好的指导。

(二) 市场细分的内涵

市场细分(market segmentation)指将市场划分为较小的消费群体,这些消费群体具有不同的需求、特点或行为。我们可以从三个角度理解这一概念。第一,市场细分的客观依据是现实及潜在消费者对产品需求的差异性。第二,市场细分的对象是对产品有现实和潜在需求的消费者群体,而不是产品本身。第三,若干个消费者群体常被称为细分市场或子市场,是整体市场的一部分。

根据消费者需求差异程度,我们可以把市场分为同质市场和异质市场。同质市场是指消费者对产品的需求差异性很小,并且对企业同一营销策略的反应也十分相似的市场。异质市场是指消费者对产品的需求在价格、质量等方面存在巨大差异的市场。

同一条航线上,不同旅客的需求并非完全一样,有些旅客对价格敏感,有些旅客对时间敏感,这就需要航空公司对旅客进行细分。航空公司将复杂的大市场划分为需要用不同的产品和服务有效满足其独特需要的较小的细分市场,这有助于航空公司发现市场机会,并利用自身的比较优势制订具有竞争力的营销组合策略,进而为企业带来更大经济效益。为此,航空公司应该确定不同的细分方式,并了解所有旅客的大致情况。

(三) 影响航空公司市场细分的变量

市场细分的方法并不是单一的。市场营销者必须单独或综合运用多种细分变量，以便找出考察市场结构的最佳方法。进行航空客运市场细分时，选取的变量通常有以下几类：人口特征，包括年龄、收入、种族、宗教信仰、社会阶层等；地理和文化特征，包括文化、所属国家和地区等；出行目的，包括公务出差、旅游休闲、探亲访友等；出行条件，包括时刻、票价、航班密度等；心理细分，即根据社会阶层、生活方式或个性特征将消费者划分为不同的群体。

(四) 航空公司市场细分的标准

在对航空公司市场进行有效细分时，需要对以下几个要素进行分析。

1. 细分市场要可测量

细分市场的规模、购买能力和基本情况是可以评估或测量的。比如，在确定出发点和到达点的情况下，有多少人更注重价格，有多少人更重视服务，有多少人更看重安全，或者兼顾几种特性。将这些资料进行量化是比较复杂的过程，必须运用科学的市场调研方法。

2. 细分市场可被影响

航空公司可以有效地影响和服务细分市场，同时，航空公司对应的产品和服务要能够被消费者感知，并通过销售渠道到达消费者市场。航空公司可以根据目前的人、财、物和技术等资源和条件，通过适当的营销组合策略占领目标市场。

3. 细分市场要具有一定的规模

细分市场要具有一定的规模，航空公司进入这一细分市场才有利可图。航空公司进行市场细分时，应该去追求尽可能大的同质群体。航空公司一旦决定进入一个细分市场，就需要以这个细分市场的需求和特征为依据制订产品和市场营销方案。当细分市场规模太小，收益不足以覆盖航空公司为此付出的成本时，通常航空公司不会进行市场细分。

4. 细分市场间要有差异性

不同的细分市场的消费者应该会对不同的营销策略有不同的反应。如果细分出来的不同市场的消费者群体具有相似的消费需求和消费行为，那么航空公司就不需要投入资源为这些细分市场分别制订相应的产品和营销方案，市场细分也就毫无意义。例如，不同受教育程度的消费者对航空公司的产品和服务需求相似，因此不同受教育程度的消费者就无法形成独立的细分市场。

5. 细分市场的营销战略具有可操作性

航空公司细分市场的目的是进一步选择目标市场，并针对目标市场进行营销战略和策略的设计。因此，航空公司必须能够设计有效的营销方案，同时必须有足够的资源和条件吸引并服务于细分市场的消费者。

二、航空客运细分市场

市场营销者在进行市场细分时，可以运用单独一种或综合运用多种细分方法，以便找出最佳的细分市场划分方法。

（一）按旅行目的细分市场

根据旅客旅行目的的不同，我们可以将航空公司市场进行细分，这是一种有效的市场细分方法。参照此方法，大致可以将航空公司市场分为公商务市场和旅游市场。公商务市场可以进一步细分为高级公商务市场和一般公商务市场。旅游市场可以进一步细分为旅游休闲市场和探亲访友市场。

公商务市场是缺乏弹性的市场，这指的是即使票价上涨，公商务旅客也不会取消其旅行计划，这类消费群体在每个城市的停留时间较短，他们要求便利的航班时刻，更青睐直达航班以减少飞行时间，要求优质的服务和舒适度，对航线的航班频次要求高，对价格的敏感度低。高级公商务市场的旅客一般是企业、事业、政府的高层人员，此类消费群体更加关注质量，对航空公司提供的产品和服务有很高的要求，愿意为高质量服务付高价。起初，航空公司的公务舱设施和服务只是稍优于经济舱，如今，一些航空公司头等舱的舒适和奢华程度要远远超过经济舱。一般公商务市场的旅客主要是职位不高、需要经常出差的群体，他们在公商务市场中占据较大比重，通常乘坐的是经济舱。

旅游市场的消费者通常会需要空中和地面的旅行一揽子服务，他们会提前安排出行计划，对新的观光地点会有要求，航空公司机票的价格通常是他们选择航空公司的重要考虑因素，一般乘坐经济舱。航空公司开辟新航线也是抢占这一细分市场的策略之一，可以满足旅客对于观光旅行和低票价的要求。这类消费群体的出行目的地固定，通常亲朋好友会协助处理好地面交通和食宿等问题。

（二）按时间与价格敏感度细分市场

航空旅行需求和旅客的实际特征远比理论上商务旅客和休闲旅客间的差别复杂。价格与时间敏感度概念也可以用于细分航空客运市场。对价格非常敏感的旅客在做航空旅行决策时，几乎只考虑最低票价这一标准，他们愿意接受多种限制，接受较低水平的服务，忍受不便利的航班时刻甚至飞行路线，他们的目标就是花最少的钱完成航空旅行。与此相反，对时间有严格要求的旅客或者对服务有要求的旅客会更重视航空旅行中的服务因素，如航班时刻的方便程度、行程计划的灵活性、航班服务的质量高低，价格可能完全不在其考虑范围之内。当然，在这两种极端情况之间，必然存在大量处于中间状态的旅客。

价格与时间敏感度概念可以用于细分航空客运市场。彼得·贝罗巴巴（Peter

Belobaba）提出了基于价格与时间敏感度概念进行航空市场细分的理论，如图 5-1 所示（类型一为典型的商务旅客；类型三为典型的休闲旅客；类型二和类型四的市场相对较小，不具有细分价值）。

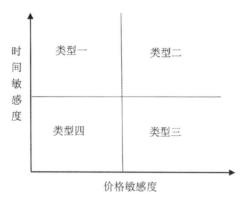

图 5-1　基于价格与时间敏感度概念进行市场细分的模型

类型一消费群体对时间敏感，对价格不敏感，具有传统商务旅客的特点。他们愿意为能够满足既定行程时间要求的航班支付高价，行程的灵活性（行程可改变）及起飞前有无可利用座位（行程的不确定性）都非常重要，也会为了获得更好的服务和出行的舒适度而购买头等舱。

类型二消费群体对时间敏感，对价格也敏感，不属于传统的商务旅客和休闲旅客，不过，的确有相当大比例的商务旅客属于该类型。这些消费者必须完成旅行，不过可以接受灵活的行程，有更低票价时也可改变计划。他们预订机票的时间太晚，因而不满足提前预订条件，所以无法享受最低票价；但如有可能节省花费，他们可以改变出行时间，接受不那么方便的航班时刻或路线安排。

类型三消费群体对价格敏感，对时间不敏感，具有典型的休闲旅客的特点。由于他们的行程往往是提前计划好的，所以他们会很早购买机票，以获得便宜的票价，也愿意为了享受最便宜的票价而改变出发时刻或旅行日期，愿意接受经停或选择联程航班，能够接受低票价所要求的全部旅行或票务方面的限制条件。

类型四消费群体对价格和时间均不敏感。属于这个细分需求类型的消费者数量相对较少，他们对旅行时间没有要求，并且愿意为高质量的服务支付高价格。这类消费群体包括一部分消费水平较高的退休老年人和学生。

（三）按地理因素细分市场

我们也可以根据经济、收入水平、地理、政治、文化和其他因素或总体经济发展水平将世界市场划分为不同的国家群消费市场。例如，中国国际航空公司（简称国航）将海外市场分为欧洲、亚太、美洲、非洲、日韩五个市场，中国东方航空公司（简称东航）将海外市场分为北美、东南亚、韩国、日本、欧洲五个市场。但是，随着互联网等新通信技术的发展，全球消费者越来越便捷和紧密地联系在一起，市场营销者可以识别和影响具有相似想法的消费者细分市场。跨市场细分（inter-market/cross-market segmentation）理论认为，即使位于不同国家和地区的消费者，也可以形成具有相似需求和购买行为的消费者细分市场。

实际上，很多航空公司为了让自己的产品和服务更有针对性，通过调整自身的市场营销和定价策略，努力划分出更多的航空旅行需求细分类型，并为每种类型提供不同的产品和服务。

第二节 航空公司目标市场选择

一、目标市场选择及影响因素

（一）目标市场

对细分市场做出评价之后，企业就可以决定以哪个细分市场为目标。目标市场（target market）指具有相同需求或特征的、企业决定为之服务的消费者群体。目标市场选择（market targeting）是指企业先评价每一个细分市场的吸引力，然后从中选择一个或几个细分市场进入。企业需要明确自己的价值主张——如何为目标市场的消费者创造价值。

消费者数量众多，且分布广泛，他们的需求和购买行为千差万别。许多航空公司已经意识到，很难吸引市场中所有的消费者，至少不能以相同的方式吸引所有人。因此，航空公司要取得竞争优势，必须善于识别自己能够有效服务的、最有吸引力的目标市场，而不是盲目地四面出击，通过提供最好的产品和服务来赢得所有消费者的青睐。对细分市场进行有效评价是航空公司运用目标市场策略的基础。

（二）航空公司目标市场选择的评价标准

1. 细分市场的规模和增长潜力

航空公司应当收集和分析各个细分市场的资料，包括细分市场当前的销售量、增长速度和预期的盈利性等。公司往往更加青睐那些具有恰当的规模和增长速度的细分市场。但是，这里的"恰当的规模和增长速度"是相对而言的。细分市场增长率是指目标市场的销售量和利润具有良好的上升趋势，但是快速增长的市场意味着竞争者的迅速进入，可能导致企业利润降低。所以，规模最大、增长速度最快的细分市场并非对所有公司都有吸引力。小公司可能由于缺乏为规模较大的细分市场提供服务所需要的技能和资源，或者这些细分市场竞争过于激烈，而选择绝对规模较小的细分市场。这些市场在大公司看来也许吸引力不大，但是对小公司而言具有盈利潜力。

2. 细分市场的吸引力

细分市场的吸引力是指细分市场的销售潜力、竞争对手是否可以垄断市场以及是否适合发挥本企业优势。企业竞争力的大小包括市场竞争者的多少，竞争对手实力的强弱及企业所采用的市场策略。具有适当规模和成长率的细分市场，也可能缺乏盈利潜力。如果一个细分市场中已经有了很多强大且激进的竞争者，则该细分市场的吸引力就不大。

3. 公司的目标和资源

企业进行市场细分的根本目的就是发现与自己的资源优势能够实现最佳结合的市场需求。即使一个细分市场有恰当的规模和增长潜力，并且具有吸引力，公司还必须考虑自身的战略目标以及所拥有的资源。某些有吸引力的细分市场如果不适合企业的长期目标，企业没有在该市场获得成功的相应的营销技术等资源，企业也不能选择该细分市场。对于企业来说，正确的方向是取得成功的前提，目标市场的选择至关重要，对企业的经营方向有重大影响。

二、目标市场选择策略

1. 市场集中化策略

航空公司只针对某一细分市场的消费者提供一种服务，以取得在这一细分市场的竞争优势。这种目标市场选择方式比较适合资源水平相对较低的中小航空公司，或者刚刚进入市场的新创企业。

2. 产品专门化策略

航空公司面向不同类型的消费者群体提供某种服务，只是在档次、价格和质量等方面塑造差异。企业可以通过服务专门化策略在某种服务方面建立较高的声誉，并且降低服务成本。但是，一旦出现替代服务的威胁时，这种策略对航空公司的稳定发展会产生负面影响。

3. 市场专门化策略

航空公司向某一特定消费者群体提供系列化的服务组合，满足该类消费者群体的多重服务需求。市场专门化策略可以帮助航空公司在特定消费者群体中获得较高的市场影响力，在特定领域建立竞争优势。

4. 有选择的专门化策略

航空公司有选择地进入几个不同的细分市场，为不同的消费者群体提供不同系列的服务组合。其中，每个选定的细分市场都需要具备一定的吸引力，并且符合企业的经营目标和资源状况；各个细分市场之间很少或根本没有联系，但航空公司能够在每个细分市场获利。有选择的专门化策略有助于分散企业的经营风险，但对企业的资源及能力水平要求较高。

5. 整体市场策略

航空公司全方位地进入市场，用不同系列的服务组合满足各类消费者群体的服务需求。一般而言，整体市场策略对企业的资源水平提出了非常高的要求，因而更适合具有雄厚实力，处于市场领导地位的航空公司。同时，整体市场策略在服务需求异质性水平相对较小的市场中更具有可操作性，一旦服务市场具有完全不同的服务需求，且满足不同服务需求之间存在资源竞争，那么无论是大型企业还是中小型企业，都很难全方位地满足市场需求。

航空公司在选择目标市场的过程中，常常会遇到目标市场选择过宽的问题，也就是说目标市场内的消费需求仍然存在一定差异。有些航空公司在选择目标市场时具有随意性，缺乏认真的分析研究。还有些航空公司在选择目标市场过程中过于雷同，出现目标市场选择中的多数谬误，导致在这一目标市场上供给远远超过市场需求。这都是航空公司在选择目标市场过程中容易出现的问题。

三、航空公司目标市场营销战略

企业选择目标市场营销战略时，要综合考虑自身的特点、产品特点及市场的状况，全面衡量各方面的条件，根据不同的情况决定或改变市场战略。航空公司目标市场营销战略有无差异营销、差异化营销、集中营销三种，如图 5-2 所示。

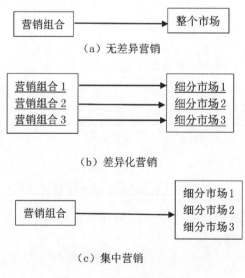

图 5-2　目标市场营销战略

（一）无差异营销

无差异营销（undifferentiated marketing）又称大众营销（mass marketing），选择此种营销战略的公司注重的是消费者需求的共性而非个性，不重视整个市场中存在的差异，而将主要精力放在如何设计产品和市场营销战略上，以此吸引绝大多数消费者，从而通过一种产品和服务满足不同的细分市场的需求。

采用无差异营销战略的最大优点是成本的经济性。大批量的生产销售会降低单位产品的成本；无差异的广告宣传可以减少促销费用；不进行市场细分，也相应地减少了市场调研、产品研制与开发，以及制定多种市场营销战略、战术方案等带来的成本开支。

但是，无差异营销战略对市场上绝大多数产品是不适宜的，因为消费者的需求偏好是复杂的，某种产品或品牌能够受到市场的普遍欢迎的情况是很少的。即使一时能赢得某一市场，如果竞争企业都纷纷效仿，就会造成市场上某个局部竞争非常激烈，而其他部分的需求却得不到满足的情况。因此，在现代市场营销实践中，只有少数企业选择在短时间内采用无差异营销战略。

（二）差异化营销

差异化营销（differentiated marketing）又称细分市场营销（segmented marketing）。公司根据细分市场的需求特点，设计不同的产品和服务，并采取恰当的营销战略来满足这些选定的目标市场需求，从而在每一个细分市场中获得更高的销售收益和市场占有率。与在所有市场中开展无差异营销相比，采取差异化营销战略能够使公司更有针对性地满足具有不同特征的消费者群体的需求，提高产品和服务的竞争力，在多个细分市场中占据优势地位，因而能够创造更高的总销售量和总销售额。但是，相比无差异营销，差异化营销无疑会带来额外的成本。航空公司采取差异化营销战略，需要针对不同的细分市场分别设计不同的产品和营销计划，也就需要开展市场调研、预测、销售分析、促销计划以及渠道管理等工作，无疑增加了营销成本。因此，公司决定采用差异化市场营销战略时，必须分析研究采取差异化营销带来的收益增量与成本增量，并且权衡两者之间的关系。

（三）集中营销

集中营销（concentrated marketing）又称补缺营销（niche marketing）。选择集中营销战略的航空公司放弃争取规模大的细分市场中的小份额，而是关注那些被实力雄厚的大型航空公司忽视的规模较小的细分市场，拾遗补缺，力求在这些被忽略的细分市场中占据大份额。小型航空公司采取集中营销战略，能够将自己有限的资源集中起来，为那些大型航空公司看来不重要或被忽略的缝隙市场提供服务。许多初创的小型航空公司先从补缺者开始，建立起能够与实力雄厚的大公司竞争的"根据地"，然后逐步成长为强大的竞争者。

航空公司只采取集中营销战略会存在较大的风险。航空公司单纯依赖一个或几个缝隙细分市场，一旦选定的目标细分市场规模萎缩，航空公司的盈利水平就会面临巨大的威

胁。同时,一旦实力雄厚的大型航空公司觉察到缝隙市场有利可图,便会进入同一细分市场,为原先在这一市场做出努力的航空公司带来很大的冲击。

在航空运输市场上,航空公司往往会根据不同航线的特点进一步细化分析,选择对应的营销策略。在有的航线上,消费者需求相近,对运输产品及销售方式改变的反应没有太大差异,航空公司就可以采取无差异营销战略;如果在航线上消费者需求差异大,差别明显,对运输产品、销售方式、服务等都有特殊要求,航空公司就可以采用差异化营销战略或集中化营销战略。

【综合实训】

请同学们分组查阅资料,分析哪些航空公司采用了以上三种目标市场营销战略。

四、目标市场选择策略与目标市场战略的区别与联系

(一) 目标市场选择策略与目标市场战略的区别

目标市场选择策略涉及的是企业所有种类的产品以及每一类产品所覆盖的子市场状况,目标市场战略涉及的是企业的某一类产品的各种营销组合以及每一个营销组合所覆盖的子市场状况。首先,两者涉及的产品范畴不同。目标市场选择策略涉及的是企业生产经营的所有种类的产品;目标市场战略涉及的只是企业生产经营的某一种类的产品。其次,两者描述的市场覆盖面大小和精细程度不同。目标市场选择策略描述的是企业所有产品覆盖所有子市场的全景图,描述是相对粗放式的;目标市场战略描述的是企业某一种类的产品对所选择的各个子市场的覆盖状况,描述是相对精细化的。再次,两者的侧重点不同。目标市场选择策略的二维因子是产品和子市场,其侧重点是企业对目标市场的产品布局;目标市场战略的二维因子是营销组合和子市场,其侧重点是对已选择的目标市场的攻略。最后,将目标市场战略用作目标市场选择策略是不全面的。

(二) 目标市场选择策略与目标市场战略的联系

目标市场选择策略的不足之处是没有涉及针对每一产品种类的具体营销组合策略。因此,若是单独使用目标市场选择策略或目标市场战略,从理论上很难全面说明企业如何选择目标市场和经营目标市场的问题。一个真实的企业,首先考虑的应是目标市场选择,然后才考虑是否实行差异化营销(即目标市场战略)的问题。因此,我们可以把目标市场选择策略与目标市场战略综合起来使用,各取其侧重点,弥补各自的不足之处,就会形成一个功能较全面的分析工具。

在具体应用上，可以先使用目标市场选择策略对航空公司所有种类产品覆盖的目标市场的状况进行分析，然后使用目标市场战略，逐一对各类产品的营销组合应用在目标市场的状况进行分析。

第三节 航空公司市场定位

 一、市场定位的概念和内容

（一）市场定位的概念

市场定位（marketing positioning），又称产品定位或竞争性定位，是航空公司基于消费者对产品某些属性的重视程度，对产品的重要属性进行定义，塑造自身的产品，使得自身的产品具有与众不同的差异化价值，并将其传递给目标消费者的活动。换句话说，市场定位是塑造一种产品在细分市场消费者中的位置。市场定位作为竞争战略中的重要部分，显示了一种产品或一家企业与类似的产品或企业之间的竞争关系。

（二）航空公司市场定位的内容

市场定位是消费者对航空公司推出的航空运输产品的认知、印象和情感的复杂组合，是消费者将航空公司的产品与竞争对手提供的产品相比较而形成的。因此，航空公司需要在目标市场中提供与竞争对手有差异的产品。在航空公司市场上，这种差异经常表现在以下方面。

一是硬件差异，即飞机机型、客舱氛围、客舱布局和外观喷涂等方面是否新颖别致。

二是价格差异，即针对不同收入水平的消费者推出不同价格的航空产品，从而锁定特定的细分市场，例如春秋航空公司就以廉价机票而著称。

三是服务差异。航空公司竞争的加剧和产品科技含量的提升，使得竞争的关键点逐渐向增值服务转移。绝大多数航空公司都是以服务差异化为标准进行市场定位的。

四是渠道差异。航空公司通过设计分销渠道的覆盖面，塑造分销专长，提高分销效率，使自身获得渠道差异化的优势。例如，美国西南航空公司通过开发和管理高质量的直接营销渠道来进行差异化营销。

五是品牌差异。品牌建设尤为重要，航空公司要充分发掘品牌的历史价值、文化价值和品位价值，使产品上升到企业品牌甚至行业品牌。例如，中国东方航空股份有限公司旗下就有东方航空、上海航空有限公司（简称上海航空）、中国联合航空有限公司（简称中国联合航空）、一二三航空有限公司（简称一二三航空）四个航空运输子品牌，分别拥有不同的市场定位。

二、市场定位技术

市场定位技术是一种将定位问题数学化的解决方法。企业通过运用计算机技术、数理统计、市场调查等方法，能够分析自身品牌与其他品牌之间的关系，从而找到企业在市场中的理想位置。假如将消费者心智看作一个"靶心"，将航空公司将要提供的产品和服务看作"飞镖"，那么市场定位技术的使命就是协助航空公司将"飞镖"射向"靶心"。其命中率的高低完全取决于技术的先进程度和射手的经验是否丰富。常用的市场定位技术有顾客感知图、排比图、隐喻抽取技术和投射技术等。

（一）顾客感知图

顾客感知图，又称"知觉图"或"认知图"，是一种简单、直观的市场定位分析工具。目前应用最广泛的是平面二维坐标顾客感知图。其操作步骤如下。首先，选定二维坐标的变量，绘制二维顾客感知图。其次，确定竞争品牌在顾客感知图上的位置。最后，确定企业的定位。

（二）排比图

顾客感知图适用于对两个因素进行分析，然而，当影响消费者购买决策的因素很多时，企业就需要进行多因素分析，这个时候，企业可以使用排比图。横坐标为竞争品牌表现强度，纵坐标为重要性程度，不同种类属性的重要性按重要程度从上往下排列，每个品牌的属性表现则定位在排比图上（见图5-3）。

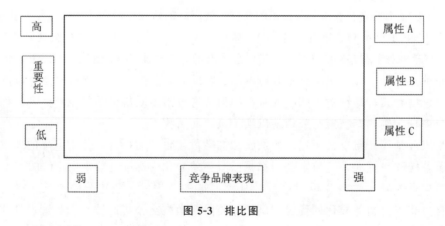

图 5-3 排比图

（三）隐喻抽取技术

有调查研究表明，人类80%以上的沟通都是非语言的，因此有人提出企业最好用非语言的方式去调查目标消费者的情感、观点和偏好。1995年，哈佛大学商学院的教授萨尔特曼（Gerald Zaltman）提出了隐喻抽取技术（Zaltman metaphor elicitation technique）。

其实施步骤如下。第一，企业要创造出或挑选出可能会代表品牌象征意义的图片。第二，对目标消费者进行调查，让其选出最能代表品牌形象的图片。被调查者数量一般为20～24人。第三，解释目标消费者这样选择的可能原因。第四，根据分析结果绘制消费者心智思考图。

（四）投射技术

心理学家弗洛伊德（Sigmund Freud）最早提出了"投射"一词，并将其用于精神分析。他把人分为本我、自我、超我，三者可能是相互矛盾的。如果企业直接询问消费者，消费者可能会由于防御机制的作用而做出错误的回答，以掩盖其真正的购买动机。投射技术就是通过设计一些具有宽泛意义指向的刺激，来激发人们内心的知觉机制，从而获知人们心中真正的情感。这种刺激可以是一张抽象的画、一个没有完成的故事等。具体方法包括词语联想、第三人假想、品牌拟人、完型填空法。

三、市场定位的步骤

市场定位包括三个步骤：首先，确定企业赖以建立定位的可能价值差异和竞争优势；其次，选择恰当的竞争优势；再次，制定整体的定位战略；最后，企业必须向目标市场有效地沟通和传达自身所选择的定位。

（一）确定可能的价值差异和竞争优势

为了在目标市场获得利润，企业需要在目标市场获得竞争优势（competitive advantage）。这种竞争优势的获得是由于企业为目标市场消费者提供了价值。因此，市场营销者必须有效地进行定位，使自己比竞争者更好地理解消费者需求，为消费者提供更多的价值。这种定位需要通过广告等方式传递给消费者。更为重要的是，企业需要将对消费者宣传的承诺真正落实为为消费者创造价值。企业需要关注消费者，以此寻找自己的产品和服务与竞争对手形成差异的方法。企业可以从产品、服务、人员或形象等多方面进行差异化营销。例如，在航空业消费者满意度持续下降的大背景下，新加坡航空公司通过卓越的服务为消费者留下了深刻的印象，树立了良好的口碑。利用差异化营销策略的航空公司需要通过渠道覆盖面、专业性和效率来获取竞争优势，例如，春秋航空的客源很大一部分来自合作的旅行社。

（二）选择恰当的竞争优势

企业从能够建立竞争优势的潜在差异点中挑选出建立市场定位的差异点，这是定位成功的关键。选择恰当的差异点可以帮助品牌在众多竞争者中独树一帜。选择竞争优势作为一种产品或服务的定位基础非常重要，并非所有差异点都有意义，也不是每一个差异点都能使企业有效地进行定位。企业可以根据以下标准选择差异点：一是重要性，即差异点对目标消费者而言非常有价值；二是独特性，即企业的差异点是竞争者不能提供的，或者是

与竞争对手相比具有明显优势的；三是优越性，即某差异点在创造价值方面具有优越性；四是可沟通性，即该差异点适于与消费者沟通，消费者易于感知；五是专有性，即差异点存在一定的壁垒，竞争者难以模仿；六是经济性，即差异化的产品要在目标市场消费者能承受的范围内；七是盈利性，即推广该差异点可以为企业带来利润。同时，我们需要注意的是，一个差异点在为消费者创造价值的同时，也有可能增加企业的成本，所以要综合权衡。

（三）制定整体的定位战略

制定整体的定位战略是指企业提出定位的所有组合，并明确价值主张（value proposition）。通过将产品价值与价格进行组合，可以形成优质优价、优质同价、同质低价、低质低价四种定位。优质优价的定位指企业提供目标市场上相对竞争者更高品质的产品和服务，同时收取更高的价格，来补偿企业为此付出的较高成本。提供高品质产品或服务能够为企业带来良好的声誉。优质同价的定位指企业以较低的价格提供相同质量的产品，来对抗竞争者的优质优价定位。同质低价的定位指企业的产品品质在目标市场上并没有突出的优势，但是拥有较低的价格。低质低价的定位指企业的产品品质不太好，同时价格也较低。

在确定了整体定位后，企业需要进行定位陈述（positioning statement），来对拟定的定位战略做出总结。企业在定位陈述中要提及对应的目标细分市场及其需要是什么，同时提出如何设计产品和服务，来满足这一目标市场的需要。

（四）沟通和传达既定的定位

企业完成市场定位战略的制定并不是结束，而是执行定位战略的开始。企业需要采取有力的措施，向目标消费者传达和沟通既定的定位。同时，企业需要设计产品、定价、渠道和促销这些市场营销组合，来给予该定位战略有力的支持。实际上，执行定位战略比制定定位战略更加困难。企业要避免重战略制定、轻战略执行的做法，需要切实采取行动，向目标消费群体传达承诺，加深目标消费群体对企业的印象。一旦建立起理想的定位，企业就必须通过表现来小心维持这种定位，避免耗费资源和成本建立起来的定位毁于一旦。例如，美国西南航空公司重点宣传其能够提供廉价的机票；英国易捷航空公司宣传人性化的服务，为消费者提供在线值机、免费提前登机、付费可签转姓名、到商务候机室休息等服务；美国维珍航空公司将自身定位为为追求价值的旅行者提供服务的航空公司，用反传统思维诠释品牌个性，追求创新、自由、时尚、价值。

所谓"兵无常势，水无常形"，企业的市场定位并不是一劳永逸的，而是随着目标市场竞争者状况和企业内部条件变化而变化的。企业必须始终密切监控目标市场营销环境的情况，必要时及时调整定位，以适应消费者需要和竞争者战略的变化。企业应该避免可能让消费者感到混乱和困惑的突然变化，产品的定位应该根据变化的市场而循序渐进地调整。

第五章　航空公司目标市场营销战略

 四、航空公司市场定位的战略

航空公司根据市场营销环境和自身资源情况，建立和发展差异化的竞争优势，使自己的产品在消费者心目中形成与竞争者产品有区别或者更加优越的形象。

（一）对抗定位战略

对抗定位战略也称针锋相对定位战略，指企业把产品或服务定位在与竞争者相似或相同的位置上，同竞争者争夺同一目标市场。通常，这需要企业拥有足够丰富的资源和足够强大的能力，需要企业在知己知彼的基础上，实施差异化竞争，提供比竞争对手更令消费者满意的产品或服务。如果竞争者的实力较差或者与自身实力旗鼓相当，企业可以不必顾忌竞争对手的竞争策略，采取对抗定位战略争夺市场。

经典案例5-1

国航、东方航空、南方航空正面交锋

中国国际航空股份有限公司（简称国航），总部设在北京，是中国唯一载有国旗飞行的民用航空公司，是世界上最大的航空联盟——星空联盟的成员，承担中国国家领导人出国访问的专机任务，也承担许多外国元首和政府首脑在国内的专包机任务，这是国航地位的象征。中国东方航空股份有限公司（简称东方航空），总部设在上海，是天合联盟成员，截至2021年底，东方航空的机队规模达760余架，是全球规模航企中最年轻的机队之一，拥有中国规模最大、商业和技术模式领先的互联网宽体机队。东方航空构建了以上海和北京为主的"两市四场"双核心枢纽网络，借助天合联盟，通达全球170个国家和地区的1036个目的地，旅客运输量位列全球前十。南方航空股份有限公司（简称南方航空），总部设在广州，是中国运输飞机最多、航线网络最发达、年客运量最大的航空公司。2019年和2020年，南方航空旅客运输量分别为1.52亿人次和0.97亿人次，连续42年居中国航空公司之首。南方航空年旅客运输量居亚洲第一、世界第二，货邮运输量世界前十。

国航、东方航空、南方航空在中国国内有"三大航"之称，均是大型枢纽网络型航空公司，在机队规模、航线网络、服务保障等方面都拥有很强的实力。早期，国航、东方航空、南方航空都有各自的势力范围，有各自的核心枢纽和重点市场，运力投放也集中在各自枢纽和重点市场中。随着各自机队规模的不断扩大，国航、东方航空、南方航空开始不断拓展市场，进入原本属于其他航空公司的核心枢纽和传统市场。北京是国航的总部所在地，也是国航长期经营的最重要的枢纽。2005年，南方航空北京分公司在北京正式挂牌，成为南方航空第十八家

分公司，也是南方航空目前最大、最重要的分公司之一。2007年，东方航空北京分公司成立，这意味着东方航空将进一步拓展京津冀地区的航线网络。作为东方航空的总部和长期经营的最重要的枢纽上海，也迎来了国航和南方航空的正面交锋。2009年，国航上海分公司成立，预示其争夺上海市场的决心。2014年，南方航空上海分公司正式挂牌成立，其级别与国航上海分公司相当，仅次于南方航空总部。随后，在南方航空的大本营的广东，2016年东方航空广东分公司成立，2021年国航广东分公司成立，两家航空公司先后开始升级华南市场的战略布局，并加大运力投放力度。当前，国航、东方航空、南方航空在中国已形成三足鼎立之势。

阅读并思考：
（1）国航、南方航空、东方航空进入对方的市场，选用的是什么市场定位战略？
（2）分析国航、南方航空、东方航空选择这种市场定位战略的原因。

（二）补缺式定位战略

补缺式定位战略指的是企业把自己的市场位置定位在竞争者没有注意和占领的市场位置上的战略。当企业对竞争者的市场位置、消费者的实际需求和自身经营的产品属性进行评价分析后，如果发现自身面临的目标市场存在一定的市场缝隙和空间，而且在相同的产品上又难以和竞争者正面抗衡，这时企业应该把自己的位置定位在目标市场的空缺位置。目标市场的空缺位置可能尚未被竞争者发现，也可能竞争者认为在这个空缺位置无利可图。因此，企业需要评估进入这一市场后是否有足够的潜在客源，是否能够带来利润，自身是否具备开发这个市场的能力和资源。如果实力强劲的竞争者已采取了差异化营销战略，企业就可以更进一步细分市场，开拓新市场，避实就虚，避免两败俱伤。

经典案例5-2

专注支线航空，成就华夏航空快速发展

支线航空起源于欧美国家。20世纪70年代起，支线航空在欧美国家进入快速发展阶段。1978年，美国放松航空管制，各大型干线航空公司致力于建设并完善航空枢纽，支线航空也获得了蓬勃发展，成为航空枢纽运转的重要组成部分，极大地促进了美国航空运输业的整体发展。在北美、欧洲等成熟的航空市场，支线航空网络占整个航空网络的比重较大。以北美地区为例，据美国支线航空协会2016年年度报告，支线航空将北美地区的每个角落和全球航空运输网络联系起来。目前，北美有2/3的机场由支线航空公司独飞。

在我国，支线航空发展起步较晚。从当前我国公共航空运输企业的实际经营情况来看，由于支线航空的营利能力远远弱于干线航空，单纯的支线航空运输不

具有经营的商业价值,因此大部分公共航空运输企业放弃开发支线航空业务。2006年,华夏航空股份有限公司(简称华夏航空)成立。华夏航空敏锐地发现支线航空这个缝隙市场,看准了支线航空市场的发展潜力。"在2000年前后,中国的城市化率已经达到40%,我当时就认为支线航空会迎来巨大的发展机遇。如果城市化率超过了40%,支线航空可能会加速发展。"华夏航空董事长胡晓军在2009年接受媒体采访时说道。

如今,华夏航空成为我国唯一长期专注于支线航空的独立航空公司,也是国内支线航空商业模式的引领者和主要践行者,成为第一家在深圳证券交易所上市的支线航空公司。作为一家成立较早的民营航空公司,华夏航空通过准确的市场定位和差异化的竞争策略,在国内支线市场占据了相当可观的市场份额,在支线市场中高端公商务及旅游休闲客户群体中拥有良好的口碑和较高的声誉,形成了独具特色的市场竞争优势。华夏航空执飞支线航段量居全国第一,以独立支线承运人的身份与国内主流干线航空公司及区域航空公司签署了代码共享及 SPA 协议(special prorate agreement,特殊比例分摊协议),开展干支结合和中转联程业务,实现支线城市旅客到中心城市的快速通达。支线航空公司的业务涉及大量中转联程旅客。华夏航空在塑造"云上公交"品牌的基础上,以"可靠中转"为理念,推出了"华夏中转2.0"中转联程服务包产品,实现了服务流程化、标准化,全流程无缝信息推送。精准的市场定位和有效的经营策略,使得华夏航空近年来的营收表现相当亮眼,业绩增长势头超过国内绝大多数干线航空公司。

对于华夏航空而言,国内支线航空市场的快速发展和巨大潜力也造就了其快速成长的战略机遇。华夏航空提出,其支线航空发展战略将秉持基于市场、基于机遇的原则,在不断巩固和发展支线航空核心能力的同时,对航空业上下游业务进行适当融合。按照华夏航空的中长期战略规划,公司未来的航线网络结构将以"干支结合"为主要手段,以支线航空通达性为发展核心。华夏航空通过整合强大的国内支线力量,在主要区域枢纽形成支线,为国内干线、国际航线提供强有力的支持,着重实现"干支结合"的网络效应,提升华夏航空产品体系在主要市场上的占有份额。华夏航空有关负责人说:"作为一家始终专注于经营支线的航空公司,华夏航空将借助未来国内支线航空市场快速发展的机遇,继续巩固支线航空的业务模式与竞争优势,进一步扩大经营规模,努力实现成为'世界级支线航空产业融合领导者'的发展愿景。"

资料来源:华夏航空:"中国支线航空第一股"成功上市(http://www.eeo.com.cn/2018/ 0302/323459.shtml),有改动。

阅读并思考:
(1) 华夏航空采用了哪种市场定位战略?请说明你的理由。
(2) 为华夏航空写一份定位陈述。

(三) 另辟蹊径式定位战略

另辟蹊径式定位战略是指当企业意识到自身很难与目标市场上的竞争对手相抗衡,也没有填补市场空白的机会或能力时,企业就可结合自身的条件,通过营销创新,在目标市场上提供一种明显区别于各竞争对手的新产品或新服务,从而获得竞争优势的定位战略。这种定位战略风险较小,成功率较高。企业应突出宣传自身与众不同的特色,在某些有价值的产品属性上取得领先地位。如果竞争者实力较强,并一贯采用无差异营销战略,企业就可采用差异化或集中营销战略,扬长避短。例如,前文提到的美国维珍航空公司就采用了另辟蹊径式定位战略,作为初出茅庐的航空公司,面对激烈的竞争,美国维珍航空公司选择通过低成本和创新赢得消费者的青睐,从而得以不断发展。

经典案例5-3

新加坡航空公司的差异化创新之路

新加坡航空公司是新加坡的国家航空公司,拥有庞大的航线网络。新加坡航空公司成立于1947年,并于1972年开始运营。多年来,新加坡航空公司依靠为旅客提供优质服务和高质量产品赢得了创新市场领先者的荣誉。新加坡航空公司品牌在航空界中已广为人知,尤其在安全、服务质量和创新风格方面,新加坡航空公司是全球航空公司纷纷效仿的对象。新加坡航空公司一直被誉为最舒适和最安全的航空公司之一。不仅如此,新加坡航空公司还是一家利润颇丰的公司,其中一个重要的原因是,它在保持高品质的同时,将成本控制得非常低。作为一个城市国家,新加坡没有国内航线,新加坡航空公司要生存和发展,就必须与国际上的其他航空公司展开竞争,争取国际航线的竞争优势。然而,取得各机场的进入许可、飞机起降权及争取新的客源并不是一件容易的事情。新加坡航空公司从一开始就面临严峻的竞争形势,正是这种艰难的开端,迫使新加坡航空公司选择走一条持续创新之路。

当时,旅客在其他航空公司的飞机上点饮料和葡萄酒,观看电视剧和电影都是要收费的,而这些在新加坡航空公司的飞机上都是免费的。新加坡航空公司首先推出了"视频点播"服务,除此之外,还非常强调为旅客创造一种独特的体验。在乘务人员方面,1972年,新加坡航空公司聘请了法国高级时装设计师为乘务人员设计了一款独特且具有南洋特色的本土服装——马来沙笼可芭雅服装作为制服,这款制服后来也成为新加坡航空公司最著名的品牌标志,打造了亲切、热情、温和、优雅新加坡航空公司空乘人员形象,是其服务承诺及良好质量的完美呈现。新加坡航空公司空乘人员的形象塑造非常成功,以至于1994年,其作为第一个商业人物被陈列在伦敦的杜莎夫人蜡像馆。在旅客娱乐方面,新加坡航空公司为每个座位配备个人娱乐系统,提供超过200种不同类型的娱乐项目,供旅客挑选。无论是最新电影、热门电视剧、互动游戏，还是音乐作品或时事新闻，这些都能让旅客乐在其中。在餐食方面，自1998年9月起，新加坡航空公司为旅客提供国际风尚美食，实施"名厨有约"项目，邀请12位来自世界各地的知名厨师组成顾问团，精心规划餐食及佐餐葡萄酒，商务舱旅客还可以在登机前24小时预定主菜，享受多样化的餐后饮料。在往返中国的航班上，新加坡航空公司还为旅客提供多花样的中餐。在旅客嗅觉体验方面，新加坡航空公司使用独特香味的热毛巾，让旅客使用时心情愉悦。

阅读并思考：
（1）新加坡航空公司选择了哪种市场定位战略？为什么会这样选择？

五、市场再定位

（一）市场再定位的内涵

所谓市场再定位，就是企业对产品进行再次定位，旨在摆脱困境，使品牌获得新的增长机会与活力。市场再定位与原有市场定位有着截然不同的内涵，它不是原有定位的简单重复，而是企业定位的产品在经过市场检验后，根据市场反馈的情况，对市场的一次再认识，对自身优劣势的再检视，也是对自己原有定位的一次扬弃。

（二）市场再定位的意义

航空公司在经营中常常遇到定位惯性的问题，这对航空公司的可持续发展非常不利。所谓定位惯性，是指在市场需求和竞争状况都有了很大改变的情况下，企业仍然沿用原来的市场定位战略，导致企业在市场竞争中处于弱势地位。在成功完成初次定位后，多数航空公司容易沉浸在短暂的市场成功中，但是随着时间的推移，新的竞争者进入市场，推出更加迎合消费者偏好的产品，同时，外部环境的变化使得消费者需求也潜移默化地发生了变化。很多航空公司会因为暂时的成功而麻痹大意，忽视了市场的变化。当市场对本企业产品的需求逐渐减少，致使企业原来的市场占有率不断下降时，如果企业不能随着需求的变化而及时调整定位，企业就会面临品牌老化、库存等问题，直到最后被竞争者取代。

航空公司进行市场定位是为了更准确地找到自己的竞争优势。外部环境并不是一成不变的，随着外部环境的变化，航空公司需要准确把握市场变化，如果把握不当或面对环境变化反应不当，仍然沿用原来的市场定位，结果可能是企业在竞争中逐渐处于弱势地位。为避免走向衰退，企业需要通过不断的变革来保持活力，这种变革就是市场再定位。由此可见，定位惯性容易导致企业闭门造车、丧失优势，所以市场再定位问题显得日益重要，它关系着企业的可持续发展。

(三) 市场再定位的触发情境

现有产品的再定位可能导致产品名称、价格和包装的改变，但是这些外表变化的目的是保证产品在潜在消费者的心目中留下值得购买的印象，使企业牢牢地抓住目标市场。正如达尔文（Charles Robert Darwin）所说，那些能够生存下来的并不是最聪明和最有智慧的，而是那些最善于应变的。用户需求的变化正是企业进行市场再定位的内在要求和必然选择。

当出现以下情况时，企业就需要保持警觉：市场竞争日趋白热化；消费环境的变化使消费者的爱好不断变化；市场法规以及政策等其他环境不断变化；企业原有市场定位存在错误和疏漏等。这些情况发生时，企业必须进行市场再定位，才能在竞争中获得发展。

(四) 市场再定位的原则

市场再定位是否准确，关系到企业能否持续发展，因此，企业决不能草率行事，必须遵循一定的原则。通常，企业在市场再定位过程中需要遵循以下原则。

1. 资金投入原则

市场再定位的代价是昂贵的。一般来说，新的定位离原定位越远，所需费用就越高。市场再定位资金投入通常超过第一次市场定位的投入，这是因为企业要加大营销传播力度，消除原有定位给消费者留下的印象，同时使新的市场定位获得消费者认同。

2. 收益最大化原则

既然市场再定位需要花费大量的资金，那么企业就需要考虑投入这么多资金能带来多少回报，即值不值得进行市场再定位的问题。企业需要进行细致的分析和研究，预测投入和产出的比例，以决定市场再定位是否划算。

3. 风险最小化原则

企业在市场再定位的过程中，会面临一定的困难和风险。这些困难和风险突出表现为：企业内部在达成市场再定位时遇到的困难；消费者对新的定位不认同；新的定位可能导致企业丧失原有的市场等。因此，只有当企业充分认识到重新定位的困难和风险，并确信有能力克服困难和承担风险时，企业才能进行下一步的决策和执行工作。

(五) 市场再定位战略

当企业根据市场再定位的三个原则，对市场再定位的成本和收益进行准确把握后，企业才可以具体、审慎地确定市场再定位战略。常用的市场再定位战略有以下几种。

1. 逆向定位战略

逆向定位战略的目的是创造一个全新的细分市场。逆向定位战略作为差异化营销战略的一种，它获得成功的关键是既找到与众不同的切入点，又能迎合消费者的需求，即所谓的"意料之外，情理之中"。只有把握了这个平衡点，逆向定位战略才能取得成功。企业实施逆向定位战略，往往意味着目标消费者的改变，企业要围绕新的目标市场，做相应的产品调整和非核心技术范畴的创新。

2. 分离定位战略

所谓分离定位战略，就是将产品价值组合中的某一价值点分离出来，通过聚焦、放大，从而在原有品类中创造出一个新的细分品类的战略方法。企业将一些价值点分离出来以后，就可以形成新的品类。分离定位战略意味着产品的细化和深入，是延长产品生命周期、重新激发消费者需求的有效战略。随着消费者消费能力的不断提高，消费需求日益呈现多元化、多层次的特点，价值的进一步细分就成为必然的趋势。

3. 关联定位战略

逆向定位战略和分离定位战略都是在原有的类别中创造一个新的细分品类，而关联定位战略打破了类别的传统界限，使产品脱离了原有的品类，与一个新的产品建立关联。关联定位战略改变了产品的竞争者和消费者。

4. 形象定位战略

品牌形象衰老指的是产品的品牌形象历经多年保持不变，品牌表现出来的老形象、老广告语、老诉求方式等已经不能对消费者形成刺激，在消费者看来品牌已经没有了新鲜感，在市场上缺乏生命力。此时，企业就需要通过市场再定位塑造品牌新形象。

（六）市场再定位的过程

企业进行市场再定位时，不能想当然地盲目进行，要按一定的程序操作。一般而言，市场再定位有以下五个基本步骤：确定品牌需要进行市场再定位的原因；进行调查分析与形势评估；细分市场，锁定目标消费群；分析目标消费群，确定市场再定位战略；传播新的定位。

本章小结

市场细分指将市场划分为较小的消费群体，这些消费群体具有不同的需求、特点或行为。对航空公司市场开展市场细分时，我们需要综合分析细分市场的可测量性、可影响性、差异性、市场规模和可操作性。根据旅客旅行目的的不同，我们可以将航空公司市场细分为公商务市场和旅游市场。公商务市场可以进一步细分为高级公商务市场和一般公商务市场。旅游市场可以进一步细分为旅游休闲市场和探亲访友市场。参照价格与时间敏感度概念，我们可以将航空客运市场的消费者细分为四种类型。我们也可以根据经济、收入水平、地理、政治、文化和其他因素或总体经济发展水平将世界市场划分为不同的国家群消费市场。

完成市场细分之后，需要评价每一个细分市场的吸引力，并从中选择一个或几个细分市场作为企业的目标市场进行开拓。航空公司需要明确自己的价值主张，为目标市场的消费群体创造价值。评价细分市场的标准有细分市场的规模、增长潜力、吸引力，以及企业自身的战略目标和资源。企业确定好目标市场后，需要综合考虑自身的品牌特点、产品特点及市场的状况，在无差异营销、差异化营销、集中营销等营销战略中做出选择。

市场定位，又称产品定位或竞争性定位，是航空公司基于消费者对产品某些属性的重视程度，对产品的重要属性进行定义，塑造自身的产品，使得自身的产品具有与众不同的差异化价值，并将其传递给目标消费者的活动。航空公司需要在目标市场中提供与竞争对手有差异的产品，这些差异主要体现在硬件、价格、服务、渠道、品牌上。企业进行市场定位时，首先需要确定可能的价值差异和竞争优势，其次需要选择恰当的竞争优势，再次需要制定整体的定位战略，最后需要沟通和传达既定的定位。常用的市场定位技术有顾客感知图、排比图、隐喻抽取技术和投射技术等。当外部环境发生改变时，航空公司还要及时有效地开展市场再定位工作，从而保证航空公司的可持续发展。航空公司市场再定位战略有逆向定位战略、分离定位战略、关联定位战略、形象定位战略。

中英文专业名词对照

市场营销战略 Marketing Strategy
集中化营销 Concentrated Marketing
市场细分 Market Segmentation
市场定位 Marketing Positioning
目标市场 Target Market
竞争优势 Competitive Advantage
目标市场选择 Market Targeting
价值主张 Value Proposition
无差异营销 Undifferentiated Marketing
定位陈述 Positioning Statement
差异化营销 Differentiated Marketing

(1) 什么是市场细分？如何做到有效的市场细分？

(2) 什么是市场定位？市场定位的步骤有哪些？

(3) 航空公司目标市场选择标准和营销战略有哪些？

第六章
航空公司产品策略

进入"十四五"时期,民航业按照加快交通强国建设目标要求,提出了完善设施网络、扩大服务供给、培育发展动能、转变发展模式的总体要求,加强融合发展。2022年初,《"十四五"航空物流发展专项规划》正式印发,首次对航空物流产业发展进行了部署,通过实施"客货并重"发展策略,为构建优质高效、自主可控的航空物流体系提供精准指引。下一步,民航业将依托机场网和航线网加强与其他交通方式的深度融合,构建全方位开放的、以枢纽机场为核心的现代综合交通运输体系,同时加快在制度、规范标准等方面的统一,推动运输服务和产品信息的互通共享,推进基础设施一体化、运输服务一体化、技术标准一体化、信息平台一体化,持续打造无缝衔接、中转高效的空地联运服务产品。

学习重难点

1. 重点
(1) 了解产品及产品分类。
(2) 理解航空公司智能服务的类型。
2. 难点
(1) 掌握辅营产品开发策略。

本章引例

天津航空让行李"智慧出行"

如今,在航空出行中,70%的旅客通过移动客户端自助完成各个环节的操作(包括线上值机选座、无纸化通关、行李跟踪等),其中超过一半的旅客希望能在旅程中实时跟踪自己的行李,防止行李丢失。可见,行李跟踪服务已经成为近年来旅客出行的主要诉求。

第六章 航空公司产品策略

自 2018 年差异化服务转型以来，天津航空有限责任公司（简称天津航空）一直致力于"想旅客之所想"，以创新产品与服务提升旅客出行体验，切实解决旅客在出行途中遇到的各种难题。由此，天津航空正式推出行李跟踪服务。

一、全力探索行李跟踪新服务

"办理完行李托运手续，打开手机，能随时看到行李运输轨迹；下了飞机，马上就能锁定行李的位置。"乘坐天津航空 GS7858 航班的旅客赵先生感慨地说，"如今托运行李如同网购商品，每个行李移动节点我都能实时查看，再也不用像之前一样担心行李托运出现各种问题了。"

大多数旅客对机场行李处理系统的认知仍停留在交运和收取两个环节。实际上，在航空运输过程中，行李处理系统远比旅客的认知要复杂。那么，传统托运行李分拣模式是什么样的呢？天津航空的一位产品经理介绍，旅客办理完行李托运手续后，行李会被工作人员统一贴上标签并送上传送带。在这一过程中，行李在传送带上快速运行，犹如搭乘了过山车。此时，控制机房内的工作人员则紧盯屏幕，监控整个候机楼的行李运行态势，一刻也不敢放松，最终旅客在抵达目的地机场时提取行李。

由此不难看出，传统行李托运和分拣完全是靠人工完成的，在这一过程中不可避免地会出现一些差错，如行李转运处理不当、装载错误等。对旅客来说，出现这种问题后，他们无法第一时间得知自己的行李在哪里，也无法采取任何措施，不免对航空出行留下糟糕的印象。相关数据显示，2019 年，全球航空运输业客运量为 45.4 亿人次，其中错运行李率约 6‰，错运行李数高达 2540 万件。

为了解决行李托运中经常出现的错运、漏运、遗失等问题，天津航空紧抓旅客出行痛点，推出了行李跟踪服务。天津航空市场部工作人员聚焦优化设备功能，将行李数据融入大数据平台，实现智能化获取信息，让机场工作人员仅通过扫描行李上的无线射频识别（radio frequency identification，RFID）标签即可快速获取旅客个人信息，免去旅客再次输入信息的麻烦。

天津航空相关人员表示，天津航空推出行李跟踪服务后，大幅降低了出现行李错运、遗失等情况的概率，可以帮助旅客更快、更准确地获取行李信息。未来，天津航空将聚焦机场设备，使其与行李跟踪系统的多样化功能进行衔接，让更多旅客享受这项服务。

二、RFID 技术让旅客对行李状态心中有数

那么，RFID 技术是如何实现行李跟踪的呢？

RFID 技术是一种自动识别技术，通过无线射频方式进行非接触双向数据通信，利用无线射频方式对记录媒体（电子标签或射频卡）进行读写，从而达到识别目标和数据交换的目的。

据悉，天津航空的行李跟踪服务是通过 RFID 相关设备（行李标签打印机、读码设备、管理平台等）共同实现的。天津航空技术人员在移动客户端上开发相

关功能并利用相关接口，利用置于行李牌中的射频识别芯片对各关键节点进行实时、准确跟踪，使旅客能通过手机获取行李实时运输状态。

当旅客在机场值机柜台办理行李托运手续时，工作人员会为旅客的行李贴上RFID标签，并将行李标签号码、航班号、出发机场、到达机场、航班起降时间等相关信息植入行李牌内嵌的芯片，这些操作完成后，旅客的行李会被送上传送带。当行李经过分拣、装机、到达、提取等各个节点时，数据信息就会被自动采集并同步更新到后台数据库。RFID技术依靠电磁波传输，无须物理接触，这使得它能够越过尘雾、塑料、纸张等障碍物，确保行李在装载与卸载过程中不被遗漏，从而顺利实现全程行李跟踪。

旅客通过天津航空微信小程序就可以便捷地查询行李实时运输状态，精准锁定行李运输位置，快速掌握行李动态信息。这种模式类似于人们查询自己的快件物流信息。同时，RFID标签具有结构简单、识别准确度高的特点，所需的读取设备也简单，这使得其利用率非常高。

三、应用升级助力"智慧出行"

天津航空于2022年推出行李跟踪服务，旅客乘坐天津航空指定机场（青岛胶东国际机场、济南遥墙国际机场、昆明长水国际机场、成都天府国际机场等）出港的航班，可以在天津航空微信小程序上通过行李标签号码查询本人半年内乘坐航班的行李运输状态。根据机场设备开放情况不同，旅客最多可以查询11个行李运输状态（托运、安检、分拣、仓储、装车/装箱、出港运输、装机、卸载、到港运输、到达、提取），实现在飞行途中对行李所在位置的了解。

除了推出行李跟踪服务外，天津航空不断提高线上服务品质，持续优化旅客购票流程，针对旅客出行中的痛点不断完善系统功能，取消了线上无法购买起飞前两小时以内航班机票的限制，将两小时限制放宽至航班起飞前50分钟，最大限度地满足广大旅客购买临近航班机票的需求。

此前，旅客如有紧急出行需求，或者原定航班被取消，他们不知道如何购买其他临近航班的机票，需要到机场排队改签，费时费力，人工处理流程也较为烦琐。天津航空上线的上述功能，极大地保障了现场旅客在出行计划变更后购买临近航班机票的需要。

未来，天津航空将继续践行真情服务理念，对标行业内标杆，不断通过信息化技术手段赋能，最大限度地减轻旅客在出行过程中的行李托运压力，为旅客提供更便捷的出行体验，不断在旅客服务方面实现提质、创新与发展。

资料来源：《天津航空让行李"智慧出行"》（http://www.caacnews.com.cn/1/tbtj_/202210/t20221012_1354861.html），有改动。

课堂讨论：

（1）天津航空为实现行李"智慧出行"做出了哪些努力？

（2）RFID 技术如何实现行李跟踪？

（3）行李"智慧出行"能够为天津航空和旅客创造怎样的价值？

第一节　航空公司产品组合策略

 一、产品及产品分类

（一）产品

在现代市场营销学中，产品概念具有极其宽广的外延和丰富的内涵。产品一般是指通过交换提供给市场的，能满足消费者或用户某一需要和欲望的任何有形物品和无形服务的总称。有形物品包括产品实体及其品质、款式、特色、品牌、包装等；无形服务包括产品为消费者或用户带来的心理满足感、成就感，各种售后支持和服务保证等。

（二）产品的分类

在产品导向下，企业市场营销人员根据产品的不同特征对产品进行分类。在现代营销观念下，产品分类的思维方式是：每一个产品类型都有与之相适应的市场营销组合策略。

1. 根据产品的耐用性和是否有形，可以将产品分为非耐用品、耐用品、劳务

根据产品的使用寿命和产品是否有形，我们可以将产品分为三类：非耐用品、耐用品、劳务。

非耐用品一般是有一种或多种消费用途的低值易耗品，例如啤酒、肥皂和盐等。这类产品单位价值较低、消耗快，消费者往往经常、反复购买，大量使用。企业可以通过许多商业网点出售这一类产品，方便消费者随时购买。这类产品的利润相对低一些，企业通过广告宣传诱导消费者购买本企业的产品。

耐用品一般指使用年限较长、价值较高的有形产品，通常这类产品具有多种用途，例如冰箱、电视机、汽车等。耐用品单位价值较高，消费者购买频率较低，企业能从中获取较高的利润。在开展耐用品的市场营销工作时，企业需要很多营销人员，提供售前和售后服务。

劳务的特点是它的生产和消费是同时进行的，是一种无形的、不可分离的、可变的和易消失的产品，例如理发和修理。一般来说，它需要更多的质量控制、供应商信用以及适用性。

2. 根据消费者购买习惯，可以将产品分为便利品、选购品、特殊品和非渴求物品

根据消费者的购买行为和购买习惯，我们可以将产品分为便利品、选购品、特殊品和非渴求品四类。

便利品指消费者频繁购买或需要随时购买的产品，例如纸巾、肥皂等。便利品可以进一步细分为常用品、冲动品以及救急品。常用品是消费者经常购买的产品，例如，某消费者也许经常购买某品牌的纯净水，或者某品牌的牙膏。冲动品是消费者没有经过计划或搜寻而顺便购买的产品。救急品是消费者在紧急情况下购买的产品，因此救急品的地点效用很重要，一旦消费者需要，就会立即做出购买行为。

选购品指消费者在选购过程中，对适用性、质量、价格和式样等基本方面要做认真权衡和比较的产品，例如家具、服装、汽车、健身器材等。选购品可以进一步细分为同质品和异质品。消费者认为同质品的质量相似，但价格明显不同，所以有选购的必要。市场营销人员必须与购买者商谈价格。但对消费者来说，在选购服装、家具和其他异质品时，产品特色通常比价格更重要。异质品的经营者必须为消费者提供丰富的选择，以满足消费者的不同偏好；还必须有受过良好训练的推销人员，为消费者提供信息和咨询服务。

特殊品指具备独有特征和（或）品牌标记的产品，例如知名品牌的限量款饰品等。有相当多的消费者愿意做出特殊的购买努力。

非渴求品指消费者不了解或即使了解也不想购买的产品。传统的非渴求品有保险产品、墓地、墓碑以及百科全书等。经营者对非渴求品需要付出诸如广告和人员推销等大量营销努力。一些最复杂的人员推销技巧就是在推销非渴求品的竞争中发展起来的。

3. 根据产品的生产过程和性质差别，可以将产品分为材料和部件、资本项目以及供应品和服务

各类产业组织需要购买各种各样的产品和服务，我们据此可以把产品分成三类：材料和部件、资本项目以及供应品和服务。

材料和部件指完全转化为制造商产成品的那类产品，包括原材料、半制成品和部件，如农产品、构成材料（如铁、棉纱）和构成部件（如马达、轮胎）。上述产品的销售方式有所差异。农产品需进行集中、分级、储存、运输和销售服务，其易腐性和季节性的特点决定了营销人员必须采取特殊的营销措施。构成材料与构成部件通常具有标准化的性质，这意味着价格和供应商的可信性是影响消费者购买决策的重要因素。

资本项目指部分进入产成品阶段的产品，包括两个部分：装备和附属设备。装备包括建筑物（如厂房）与固定设备（如发电机、电梯）。该产品的销售特点是买卖双方在售前需要经过长时间的谈判，企业需要一支经验丰富的销售队伍。附属设备包括轻型制造设备、工具以及办公设备。这种设备不会成为最终产品的组成部分。它们在生产过程中仅仅起辅助作用。附属设备的消费市场地理位置分散，用户众多，订购数量少。质量、特色、

价格和服务是消费者选择中间商时需要考虑的主要因素。促销时，人员推销比广告重要得多。

供应品和服务指不构成最终产品的那类项目，譬如打字纸、铅笔等。供应品相当于工业领域内的方便品，消费者人数众多、区域分散且产品单价低，一般都是通过中间商销售。由于供应品具有标准化特征，消费者对它无强烈的品牌偏爱，价格因素和服务就成了影响消费者购买的重要因素。服务包括维修或修理服务、商业咨询服务等。

二、航空公司的产品整体概念

通常人们将产品理解为一种具有某种特定物质形状和用途的物体，如汽车、钢铁、衣服、食品等。事实上，消费者购买一种产品，并不是只想得到作为有形物体的产品，还要从这种产品中得到某些利益和欲望的满足。比如，消费者购买香皂，并不是买一个具有某种化学成分的物体，而是为了清洁和保护皮肤，满足自己的卫生需求；消费者购买照相机，是为了满足自己对于艺术的爱好，方便日后回忆和纪念。所以，从市场营销观点来看，产品是指人们通过购买（或租赁）所获得需求的满足，包括一切能满足消费者某种需求和利益的物质产品和非物质形态的服务，这就是产品整体概念。

现代市场营销理论认为，产品整体包含核心产品、形式产品和外延产品三个层次（见图 6-1）。

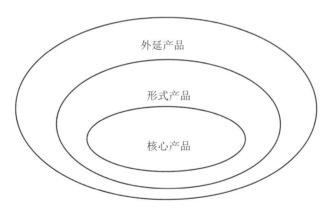

图 6-1　产品整体概念

核心产品是提供给消费者的基本效用和利益，是产品整体中最基本的和最实质性的内容，也是消费者需求的中心内容。产品若没有效用和使用价值，不能为消费者带来利益的满足，产品就丧失了存在的价值，消费者就不会购买它。

形式产品是产品呈现在市场上的具体形态，是产品的实体性的呈现。其一般以产品的外观、质量、特色、包装、品牌等表现出来。产品的基本效用通过产品实体实现。

外延产品是指消费者购买产品所得到的附加收益的总和，这是产品的延伸性或附加性的呈现。外延产品包括产品维修、咨询、送货、培训、消费信贷安排等。外延产品随有形产品一起提供，它能为外延产品创造更多的收益和更大的满足。

产品整体概念首先说明了产品价值的大小不是由生产者决定的，消费者才是最终的裁

决者。企业必须从产品整体概念的角度认识产品价值,考虑如何增加产品价值以赢得竞争优势。缺乏这种认识,企业就不能真正贯彻现代市场营销观念。

就以上产品整体概念而言,产品是多种因素的组合,由有形产品因素和无形产品因素组成。这些因素关系到产品的功能、质量、可靠性、安全性、经济性以及产品的信誉等,构成了产品的有形价值和无形价值,成为市场竞争的重要手段,企业必须努力提供能让消费者在各方面都满意的产品。

随着企业生产技术和管理水平的提高,以及消费者购买能力的增强和需求趋向的变化,服务这一无形因素在企业市场营销中的重要性已超过以往,逐步成为决定企业市场竞争能力的关键。服务作为消费者需求的一部分,不仅受到服务业的重视,而且被工业生产企业重视。越来越多的工业企业开始提供更多的附加支持性服务,以服务吸引消费者,创造新的竞争手段和竞争优势。

美国营销学家西奥多·莱维特(Theodore Levitt)曾断言,未来竞争的关键,不在于工厂能生产什么产品,而在于其产品所提供的附加价值,即包装、服务、广告、用户咨询、购买信贷、及时交货和人们以价值来衡量的一切东西。我国企业要满足消费者日益多样化的需要,在国际和国内市场竞争中立于不败之地,就需要在生产和销售产品时提高产品品质,降低成本,发挥价格优势,还需要为消费者提供更多的附加收益和良好的服务。

三、航空产品的特征

美国市场营销学会认为,服务实际上指的是产品销售过程中所产生的一种行为活动。在现代社会中,服务的出现总是同产品相关联。例如,在产品完成销售以后,企业便会为购买产品的消费者提供相应的售后服务,以实现对产品质量的承诺,更好地推进产品销量的提升。消费者在进行产品购买前,首先会对其价值进行分析。具体而言,这涉及产品、服务、品牌等层面的价值。对于航空产品而言,我们可以将其视为建立在物流服务的基础上,进而为消费者提供的一种服务,航空产品拥有有形与无形两个方面的属性。要理解航空产品特征,我们就需要先厘清航空产品涉及的内容。

1. 位移服务

通过对航空产品进行分析,我们可以将其归入物流产业范畴,这是因为航空产品为消费者提供位移服务。不管航空产品的产出怎样改变,它所提供的均是位移服务。

2. 有形的展示

无形的产品服务需要借助有形的方式体现。通过对航空产品进行分析,我们知道,航空产品涉及行李托运服务、航线布置、航班排班等。如果对其进行详细划分,我们可以发现这种有形的展示囊括机型、硬件设施、品牌、座位、准点保障等方面的内容。

3. 服务过程

通过对航空产品进行分析,我们知道,整个航空产品具有较高的完整性,主要包括订座、应急服务、延伸服务等方面的内容。售票过程可由服务保障部门进行，还可以为消费者提供相应的接待服务。伴随着市场的不断发展，在进行机票销售时，航空公司还可以通过联运的方式进行，这就要求航空公司构建起科学而完善的销售网络。航空公司还需要和票务销售代理构建良好的合作关系，提升彼此间的沟通效率。

4. 人

航空产品实际上属于服务型产品。整个服务的提供过程都是依靠员工完成的。因此，不管对于哪个航空公司而言，人力资源均具有极为重要的作用。航空公司在人力资源方面的提升意味竞争力的增强。在人力资源考评中，团队素养的考评至关重要，大致涵盖下述几个指标：交流技巧、应变能力、职业操守、突发问题处理能力、责任承担情况等。航空公司为了获得长远发展，需要从上述层面对员工进行考核和培养，提升员工素养，最终提升自己的市场竞争力。

第二节　航空公司智能服务

一、个性化推荐引擎在航空公司场景中的应用

（一）个性化推荐引擎的定义

使用个性化推荐引擎的主要目的是解决信息过载、择优选择的问题，其本质是通过对消费者的历史活动记录进行分析后得出消费者的兴趣特点等信息，进而主动为消费者推荐其感兴趣的产品、服务或信息。个性化是推荐引擎的关键所在，是在推荐的基础上通过对群体数据的进一步分析得出消费者的个性化爱好需求，然后针对其个性化需求等给出相应的推荐，即把合适的产品、服务或信息以适合的价格或方式在恰当的时机推送给真正有需求的消费者。

（二）个性化推荐引擎的核心要素

航空公司的消费者就是旅客，个性化产品推荐就是根据旅客的需求，因人而异地为其提供相应的产品和服务，或者利用数据挖掘旅客的行为偏好和消费习惯。个性化推荐引擎应具备四个核心要素：产品、客户、渠道和规则。其中，产品是航空公司对外发布的一切实体产品和服务产品，包括机票、附加服务和折扣促销等。从产品设计，到产品发布、推广销售、交付跟踪，再到客户反馈、分析，在产品的整个生命周期都需要贯彻个性化推荐理念。客户是使用航空公司产品或服务的所有旅客，他们拥有相似或相近的属性。渠道是旅客能接触到的各种平台，比如航空公司官方网站、App、小程序、线下营业部、客服电话等。规则是业务人员通过分析各类数据后制订的营销战略，在技术上需要一系列规则作为支撑。在完成产品确定、旅客识别后，业务人员就需要确定在什么时候以什么方式为哪些旅客推荐哪些产品。所以，这种在规则中枢指挥下的运作模式才是个性化推荐引擎要实现的目标。

（三）个性化场景的构建与分析

我们不妨通过下面的例子对个性化场景的构建和分析进行阐述。假设旅客张先生是一位有着每年 10 万千米飞行记录的标准商务旅客。他有一次在航空公司官方网站浏览国内往返上海和广州的机票时，后台根据他的历史出行记录和标签等关键信息，识别出他是一名商务旅客，并据此通过后台营销策略为他推荐了商务舱折扣机票，并附加推荐了机上商务套餐产品。但是，他在选择产品时勾选了"儿童票"，并且是同行 3 人。这个细微的改变推翻了系统之前的预测。系统重新做出判断，张先生这次出行极有可能是家庭游，而不是商务行，因此系统根据家庭旅客策略重新进行适配。

这个例子告诉我们，随着旅客需求的进一步明确，系统需要对之前所做的结论进行修正和完善。

二、区块链技术在航空公司积分体系的应用

（一）航空公司积分体系应用的痛点

随着航空公司的业务影响力不断扩大，不少航空公司积极探索与外部企业积分合作，这成为航空公司扩大生态圈、与上下游打通关系、与外部企业合作的一个重要途径。积分作为航空公司客户忠诚度计划的重要内容，在拉新促活、维系客户关系方面起着非常重要的作用，还能为航空公司带来丰厚的收入及利润。然而传统的积分合作存在以下问题。一是多方共享，时效性低，难度高。不同企业的积分系统、会员体系之间相互独立，没有统一的规范和接口，这导致数字资产难以跨机构流通，数据重复操作。二是数据安全风险高。航空公司使用传统的数据库记录用户及积分信息存在数据被篡改的风险，可能导致用户数字资产流失。三是积分传递时效性低。传统型积分往往会有一定的期限，过期自动清零。

（二）航空公司区块链技术应用的现状

近年来，航空公司在区块链研究及概念验证方面已经有了一定突破，众多航空公司正在将区块链技术应用于票务、客户忠诚度计划、追踪维修系统和旅客行李托运等方面。其中，区块链技术应用最多的是航空公司的客户忠诚度计划。

国泰航空公司在官方网站布局了旅游、购物、餐饮等推荐功能，加入了区块链的行列。客户在合作商户进行线下消费，通过区块链共同记账，能获得奖励里程，这提升了多方积分记账的透明性与对账的高效性。

挪威航空公司是欧洲第三大航空公司，其于2019年7月24日宣布推出比特币兑换服务，该项服务使用户能够在同一界面进行交易和支付。除了进行比特币交易，挪威航空公司的客户还可以使用比特币购买机票，通过交易赚取积分，还可以用积分获得乘机折扣和其他福利。

新加坡航空公司为首批将区块链纳入其客户忠诚度计划的航空公司之一。"KrisFlyer"是新加坡航空公司的客户奖励计划，KrisPay App 能为客户提供飞行、消费、购物服务。客户可以将里程或指定商户线下消费转换成积分。截至2020年3月，全球共有77个商家支持 KrisPay App。新加坡航空公司定期推出营销活动和市场补贴措施，来提升 KrisPay 使用活跃度。

国内航空公司在区块链技术应用方面稍显逊色，大多处于研究及概念验证阶段，需要进一步挖掘场景并落地应用。

（三）航空公司积分区块链方案设计

区块链作为新时代互联网的战略支撑型技术，将在航空公司与商户之间的会员积分体系合作中发挥独特的作用，解决传统积分合作模式中普遍存在的痛点与问题。区块链是一个公开的记账账本，具备可溯源、不可篡改、去中心化的特点。通过应用区块链技术，航空公司能打造一个区块链积分平台，可以使积分的发行和流转信息公开透明、人人可查，有助于建立健康的生态循环，对航空公司和客户都有很重要的价值。

以以太坊（Ethereum）为代表的区块链2.0最大的特点在于智能合约的应用，类似比特币，被称为"全球账簿"。区块链2.0可以被看作一台"全球计算机"，可以在区块链上传和执行应用程序，并且程序的有效执行能得到保障，在此基础上实现了智能合约的功能。其主要应用方向是基于区块链技术对会员积分、会员权益共享等场景的研究。航空公司可以利用区块链技术，构建多中心化、分布式的合作网络，形成多方可信的、一致认可的数据库与数据交互规范。

1. 传统积分兑换方式

传统积分兑换方式主要以文件传输协议（file transfer protocol，FTP）为主，包括以下步骤。第一，用户提出积分兑换请求。第二，合作商户定期（视具体合作对象而定）从会员管理系统收集并汇总客户的兑换请求，生成约定的兑换文件，并通过接口发送至指定的 FTP 服务器。第三，航空公司通过接口导入兑换文件，如果兑换成功，旅客就可以查询已兑换的积分，如果兑换异常，异常信息则会被反馈给客户和商户。第四，每月生成账单，方便客户对账并付款。

2. 基于区块链技术的航空公司积分兑换流程

基于区块链技术的航空公司积分兑换流程如图6-2所示。

第一步是发送兑换申请。申请实时更新，商户部署区块链节点后，可定期或实时发送兑换请求。航空公司可以快速响应和处理商户的兑换请求。第二步是生成一致性账本。入账流程可以放在链下完成，处理结果和账本信息上链，形成可信、防篡改的数据链条，双

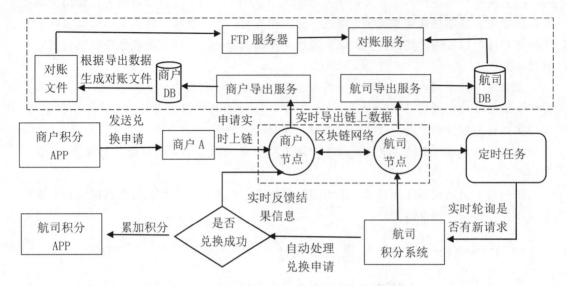

图 6-2 基于区块链技术的航空公司积分兑换流程

方自动生成一致性的积分兑换账本,同时不加重系统处理负担,将数据处理和积分记账灵活区分。第三步是实时反馈结果信息。通过提前做好数据埋点,设置链上智能合约,一旦入账失败,系统会第一时间反馈至商户或用户,便于商户或用户准确、及时地了解积分兑换的实际动态。

通过区块链管理平台,航空公司可以查看业务交易情况和账本信息,并对积分链进行管理和维护。

区块链管理平台拥有以下功能。一是业务看板。航空公司可以随时查看合作商户的交易量、交易趋势变化、收入累计等信息。二是合作商户管理。航空公司可以查询合作商户的信息,对信息进行新增和修改等操作。三是数据报表。航空公司可以查看每条积分兑换数据的来源、去向和业务类型等信息。四是积分链监控。航空公司可以查看区块链账本实时状态、区块历史、最新区块、总交易数、当前吞吐率等。五是积分链管理。航空公司可以查看区块历史、总账本信息、密钥生成、管理模块等。

(四)航空公司积分区块链应用的价值

1. 提高积分兑换效率、可靠性

区块链技术的分布式存储、不可篡改等属性,可以帮助参与方降低信息不对称问题发生的概率,减少人工流程,提高兑换效率。

2. 提升数据的一致性、隐私性

区块链的分布式架构和全局性的共识机制,可以完整记录数据,提升数据同步效率,保证每笔交易即时对账,减少对账时间和对账出错率。

3. 提升积分平台的灵活扩展力

基于区块链的积分兑换系统，有助于建立可信任、可追溯的积分兑换模式，扩大积分兑换的影响力。不同的积分在不同平台中交互流转，极大地丰富了积分的应用场景，降低了信任成本，提升了积分的价值，并创造了新的流量来源。同时，航空公司可以通过应用区块链技术迅速接入外部优质的积分生态平台。

第三节　航空公司辅营产品开发

 一、航空公司辅营产品的类型

（一）辅营收入的定义

航空公司的辅营收入主要指除直接向旅客售卖机票之外的收入，以及在航空旅行过程中提供服务的间接收入。也有航空公司把客运、货运收入以外的所有收入，即包含超重行李收入、来自有偿机舱服务和其他航空出行相关产品销售与增值服务的收入，都算作辅营收入。

（二）辅营产品的分类

航空公司的辅营产品可以分为五大类。一是常旅客计划，主要包括向合作伙伴销售里程或积分，合作伙伴有连锁酒店、租车公司、联名信用卡服务商、网上商城服务商、零售商和通信服务商，也包括直接向常旅客出售里程或积分。二是菜单式服务，主要包括旅客自主添加的便利设施或服务，如食品和饮料的机上销售、行李托运、座位优选（如紧急通道座位）、呼叫中心预订服务、信用卡或借记卡购物收费、优先登机和值机、提前登机权益、机载娱乐系统、空中无线网络等。三是佣金类产品，主要包括航空公司销售酒店、租车和旅行保险的佣金。四是广告类收入，主要包括所有同旅客出行相关的广告活动，如机上广告，机舱、廊桥、登机口区域和机场休息室的广告，商品或样品展示。五是捆绑式费用，主要包括组合产品或捆绑服务的一部分收入，如托运行李、提前登机和有额外伸腿空间的座位。

根据旅客出行流程和服务场景的不同，我们可以将辅营产品分为三大类：地面服务类、客舱服务类、增值服务类（见表6-1）。在这三类辅营产品中，行李服务、预订选座、机上销售、酒店租车、常旅客计划是最受旅客欢迎、业务规模最大的辅营产品。

表 6-1　辅营产品的分类

辅营产品的类别	辅营产品
地面服务类	行李服务、机场接送及地面交通、机场休息室、提前登机及优先登机、机场快速通道、机场停车、机场机票打印、机场私人定制服务、航站楼租赁等
客舱服务类	机上销售、机上娱乐、宠物运输、未成年人照料、空中沙发、机上氧气、婴儿车上机及固定等
增值服务类	会员权益、常旅客计划、品牌运价、预订选座、座位分配及腿部空间、中间空座、酒店及汽车租赁、假期套餐及旅行社服务、改退签票价冻结、延时付款、准点保障、网上商城、联名信用卡、大企业客户计划、友商服务、保险、无限飞通行证等

实际上，每家航空公司在发展辅营产品上的侧重点不尽相同。比如，廉价航空公司在菜单式项目中的收入是最主要的，传统的全服务航空公司的辅营产品收入主要来源于常旅客计划和捆绑服务销售。基于这一点，海南航空控股股份有限公司（简称海南航空）根据自身辅营产品发展现状和公司的重视程度，对相关产品做了简单分类：核心溢价产品和其他辅营产品。

核心溢价产品主要包括"一舱多价"、"智选经济舱"（Q舱）、"超级经济舱"（W/B舱）以及中间舱溢价类产品。此类产品明显的特征就是具有相同的舱位代码，旅客在购买时，因选择的服务不同或者当时航空公司销售的最低价格舱位不同，所需要支付的价格也迥然不同。核心溢价产品是海南航空辅营收入的重要来源，在市场推广前期，这也是最容易引起旅客投诉的产品。

其他辅营产品主要包括预付费行李、付费选座、航空保险、登机口升舱、辅营商城等产品。这类产品种类有限，发展空间也有限，因此海南航空近年来大力发展核心溢价产品，同时弱化对其他辅营产品的考核。

作为核心溢价产品的代表，"智选经济舱"产品备受海南航空和市场瞩目。例如，在海南航空"智选经济舱"产品操作规定（代理人版）中，"智选经济舱"产品被定义为，海南航空为旅客提供多元化增值服务而设计的辅营产品，购买该产品的旅客可额外享受以下增值服务权益：前排选座，即旅客可以提前选择经济舱第二排及以后的前排座位，上下机更加快速便捷；优先登机，即购买了北京、海口、西安、太原出港航班"智选经济舱"的旅客在登机口向工作人员出示登机牌即可优先登机；优惠退改，即旅客可以享受更优惠的退改费率，在航班起飞前7天，"智选经济舱"的机票改期不会收取费用，退票仅收取票价的5%，即使接近起飞时间退改，"智选经济舱"的退改费率也十分优惠；额外积分奖励，即旅客在获得常规消费积分奖励的基础上，每消费10元，可以额外获得2个消费积分作为奖励。

"智选经济舱"产品价格以该航班经济舱对外开放最低散客舱位（限制在特价舱位及以上舱位）价格为上浮判断依据，且价格不得高于航线经济舱公布的普通票价。具体销售价格以航线公布普通票价为梯度，分层次确定附加销售价格，详细内容如表6-2所示。签约代理商销售代理费为80元/航段。

第六章 航空公司产品策略

表 6-2 海南航空"智选经济舱"产品定价

经济舱公布普通票价（Y）	适用最低开放舱位	产品上浮价格
Y≥2500 元	H/K/L/M/X/V/N/A/U/U1/U2/T/T1/T2	430 元
2500 元＞Y≥2000 元	H/K/L/M/X/V/N/A/U/U1/U2/T/T1/T2	320 元
2000 元＞Y≥1500 元	K/L/M/X/V/N/A/U/U1/U2/T/T1/T2	290 元
1500 元＞Y≥1000 元	K/L/M/X/V/N/A/U/U1/U2/T/T1/T2	220 元
1000 元＞Y≥800 元	L/M/X/V/N/A/U/U1/U2/T/T1/T2	200 元
800 元＞Y≥510 元	M/X/V/N/A/U/U1/U2/T/T1/T2	140 元

此前，"智选经济舱"定价标准是根据航线公布普通票价的 20% 上浮定价，相比较而言，新的产品定价模式更有利于产品发展。一方面，新的定价标准提高了短程航线产品的价格，同时降低了长距离航线产品的价格，有利于促进长距离航线产品的销售；另一方面，新的定价标准限制了产品最低上浮价格为 140 元，高于之前标准下产品最低上浮价格 100 元（510 元×20%≈100 元），扣除渠道商销售代理费 80 元后，航空公司的利润提升。

 二、航空公司辅营产品开发策略

（一）产品策略优化

目前，多数辅营产品的生命周期趋于或者已经处于成熟期，因此，对应的优化策略首先是延长产品成熟期，可以通过市场改良和改善产品等方式实现。此外，航空公司要不断设计新的辅营产品，丰富产品链，保证辅营产品在迭代和更新过程中不会出现缺失，通过不断研发、创新辅营产品，形成航空公司自身的辅营产品核心竞争力。表 6-3 中是笔者整理的海南航空目前主要的辅营产品清单，作为辅营收入重要来源的核心溢价产品种类较少，需要持续更新这类产品和服务。因此，在产品策略优化中，海南航空可以核心溢价产品为重点。

表 6-3 海南航空主要辅营产品清单

辅营产品分类	产品名称	简要说明
核心溢价产品	一舱多价产品	此类辅营产品的明显特征是具有相同的舱位代码；因选择的服务不同或者购买时基础舱最低价格不同，旅客需要支付的价格不同；核心溢价产品是海南航空辅营收入的重要来源
	"智选经济舱"产品（Q舱）	
	"超级经济舱"产品（W/E舱）	
	"机+酒"产品	
	中间舱溢价类产品	

续表

辅营产品分类	产品名称	简要说明
其他辅营产品	预付费行李	这类产品通常以"主舱位+英文字母"的双舱位形式呈现,这种形式限制了辅营产品的发展,也限制了辅营产品的种类;目前,海南航空弱化了对此类辅营产品的考核和推广;辅营商城等产品主要与会员积分、积分购买、积分兑换、积分消费等相关
	付费选座	
	航空保险	
	登机口升舱	
	会员休息室	
	优享积分	
	优享专车券	
	车接机/车送机服务	
	辅营商城	

1. 产品可靠性与服务灵活性齐头并进

目前,航空公司辅营产品主要存在两个问题:一是产品缺乏核心竞争力,二是产品可靠性较差。通过前文的分析我们知道,在确定产品定位后,在服务过程中航空公司还要确保产品具有可靠性,因此,产品定位与产品可靠性的紧密协调与有效平衡显得特别重要。比如,"智选经济舱"产品的基本权益大多属于标准化服务(额外积分奖励、退票和变更手续费优惠),这些服务只有依靠航空公司的标准流程才能得到有效保障;而提前选择经济舱第二排及以后的前排座位的服务灵活性相对较高,一旦出现无前排座位可选或者旅客感到不满意时,值机人员便可以根据旅客的实际情况,将旅客安排在应急出口处的座位,使旅客享受较为宽敞的腿部空间。

在"机+酒"产品中,机票行程和酒店入住服务都是标准化流程,但是在二者之外会存在较为灵活的服务空间,比如发票可以选择整体开或者单独开,在飞机落地前为旅客提供入住酒店的游泳、健身、美食以及周边信息分享等,这些体贴独到的人性化服务能体现"机+酒"这项辅营产品的差异化价值。通过这种"标准化服务权益+个别灵活性服务"模式,航空公司可以有效规避竞争者模仿,在保证辅营产品可靠性的基础上,提升服务差异化水平,进而形成促进自身发展的核心竞争力。

2. 着力推进固有产品的新市场开发

在原有的市场内,处于成熟期的产品市场份额很难再有提升空间,市场竞争异常激烈,因此,航空公司可以通过寻找并开发未被重视的细分市场,凭借产品原有的功能和品质赢得新市场的青睐,实现业绩提升。随着"一带一路"倡议不断走向深入,中国与相关国家和地区的往来会越来越密切,旅客也会有更加强烈的个性化出行需求。所以,航空公司可以紧跟国家政策,加强"一带一路"航线网络建设,探索种类更加丰富的产品市场。

3. 基于市场需求,提升产品研发和创新能力

目前,海南航空辅营产品数量很多,但是真正具有创新价值的辅营产品极少,很多辅

营产品是从国外相关产品直接借鉴过来的。虽然这种方式能节省很多人力、物力，也能最大限度地规避产品投放市场后无人问津的问题，然而，其中的风险是显而易见的：企业若没有自己的研发和创新能力，没有专业的团队，一定是走不远的。产品研发和创新的基础是市场需求。有了这种研发和创新能力，企业才能使逐渐进入衰退期的产品迅速更新，并设计出符合目标市场需求的产品，在目标市场上形成核心竞争力，进而形成研发壁垒，巩固已有市场的份额和利益。因此，海南航空需要从产品营销人员中选拔人才，组建一支敢于创新、勇于探索、积极拼搏的专业产品研发团队，直接对辅营产品的研发和营销负责，形成自己的核心竞争力。

4. 提供辅营产品延伸服务

对于已经进入成熟期的辅营产品，除了开拓新的市场，就是延伸辅营产品的服务，更新并优化现有产品的功能或品质等，将产品打包成崭新的形态推向市场，继续服务于原有市场，通过产品服务延伸后的优势抢占竞争者的市场份额。

海南航空的"智选经济舱"就应用了这种策略，市场效果很好。该产品最开始是以W舱为载体，在市场上销售了很长时间，后来销售量提升之力，海南航空经过市场调研发现产品功能单一，因为一些公务出差频繁的企业认为该产品超出了正常经济舱机票的报销范畴，一部分公商务客源丢失。为了及时解决这个问题，海南航空市场营销人员通过分析客户需求和现实阻碍，最终把"智选经济舱"产品载体改成Q舱，产品服务增加了退改签政策优惠。退改签政策优惠幅度不大，但是解决了公商务旅客无法报销的问题，延伸服务后的Q舱销售获得重大突破。

5. 优化高低端产品搭配，凸显高价值辅营产品服务

产品能不能被市场广泛接受，是否"物超所值"很重要。当然，这里的"物超所值"只是消费者的一种心理感知，会受很多因素影响，其中，比较心理是一种非常好的让客户感到"物超所值"的方式。因此，航空公司在开发高附加值的产品的同时，必须设计一个同等价位、品质略低或者服务近似、价格过高的产品，从而形成感官和服务差距。这种"低档"产品的价值不在于服务了多少客户，而是衬托目标产品的优势。

（二）人员策略优化

海南航空的人员策略优化尤为重要。人员会直接参与旅客服务的每个环节，因此人员的每个细节都可能会影响旅客的服务评价。海南航空曾做过服务质量调查问卷，结果显示，辅营产品可靠性问题最为突出，具体表现在"辅营产品服务人员能正确记录相关服务"方面的评价最低，所以，人员的整体职业素质需要进一步提升。

1. 提升人员素质

人员是企业赖以发展的核心资本，高素质的人员不仅会为企业业务发展带来有利影响，而且会在服务过程中用他们的技能、服务形象和沟通能力展现企业的价值，是企业的"活广告"。正是这种热情、高品质的服务，才是海南航空立身民航服务业的核心竞争力。

海南航空从细节处展现对辅营产品客户的尊重，如空乘人员在飞机上为"智选经济舱"客户服务时采用敬称，会让旅客倍感亲切。最重要的是，以往在"正确记录相关服务"方面，海南航空人员表现出的问题最为突出，因此在培训和管理中海南航空重点提升人员对产品细节的掌握水平，强化服务人员及时准确记录、反馈旅客服务需求的能力，提升旅客对服务的满意度。

2. 提升客户参与感，提高客户忠诚度

辅营产品的服务分为前、中、后三个阶段，在不同的阶段，航空公司都要加强与旅客的互动，提升他们服务价值共创的参与感。比如，营销人员可以策划一项评选活动，评选出年度辅营产品消费金额排名前100的旅客，根据排名给予旅客对应的会员等级升级、保级或积分奖励，参与活动内容分享和讨论的旅客有机会参与公司辅营产品的设计。旅客的创意被采纳后，该旅客会有机会获得海南航空辅营产品"特邀大使"称号。

激励旅客参与的形式有很多种，小到拍摄一张人员认真服务的照片，在社交平台分享一次辅营产品体验，这些都可以成为连接产品与旅客的纽带。所以，服务人员和营销人员要努力探索与旅客建立互动的途径和方法。

3. 增强人员的差异化服务能力

产品服务的标准化，是保证服务质量的重要内容；与此同时，产品的创新离不开差异化的服务。因此，在保证产品标准服务流程的基础上，航空公司需要适当增强人员的服务自主性，这可以有效增强旅客对辅营产品的服务差异化感知程度，在无形中提升产品的创新形态，提高辅营服务的不可模仿性和不可替代性。

在海南航空，购买"智选经济舱"等辅营产品的客户在获得标准的额外座位空间等服务的前提下，乘务人员在公务舱有剩余座位的情况下，可以优先安排这类旅客升舱；或者在不影响服务品质的情况下，单独为"智选经济舱"旅客提供更多餐食、饮料的选择，不增加服务成本，同时让旅客享受到不一样的礼遇。人员提供的自主性和差异化服务可以增强辅营产品的市场竞争力。这种自主性和差异化服务不仅需要航空公司的制度支持，而且需要相关人员具备高水平的服务意识和能力。

4. 组建产品运营团队

由专人负责辅营产品开发和运营，能提升航空公司的服务品质。目前，海南航空辅营产品的管理较为混乱，产品交叉管理的情况经常出现，这就导致同一个产品有过多人员干预，使得他们互相推诿某些工作或者一些人员故意无视问题。同样，有些产品又缺乏人员去监管服务的全流程，造成服务品质下降。因此，组建产品运营团队可以有效减少管理混乱现象，提高工作效率。

（三）有形展示策略优化

航空公司为旅客提供的服务虽然是无形的，但是在实际的服务过程中，人员需要借助物理工具向旅客传递服务价值，将无形的服务转变成有形的价值形态，帮助现有旅客或者有潜在购买需求的旅客提供服务便利，为客户创造亲切感、充实感，提升客户对服务的满意度。

1. 服务场所设计符合产品营销的需求

海南航空辅营产品服务场所的设计采用了统一的标准，所有辅营产品服务场所在装修风格上都具有一致性，如飞机上使用统一的图形和文字，辅营产品售票处设立在醒目的位置，在候机楼大厅上设置统一规范的服务标识。标识的大小、方位、字体以及颜色等合理搭配，鲜艳醒目，能不断加强旅客对海南航空和辅营产品的认知，达到良好的宣传效果。服务场所颜色主要为素色，符合高端商务旅客的喜好，为旅客创造端庄稳重的氛围。

2. 合理设计辅营产品标志

海南航空为不同的辅营产品分别设计了标志。在客舱中，乘务人员根据旅客登机牌上独特的产品标志，为旅客发放对应的小礼品，让旅客有了一种被特别优待、被特别关注、被特别尊重的感受，这是旅客服务体验的重要影响因素，可以增强旅客对服务的认同感。

同时，旅客使用或者携带印有海南航空产品标志的礼品（挂件、贴画等），可以实现产品的二次营销，并在社会公众当中形成口碑传播，达到提升航空公司品牌形象的效果。

经典案例6-1

航空公司创新特色客舱服务

2022年中秋节假期前夕，中国东方航空公司（简称东方航空）在新浪微博发布了一则"赏月航班"攻略："今年中秋节，东方航空在全国的可赏月航班大致有800班（含联航）。中秋节前后，旅客可选择在18时40分至20时南北向巡航的航班上欣赏月升。"为激发旅客的出行意愿，各大航空公司纷纷使出浑身解数：有的带领旅客探索"彩云追月"，有的携手美食品牌研发创意菜式，有的自编歌舞，将跨界玩出新高度……这些年来，航空公司在客舱服务上不断创新，让旅客在百米高空也能体验到丰富多彩的民航服务。

一、乘坐"赏月航班"，万米高空揽月入怀

赏月是中秋节的传统习俗。在万米高空近距离观赏皎皎明月，是一种怎样的体验？"赏月航班"是航空公司新近提出的产品概念，指中秋节晚间旅客在飞机上近距离欣赏月景。

天文资料显示，2022年9月8日2时19分，月亮过近地点，距地球只有364563千米。因此2022年的中秋月是自2014年以来月亮最明亮的中秋月，还是标准的"十五的月亮十五圆"。为此，多家航空公司推出"赏月航班"，相关词条也在中秋节前夕登上微博热搜榜。根据飞常准大数据，2022年中秋节当天（9月10日）18时至24时，全国计划执飞的"赏月航班"达1607班，夜间航班搜索量和预订量均实现两位数增长。其中，东方航空和中国南方航空集团有限公司（简称南方航空）的"赏月航班"数量最多，票价从百元到千元不等，与寻常航班相比，"赏月航班"票价并无显著差异。

作为国内较早开展中秋节高空赏月活动的航空公司，春秋航空股份有限公司（简称春秋航空）也提前发布了详细的"赏月航班"攻略。在其微信公众号上，春秋航空推荐了40余条最佳赏月航线，涵盖广州、上海、杭州等旅游热点城市。西部航空有限责任公司（简称西部航空）则推出了提供最佳赏月座位的增值服务。其在宣传推文中写道："乘机当日，旅客在当地机场西部航空值机柜台购买地面尊享产品，可享高空揽月专座。"

要想以最佳角度观赏月亮，座位选择确实有讲究。业内人士介绍，月亮东升西落，投影地球上的纬度在中国南边。因此，自东向西以及自北向南飞行的航班，客舱左侧靠窗是最佳赏月位置；自西向东以及自南向北飞行的航班，客舱右侧靠窗是最佳赏月位置。此外，应尽量避开机翼附近位置，因为机翼较宽，赏月视线易受遮挡。

实际上，"赏月航班"本质上仍是正常起降的航班。一位民航专家说："这只是一个宣传手段。航空公司会把中秋节晚上的航班信息列出来，但能否赏月还受到飞行高度、云层云量以及座位等因素影响。"其实，"赏月航班"是航空公司为满足市场需求而采用的一种节日营销方式。就像国外航空公司推出的无目的地航班那样，将飞行当作目的，而不是作为交通工具。

二、发起美食攻势，共享视觉和味觉双重盛宴

每逢春节、中秋节、端午节这样的传统节日，航空公司都会在美食上下足功夫，花式"整活儿"。

2022年中秋节，国内多家航空公司在航班上配备了月饼，这些月饼不仅美味可口，而且外观精致典雅。中秋节前夕，华夏航空股份有限公司（简称华夏航空）旗下华夏典藏电子商务有限公司与4家中华老字号月饼企业合作，推出了4款不同口味的月饼，通过汇集天南地北的传统风味，增强机上旅客对中华传统文化的认同感。东方航空乘务组在中秋节当天特地为出行旅客准备了节日特色餐饮，"东航那杯茶"搭配各种口味的月饼，消食解腻，体现了满满的真情实意。当日搭乘东航头等舱、公务舱出行的旅客，如果选择配餐时段从上海出港的航班，就可以在万米高空中品尝冰皮月饼。经济舱旅客也有机会在安排配餐的东方航空航班上享用豆沙、五仁、玫瑰花等口味的月饼。东方航空还为从北京大兴国际机场出港的两位旅客送上"斑斓芝士"熊猫月饼。这款首次亮相航班的新品月饼造型时尚新颖，味道可口，堪称视觉与味觉的双重盛宴。

中国国际航空公司（简称国航）联手冰激凌品牌哈根达斯，继续推出中秋节日甜品——月饼冰激凌，以进一步提升国航机上餐食品质与旅客满意度。2022年9月10日至11日中秋节假期间，在正餐时段乘坐北京、成都、上海、杭州、重庆、天津出港航班的全舱位旅客，都在机上品尝到了经典牛乳或巧克力口味的月饼冰激凌。同时，针对长沙、厦门、南京等39个国内站点，国航在正餐时段准备了蛋黄、白莲蓉、云腿等常规口味月饼，力图融合经典与时尚，为出行旅客提供更加美好的节日机上用餐体验。

厦门航空有限公司（简称厦门航空）、深圳航空有限责任公司（简称深圳航空）还另辟蹊径，以茶待客，传递祝福。厦门航空推出了天际茶道"秋·韵浓"茶宴四道式服务产品，将传统茶文化与现代客舱服务相结合，旨在推行引领行业趋势的客舱服务新模式。深圳航空推出了机上"云栖茶文化"产品，英式早餐红茶、正山小种、茉莉花茶等各式茶品茶暖意浓。

三、开展主题航班活动，让传统文化走进客舱

2022年中秋佳节恰好与第38个教师节邂逅，各航空公司组织开展了一系列主题航班活动，与旅客相聚云端，致敬师长，举杯邀月，同庆双节。

南方航空北方分公司从9月9日起便在多个航班上开展了"共赏云端月，桃李谢师恩"机上主题活动。乘务组通过"木棉香茗品月圆""木棉祈福畅诗篇""木棉祝福谢师恩"三个活动篇章，与旅客欢庆双节，共享月圆之旅。在距离月亮最近的飞机客舱里，乘务员身着传统服装，装扮成嫦娥，伴随乐曲翩翩而至。旅客们写贺卡、猜灯谜、赏灯笼，欢乐祥和的节日气氛洋溢在整个客舱内。

"当中秋节与教师节撞个满怀，一轮皓月让秋思与感恩相遇。值此佳节，我谨代表全体机组成员，祝愿花长好、人长健、月长圆！"中秋节当天，东方航空西北分公司为所有从西安空港始发的航班旅客准备了登机问候、定制广播、"隐藏款"特色制服等，并鼓励旅客咏唱与月亮有关的歌曲。大家踊跃参与，合影留念，彼此的情感在如水的月光中升华。

各家航空公司通过推出形式丰富、颇具意义的主题航班活动，让中国传统文化元素走进客舱、走近旅客，打造独具特色的航空品牌形象，同时也获得了众多旅客的认可和好评。

2022年中秋节前夕，为了增强旅客对中华传统文化的认同感，华夏航空以"天南地北'近'相联，旅途归人'近'相聚，真情服务'近'相守"为主题策划了相关客舱活动。乘务组为参加活动的旅客送上了华夏航空的定制机模及月饼礼盒。在天津航空有限责任公司（简称天津航空）的航班上，身着古典旗袍的乘务员邀请旅客一起制作灯笼，一起吟诗，感受穿越千年的文化底蕴。一首首意境深远的诗词既增强了文化自信，也传承了历史文脉。在8L9864（盐城—昆明）航班上，云南祥鹏航空有限责任公司（简称祥鹏航空）的乘务员身着汉服，向旅客们讲解、展示了各式各样的古代礼节。很多旅客兴致勃勃地跟着乘务员的讲解，一同温习天揖礼、时揖礼、平揖礼等，欢声笑语充满了客舱的每个角落。在Y87529（深圳—郑州）航班上，金鹏航空有限责任公司（简称金鹏航空）乘务组还邀请旅客参加"点灯"仪式，借此向广大旅客以及全国的教育工作者致以最诚挚的祝福。海南航空控股股份有限公司（简称海南航空）乘务组也为机上旅客奉上了寓意美满的团扇。手绘丹青，渲染秋情，大家在团扇上书写祈愿，共同领略博大精深的中华传统文化。

资料来源：《特色客舱服务 航企"卷"翻天》（http://www.caacnews.com.cn/1/tbtj_/202209/t20220919_1353492.html），有改动。

阅读并思考：
（1）特色客舱服务属于辅营产品吗？
（2）特色客舱服务对航空公司的产品开发有什么启示？

【综合实训】
　　请同学们分组讨论自己接触过或者了解过的航空公司的特色服务，分析这些服务产品为航空公司带来的影响。

本章小结

　　在现代市场营销学中，产品概念具有极其宽广的外延和丰富的内涵。产品一般是指通过交换提供给市场的，能满足消费者或用户某一需要和欲望的任何有形物品和无形服务的总称。根据产品不同的特征及定义，人们为产品做了不同的分类。根据产品的使用寿命和产品是否有形，我们可以将产品分为三类：非耐用品、耐用品、劳务。根据消费者的购买行为和购买习惯，我们可以将产品分为便利品、选购品、特殊品和非渴求品四类。各类产业组织需要购买各种各样的产品和服务，我们据此可以把产品分成三类：材料和部件、资本项目以及供应品和服务。现代市场营销理论认为，产品整体包含核心产品、形式产品和外延产品三个层次。通过对航空产品进行分析，我们可以将其归入物流产业范畴，这是因为航空产品为消费者提供位移服务。

　　随着信息化、智能化的普及，航空公司也在推出更多特色高端服务，使自身服务不断更新换代。本章主要对个性化推荐引擎和区块链技术在航空服务中的应用进行了扼要介绍。使用个性化推荐引擎的主要目的是解决信息过载、择优选择的问题，其本质是通过对消费者的历史活动记录进行分析后得出消费者的兴趣、特点等信息，进而主动为消费者推荐其感兴趣的产品、服务或信息，即把合适的产品、服务或信息以适合的价格或方式在恰当的时机推送给真正需要的客户，它包含产品、客户、渠道和规则4个核心要素。区块链作为新一代互联网的战略支撑技术，将在航空公司与商户之间的会员积分体系合作中发挥独特的作用，解决传统积分合作模式中普遍存在的痛点与问题，它具有可溯源、不可篡改、去中心化的特点。

航空公司的辅营收入主要指除直接向旅客售卖机票之外的收入，以及在航空旅行过程中提供服务的间接收入。也有航空公司把客运、货运收入以外的所有收入，即包含超重行李收入、来自有偿机舱服务和其他航空出行相关产品销售与增值服务的收入，都算作辅营收入。航空公司的辅营产品可以分为五大类：常旅客计划、菜单式服务、佣金类产品、广告类收入、捆绑式费用。根据旅客出行流程和服务场景的不同，我们可以将辅营产品分为三大类：地面服务类、客舱服务类、增值服务类。

中英文专业名词对照

产品 Product
商务智能 Business Intelligence
核心产品 Core Product
区块链 Blockchain
形式产品 Form Product
积分兑换 Credit Exchange
辅营产品 Auxiliary Product
附加价值 Added Value
辅营收入 Auxiliary Revenue
个性化推荐引擎 Personalized Recommendation Engine
辅营业务 Auxiliary Business
个性化场景 Personalized Scene

思考题

（1）产品的概念是什么？有哪些类型？
（2）产品整体概念有哪些内容？
（3）航空公司辅营产品的开发策略有哪些？

第七章
航空公司定价策略

价格是市场营销组合中一个十分敏感而又难以控制的因素，直接关系着市场对产品的接受程度，影响着市场需求和企业利润，涉及生产者、经营者、消费者等各方面的利益。虽然在现代市场上非价格因素正逐渐被人们重视，但由于消费者想用最低的成本购买最大价值产品的追求一直没有改变，价格始终是一种非常重要的竞争手段。这对于航空公司来说更是如此，航空公司要采取合适的定价策略，其产品才能既被消费者接受，又为企业增加利润。定价策略是市场营销组合策略中非常重要的组成部分。

学习重难点

1. 重点
（1）了解影响航空公司定价的主要因素。
（2）理解航空公司定价的一般方法。

2. 难点
（1）掌握航空公司定价的基本策略。

航空公司的动态定价是什么？

航空公司经常被当作推行动态定价的先驱者，因为早在二十世纪八九十年代，航空公司就开始以不同的价格提供相同的产品。然而，进入二十一世纪，其他线上零售商利用新技术与数据驱动策略，已经把动态定价提升到了一个全新的水平。虽然动态定价通常被人们当作企业在不同价格点上提供产品的能力，但事实上，它是一套不断发展的定价策略，可以根据各种标准实时且动态地确定价格。

许多航空公司在机票定价方面经验老到，但在新产品的定价方面不够成熟，这主要是由于当前定价系统的功能不完善。航空公司的定价系统是为传统机票销售而设计的，一般来说不适用于数字产品和服务。

在机票定价方面，航空公司也开始探索利用新技术来优化基于当前需求的定价策略，并探索采用个性化定价的方法。

传统的动态定价是通过对不同销售渠道的数据进行回顾性分析来实现的，这使得动态定价系统能够通过观察周期性或季节性模式来预测市场需求。与静态定价相比，动态定价的方法是有效的，但也存在一些不足。销售数据虽然是市场需求的一个很好的估计量，但并不能反映出任何时间内可能影响需求的所有因素。它还严重依赖在市场稳定时可靠的周期性和季节性模式。但是，当市场因为不稳定而变得不可预测时，传统的动态定价就变得不那么可靠了。

现代动态定价方案采用最新的技术和算法生成实时动态价格，可利用多个数据源更准确地预估市场需求，根据需求来确定当前卖家提供的价格，消除市场需求变化与互惠定价变化之间的时间差，对当前的市场需求有更准确的预估，为最先接受创新理念的人提供竞争优势。

随着技术的进步，无论从伸缩性的角度还是利用机器学习算法来改进需求预估方面，动态定价的方法已经发生了改变。例如，分布式集群计算平台的出现使机器学习算法得以进入主流应用程序，而这些算法在以前是非常昂贵的。这些平台利用基于云技术的基础设施，将所需的计算分解，然后以大规模并行的方式进行处理。

对航空公司来说，从几十年来基本保持不变的现有定价体系过渡到新的动态定价方案，可能是一个让人望而生畏的过程。在机票定价方面，现有定价体系和标准嵌入了航空公司直接与间接的销售渠道之中。对于其他产品，航空公司往往有相对基础的定价系统，无法满足动态定价的技术要求。

我们看到在这个领域呈现出了一些趋势。对于嵌入航空公司销售渠道的定价系统，动态定价可以作为当前方案的附加功能。在这种情况下，动态价格可以表示为在标准公开价格基础上的动态加价或减价。如此一来，不仅动态定价的优势得以发挥，而且避免了置换深度集成系统所带来的复杂操作。

对于其他产品，如果当前的定价系统是基础或者没有深入集成到航空公司的基础设施中，用新的动态定价方案来替换当前的定价方案以实现定价功能的升级会更可行。

资料来源：《航空动态定价：用先进数据科技获最优定价策略》（https：//www.163.com/air/article/DMMB8ENI000181O6.html），有改动。

课堂讨论:
(1) 什么是动态定价?
(2) 传统的动态定价有何不足?
(3) 阐述现代动态定价方案的操作原理。

第一节 影响航空公司定价的主要因素

一般来说,管理者可以通过四个杠杆来提升企业的盈利能力:销量、成本、渠道和价格。当某个管理者不断提升广告预算以获取更大的市场份额时,他是在拉动销量杠杆;当他通过寻求一种更低廉的方式来获得原材料或精简部门和人员时,他是在拉动成本杠杆;当他拓展分销渠道或精选分销商时,他是在拉动渠道杠杆。如今,企业面临更多的挑战,更高的生产成本、更激烈的市场竞争、更多元的顾客需求等使企业通过销量、成本、渠道这些杠杆来提升盈利水平显得越来越困难。研究表明,拉动价格杠杆是提升企业盈利能力最有效的途径之一,其中就涉及定价。影响企业定价的因素主要有以下几个。

一、定价目标

企业的定价目标是以满足市场需要和实现企业盈利为基础的,它是实现企业经营总目标的保证和手段,是企业定价策略和定价方法的依据。定价目标有三类。第一类是利润目标,如以短期利润、长期利润、高利润率和"满意"利润率为定价目标。第二类是市场目标,如以增加销售量、长期市场渗透为定价目标。第三类是竞争目标,如以树立竞争领先者地位、以维持均衡态势竞争格局、以发动进攻或应对对手的进攻为定价目标。定价目标不同,价格策略也不同。总的来说,取决于企业经营目标的企业定价目标主要有以下几种。

(一) 生存

当产品还没有被消费者充分接受,或者企业面临竞争激烈的市场环境,或者消费者的需求发生改变时,企业会以维持生存作为定价目标。这时,企业产品难以按正常价格出售,企业会以保本价格,甚至以能够弥补可变成本和一些固定成本的价格出售产品。以维持生存作为定价目标,通常是企业处于不利环境中实行的一种缓兵之计,一旦出现转机,维持生存将很快被其他目标代替。

（二）追求利润最大化

追求利润最大化的企业在确定产品价格的时候，主要考虑确定的价格是否可以获得最大的利润。企业的最终目的是盈利，因此，追求利润最大化是企业的长期定价目标，企业还需要选择适应特定环境的短期目标来确定价格。

利润的最大化并不是收入的最大化，因为利润的取得是收入和成本共同作用的结果。以追求利润最大化为定价目标的企业在确定价格的时候，一定要估计市场需求和成本。利润最大化取决于由合理价格推动的销售规模，因而追求利润最大化的定价目标并不意味着企业要制定最高的单价。

（三）实现预期的投资收益率

将实现预期的投资收益率作为目标的企业一般强调预期收益水平。企业投入一定的资金后，希望得到预期的收益率。在投资不变的条件下，价格高低决定收益，这样价格也就决定着企业投资收益率的大小。也就是说，投资收益率的确定与价格水平直接相关。企业的具体情况不同，预期的投资收益率也有所不同。通常，预期的投资收益率一般都高于银行利率。确定预期投资收益率时，企业需要考虑以下几个要素：企业的资本成本、行业的平均投资收益率、投资回收期等。

（四）实现销售增长率

有些企业希望产品销售实现最大增长率，这样产品单位成本会快速下降，才能为企业带来较高的利润，这一点在新产品进入市场以后的一段时期内表现得最为明显。企业通常利用低价格来提升销售增长率。

（五）提高市场占有率

市场占有率是企业经营状况和产品竞争力状况的综合反映。较高的市场占有率易于形成企业长期控制市场和价格的垄断能力，从而提高企业利润率。因此，提高市场占有率通常是企业普遍采用的定价目标。在此目标下，企业或以渗透策略打入市场，开拓销路，逐步占领市场；或以快速撇脂策略进入市场。以提高市场占有率为定价目标，在短期内会影响企业利润。

（六）服务质量最优化

采取差异化竞争的企业在运营和市场营销过程中始终保持服务质量最优化。质量最优化会带来高成本，这就要求企业用高价格产品来弥补。

二、产品成本

产品成本是营销定价的基础，是产品价格的最低经济界限。一般来说，产品价格必须

能补偿产品生产及市场营销活动中的所有支出，并补偿企业为经营该产品所承担的风险支出。尽管在营销活动中，有些企业在特殊时期采取了低于成本的定价，但这种定价是不能长期维持的，其很可能被视为倾销行为。从经济决策的相关成本和非相关成本的角度，我们可以把产品成本分为以下几类。

（一）机会成本与会计成本

机会成本的经济学定义是：如果一项资源，既能用于甲用途，又能用于乙用途，那么资源用于甲用途的机会成本就是资源用于次好的、被放弃的其他用途本来可以得到的净收入。

这一成本概念与会计人员所说的成本概念有本质不同。会计人员只记录实际发生的各种费用，即会计成本；机会成本是一种可能的收入损失，并不是企业的实际支出，会计人员不会记录它们。但从决策的角度看，机会成本的概念更能帮助企业的决策者做出正确的选择。

（二）增量成本与沉没成本

根据成本与特定决策的相关性，我们可以将成本分为增量成本和沉没成本。增量成本是指因做出某项决策而引起的全部成本的变化量。沉没成本是指不因某项决策而变化的成本。一个成本项目属于增量成本还是沉没成本，取决于特定决策。例如，当决策是加班或包机，飞机的起降费是增量成本，应当包括在决策成本之内；当决策是既定航班是否接受一批团体旅客，飞机的起降费就是沉没成本，航空公司不必考虑起降费。

（三）固定成本与变动成本

根据成本与产量的关系，我们可以将成本简单划分为固定成本和变动成本两大类。固定成本是指在相关产量范围内不随产量而变化的成本。变动成本是指在相关产量范围内随产量而变动的成本。如果我们详细考察成本随产量的变化规律，会发现还有一些成本可称为半固定成本（或半变动成本）。例如，我们一般认为，航空公司购买飞机的成本是固定成本，但这也只是在特定的产量范围内，如果产量增加到一定程度，航空公司要想继续增加产量，就必须新增运力，购买飞机的成本就会随产量的变化而变化，此时购机成本就成为可变成本了。

将成本按照与产量的关系划分为固定成本和变动成本的重要作用，是通过对产量、成本、利润间关系的分析，确定盈亏平衡生产量和目标利润生产量，航空公司可据此分析和判断企业的盈亏水平。盈亏平衡客座率是航空公司常用的指标，但航空公司的管理者对它要有正确的理解和认识。

（四）边际成本

边际成本是每增加单位产品产量而引起总成本变动的数值，是分析航空公司利润是否优化的重要指标。在一定产量的基础上，最后增加的那个产品所花费的成本会引起总成本的增量，这个增量即边际成本。企业可以根据边际成本等于边际收益的原则，以寻求利润最大的均衡产量；同时，企业依据边际成本确定产品价格，能使社会资源得到合理利用。

从航空公司边际成本和平均成本的关系来看，如果航空公司根据边际成本定价，很可能无法保证航班盈利。由于边际成本一般都随产量发生变化，且低于平均成本，这样以边际成本定价的航班收入就导致航空公司无法收回全部成本，无法保证航班盈亏平衡。

三、市场需求

在市场经济中，价值规律是商品经济的基本规律，价格围绕价值上下波动是价值规律的表现形式，供求关系是影响价格波动的因素之一。因此，在确定航空产品价格时，必须考虑市场供求关系对价格的影响。

（一）航空市场需求与产品价格的关系

在航空市场中，市场需求总是相对市场供给而言的，供给与需求既是市场的基本内容，又是市场中最基本的关系，这一关系表现为航空公司与旅客（货主）双方买卖的经济关系。

所谓航空市场供给，是指航空公司在一定时间内和一定价格的前提下，为旅客或货主提供一定的座位、吨位和劳务。所谓航空市场需求，是指旅客或货主在一定的价格条件下，愿意购买并具有支付能力的一种需求。市场上的各种原因都会引起需求的波动，形成需求曲线。

1. 需求曲线

需求曲线是一种描述旅客或货主在任意给定价格下对航空产品需求量的曲线。如图 7-1 所示，P 代表价格，Q 代表需求量，D 代表需求曲线。

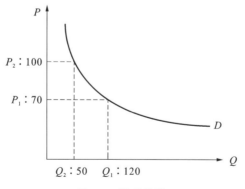

图 7-1 需求曲线

如图 7-1 所示，在直角坐标系中，横轴代表需求量，纵轴代表价格。当市场供给价格 P_1 处于 70 的位置时，市场的需求量 Q_1 在 120 的位置上。当市场供给价格 P_2 处于 100 的位置，市场的需求量 Q_2 下降到 50，供给价格和市场需求呈反比。

2. 供给曲线

和需求曲线类似，供给曲线描述在任意给定价格的前提下航空公司的航空产品的供给量。如图 7-2 所示，P 代表价格，Q 代表需求量，S 为供给曲线。

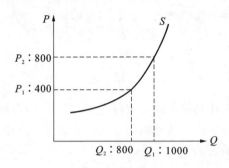

图 7-2　供给曲线

如图 7-2 所示，当价格升高之后，供给也会相应地增加。需要注意的是，当航空产品的价格相对越高时，毋庸置疑，航空公司越愿意增加航班量。相反，在市场价格很低的情况下，航空公司不可能增加航班，更不愿意以非常低的价格销售产品。我们不妨举个例子。当上海至北京的客票票价低于 400 元时，不会有航空公司愿意提供航班与座位；当市场上出现略高于 400 元的折扣机票时，航空公司可能愿意提供部分产品；当产品价格上升至 800 元时，航空公司愿意提供更多的产品。从这个例子中我们能看出，价格和供给呈正比。

3. 均衡价格

上面我们分析了需求曲线与供给曲线，在航空市场中，供给与需求始终是一对矛盾。当供求关系达到平衡时，供给曲线与需求曲线交于一点，该点被称为均衡点。如图 7-3 所示，P 代表供给价格，Q 代表需求量，S 代表供给曲线，D 代表需求曲线，A 点为供给和需求的均衡点，P_0 点代表供求平衡时的产品价格，Q_0 点代表供求平衡时的产品需求量。

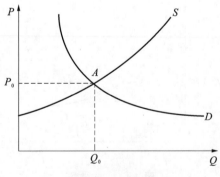

图 7-3　均衡价格

如图 7-3 所示，曲线 S 与曲线 D 相交于 A 点时，供求处于均衡点。在均衡点上表现出来的价格，被称为均衡价格，即 P_0。换句话说，均衡价格是指市场需求量与供给量相等时的价格，在均衡价格水平下的供求数量被称为均衡数量，即 Q_0，这时买方和卖方的供求矛盾能够在均衡点所对应的均衡价格上达到统一，市场上供求之间的矛盾暂时被掩盖。但实际情况并非如此，供求之间的平衡是相对的，不平衡是绝对的。市场信息瞬息万变，供求双方一直处在运动变化之中，只要供求双方中的任何一方缩小或扩大，它们之间的矛盾便暴露了出来。

由此可见，在航空市场中，市场需求、市场供给、产品价格三者之间具有密切的关系。

4. 市场需求、市场供给、产品价格三者的关系

市场价格出现波动时，会引起供求关系变化，供求关系变化反过来也会影响市场价格的变化。由此我们可以推导出以下几种情况。

其一，市场价格和市场需求呈反比，即当市场价格提高，市场需求会明显减少，当市场价格下降，市场需求会上升，如图7-1所示。

其二，市场价格和市场供给呈正比，即当市场价格上升，供给会随着价格上升，当市场价格下降，则供给也下降，如图7-2所示。

其三，市场供给的变化会引起价格向反方向变化，即供给的增加会引起价格的下降，供给的减少则引起价格的上升。如图7-4所示，P代表供给价格，Q代表需求量，S代表供给曲线，D代表需求曲线，P_0代表供求平衡时的产品价格，Q_0代表供求平衡时的产品需求量。从图7-4中我们可以看出，当航空市场中供给增加时，产品价格下降，曲线S将会向右平移至S_1，与D相交于E_1点。市场的供求矛盾会在E_1点形成新的平衡，此时的均衡价格为P_1，它低于原均衡价格，即$P_1<P_0$；而均衡数量则向相反方向变化，从Q_0变为Q_1，它大于原均衡数量，即$Q_1>Q_0$。

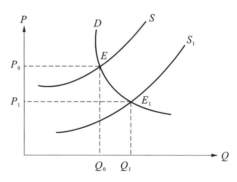

图7-4 供给增加后均衡价格的变动

其四，市场需求的变化会引起价格向同方向变化，即市场需求的增加会引起价格的上升，市场需求的减少则会引起价格的下降。如图7-5所示，与供给变化情况类似，当需求量变大之后（此处的需求量变大是指单位数量的同种航空产品，由于需求紧张，旅客愿意支付更高的价格购买，或者对于相同价格的同种产品，旅客愿意更多地购买），需求曲线D_1将平移至D_2，与供给曲线相交于新的均衡点E_2，并形成新的均衡价格P_2和均衡供给Q_2，且$Q_2>Q_1$，$P_2>P_1$。这说明，市场需求的变化会引起价格向同方向变化。

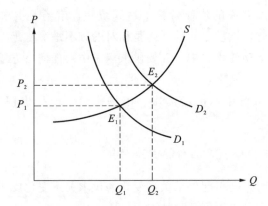

图 7-5 需求量变化引起的价格变化

其五，市场中的供给、需求、价格形成有机的统一，相互影响。供给的变化会引起需求的变化，需求的变化又会影响价格的变化。反过来，市场价格的变化会引起市场需求的变化，市场需求的变化又影响市场供给，这就是市场的供求规律。市场供求规律是客观的，无论你是否认识到，它不以人们的意志为转移，并无时无刻不在发挥作用。例如，2009 年国庆节长假最后三天，青岛出省的机票价格再次拉高，一些热门线路的航班执行全价票。其中，去北京的机票在 10 月 6 日、7 日、8 日三天均不打折，去上海的机票略有折扣，但大都在 8 折以上，到了 8 日，只有最低 92 折的机票。另外，由于青岛至太原每天只有一个航班，故该航班机票都是全价。由于机票价格上涨，人们纷纷转而将火车作为外出的交通工具，结果导致火车票紧张。可见，航空产品价格的上涨引起航空需求的减少，导致相应路线的火车票几乎售罄。这一现象给我们的启示是，价格的变动会引起市场需求的变化，形成需求价格弹性。

（二）航空市场的需求价格弹性

一般来说，航空市场中的需求与供给之间均有弹性。所谓需求价格弹性，是指反映需求对于价格变动做出反应的敏感程度的一种尺度。所谓需求价格弹性系数，是指因价格变动而引起需求相应变动的比率，它反映了需求变动对价格变动的敏感程度。

需求价格弹性系数用公式表示为：

$$需求价格弹性系数 = \frac{需求量变动}{价格变动} \times 100\%$$

在航空市场中，价格变动引起需求发生相应的变化，形成大小不等的需求价格弹性系数，这些需求价格弹性系数对企业确定与调整价格具有十分重要的意义。为了说明这一点，我们把需求价格弹性系数看作绝对值，那么需求量与价格的变动会出现以下三种情况。

1. 需求量的变动与价格的变动比率相等

需求量的变动与价格的变动比率相等，则需求价格弹性系数等于 1。当需求价格弹性系数等于 1 时，价格的上升与下降会引起需求量等比例地减少或增加。此时，价格变化对销售收入的影响不大。如图 7-6 所示，G 代表价格，K 代表需求，G_1、G_2 代表供给价格，

K_1、K_2 代表需求量，T 代表供求曲线。从图 7-6 可以看出，当价格在 G_1 时，市场需求在 K_1；如果将 G_1 降至 G_2，市场需求会发生等比例的增加，需求坐标从 K_1 增加到 K_2。虽然价格从 G_1 降至 G_2，但销售量的增加在一定程度上弥补了因价格下降而造成的损失。这时价格虽然降低了，销售量增加了，但销售总收入不变，这种情况在航空市场上较为常见。假设从上海到北京的航班机型为波音 737-300，不计算燃油费与机场建设费，票价为 900 元，可提供座位为 120 个，客座率 50%。现在将票价降至 450 元，此时客座率为 100%，客座率提高了，但销售总收入并没有增加。

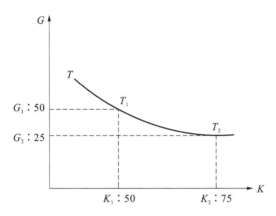

图 7-6　需求价格弹性系数等于 1

可见，价格的调整会引起需求的变化，产生需求价格弹性，但需求价格弹性系数不能等于 1。需求价格弹性系数等于 1 给我们的启示是，这种方式的降价实际意义不大，因为收入并没有增加。相反，价格下降可能会引起同行之间的票价大战，其结果是两败俱伤。

2. 需求量变动的百分比大于价格变动的百分比

需求量变动的百分比大于价格变动的百分比，则需求价格弹性系数大于 1。需求价格弹性系数大于 1 时，价格的下降会引起需求量较大幅度的增加。如图 7-7 所示，G 代表价格，K 代表需求，G_1、G_2 代表供给价格，K_1、K_2 代表需求量，T 代表供求曲线。

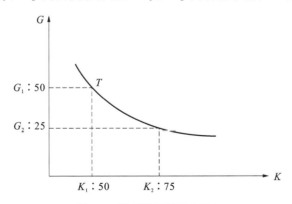

图 7-7　需求弹性系数大于 1

从图 7-7 中可以看出，当 G_1 为 50 时，K 市场需求量为 50，如果将价格从 50 降至 25，即从 G_1 降至 G_2，市场需求量则从 K_1 的 50 扩大到 K_2 的 120，销售收入增加。为了进一步说明这一情况,我们以某一航班为例,假设航班上公务旅客占比25%,旅游团体旅客占比45%,可提供航班座位为130个,又假设客座率为80%,全票价1300元。公务旅客为全价票,旅游团体旅客的票价有80%的优惠,可以这样计算航班销售收入:

航班销售收入＝[130×25%×1300元＋130×45%×(1300元×80%)]＝103090元

航空公司为了增加销售收入,利用价格杠杆来调节市场需求。假设该航班公务旅客仍为25%,对旅游团体旅客实行票价优惠,机票价格从80%降为70%,客座率由45%上升到65%,则此时航班销售收入为:

航班销售收入＝[130×25%×1300元＋130×65%×(1300元×70%)]＝119145元

两者之差为16055元,这一差额是利用需求价格弹性得来的。需求价格弹性系数大于1给了我们两个启示:一是在航空市场需求处于疲软状态时,可以科学地利用需求价格弹性来刺激消费,增加销售收入;二是价格的变动必然导致需求的变动,这是企业调整价格的前提。

3. 需求量变动的百分比小于价格变动的百分比

需求量变动的百分比小于价格变动的百分比,则需求价格弹性系数小于1。需求价格弹性系数小于1时,价格的下降仅仅引起需求量较小程度的增加。

如图7-8所示,G代表价格,K代表需求,G_1、G_2代表供给价格,K_1、K_2代表需求量,T代表供求曲线。从图7-8中可以看出,价格在G_1时,K市场需求量在K_1上;当价格从G_1降至G_2时,市场需求量在K_2上。供求曲线T相对陡峭,这表明降低产品价格对刺激市场需求的作用不大,或者说效果不明显,降低票价的幅度并不会带来等量的市场需求。此时,用降价来刺激市场需求无多大的意义,薄利并不能多销,反而会使销售收入降低。

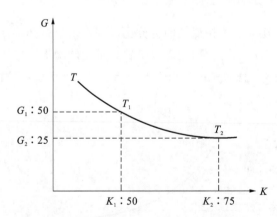

图7-8 需求价格弹性系数小于1

我们仍然以上面的航班为例,假设公务旅客相关参数不变,将旅游团体旅客的机票价格再降低20%,从8折降到5折,客座率由原来的45%上升到75%。

该航班销售收入为:

航班销售收入＝[130×25%×1300元＋130×75%×(1300元×50%)]＝105625元

该航班的销售收入为 105625 元，我们发现客座率虽然提高了，但航班销售收入增加的幅度非常小。

需求价格弹性系数小于 1 给我们的启示是：当降价产生的需求价格弹性系数小于 1 时，降价并不会带来同比例的需要上升，这意味着收入与利润的减少，会直接危及企业的生存与发展。

上面我们详细地分析了价格下降影响市场需求的三种情况，其中最关键的是需求价格弹性系数要大于 1。现在，我们从另外一个角度分析，如果产品价格上涨将会怎么样呢？答案很清楚，市场需求将下降，那么是不是这一需求会就此消失呢？对此，我们可以做进一步的分析。

（三）航空市场需求交叉弹性对产品价格的影响

我们发现，当产品价格提高以后，市场需求确实在一定程度上下降了，需要指出的是，这部分市场需求只是下降，并没有消失，相当于发生了转移，即转移到其他的运输方式上去了。这种由价格引起需求的交叉转移，被称为需求交叉。

需求交叉弹性是指一种产品的需求量，对另外一种可代替性产品价格变动的反映程度。也就是说，一种产品价格的提高会引起消费者的需求向可代替性产品转移，可代替性越强，转移的可能性就越大，这样就形成了需求交叉弹性。

很明显，航空市场中的可代替品主要是铁路运输。

可见，当航空产品涨价时，航空市场需求并没有消失，只是发生了转移，原来的航空需求转移到铁路运输了。

四、政府的政策法规

现代市场经济是受到政府调节和干预的经济。政府可以通过行政、法律、经济手段对企业定价及社会整体物价水平进行调节和控制。因此，政府的政策法规也是企业定价时必须考虑的因素。

行政手段主要是政府在某些特殊时期、对某些特殊产品采用的限价措施，包括最高限价和最低限价。限价措施在一定时期内对于保护消费者和生产者的利益具有积极的作用，但长期采用则不利于供求规律发挥调节作用。采用法律手段调节价格的主要目的是保护竞争、限制垄断，防止各种不合理的价格歧视。经济手段是政府反通货膨胀的重要措施。它通过财政政策和货币政策的各种措施，如增加或减少税收等方式来影响企业的成本和利润。

企业定价时还须考虑其他环境因素，如国内或国际的经济状况，是否通货膨胀，利息率的高低，汇率的变动等，这些都会影响价格。例如，汇率的变动将影响进口产品的现价和未来价格。汇率上升，进口产品现价下降，未来价格上升；汇率下降，则进口产品现价上升，未来价格下降。

第二节 航空公司确定价格的一般方法

在市场经济条件下,企业面临着市场饱和、竞争加剧、产品同质化严重和顾客需求多元化等挑战,常规的定价方式难以奏效。传统的定价方法有三种:一是成本导向定价法,即在生产的基础上加上边际收益来确定单价;二是需求导向定价法,即以顾客愿意在产品上花多少钱为准;三是竞争导向定价法,即为效仿或打败竞争者而定价。

一、成本导向定价法

成本导向定价法有成本加成定价法和目标收益率定价法两种。

(一) 成本加成定价法

所谓成本加成定价法,就是在单位成本上附加一定的加成金额作为企业利润的定价方法,即在成本上附加一个百分数(加成率),以此作为产品的价格,计算公式为:

单位产品售价=单位产品成本×(1+加成率)

一般来说,加成率的大小与产品的需求弹性和企业的预期利润有关。需求弹性大的产品,加成率要低,以求薄利多销。需求弹性小的产品,加成率可以稍高。成本加成定价法具有计算简单、简便易行的特点。成本的不确定性一般比需求的不确定性小得多,定价着眼于单位成本,从而使定价工作大幅简化,不需要随时依据需求情况的改变而改变定价。同时,只要同行业的企业都采用这种定价方法,则在成本和加成率相似的情况下,价格也大致相同,这能减少价格竞争,而价格竞争易导致企业的利润减少。成本加成定价法普遍应用于零售企业。

(二) 目标收益率定价法

采用这种定价法的企业希望确定的价格能带来目标收益率。企业根据总成本和估计的总销售量,确定期望达到的目标收益率,然后推算产品价格。目标收益率定价法的计算公式为:

目标价格=单位成本+目标投资利润率×资本投资额÷销售量

这里的目标投资利润率可以为目标成本利润率、目标销售利润率、目标资金利润率,资本投资额相应地可以为总成本、销售收入、资金平均占用额。这种方法有利于加强企业管理的计划性,可较好地实现投资回收计划。

二、需求导向定价法

需求导向定价法是指企业主要根据市场需求强度和顾客对产品价值的认识程度，分别确定产品价格的定价方法。这种定价法的具体方法主要有两种：认知价值定价法和需求差异定价法。

（一）认知价值定价法

认知价值定价法认为定价的关键是顾客对本企业产品价值的认知，而不是销售者的成本。产品为顾客带来的总价值包括产品价值、服务价值、人员价值和形象价值，顾客为获取这些价值需要付出货币成本，还需要付出时间成本、体力成本和精神成本。顾客对产品价值的理解不同，会形成不同的价格限度。如果价格刚好在这一限度内，顾客就可能购买。为了提高顾客对产品的认知价值，企业产品应有明确的市场定位，产品的特征突出，企业需要综合运用各种营销手段，使产品在顾客心目中留下独特的印象，使顾客感到购买这些产品能获取更多的价值，从而提高他们接受的价格限度。

（二）需求差异定价法

这种定价方法主要考虑需求状况。企业根据顾客对服务价值的认知确定最终销售价格后，逆向推算出生产企业的出厂价格和中间商的批发价格。根据这种方法制定的价格既能让市场接受，又能够保证中间商的正常利润，有利于产品迅速扩大市场。

三、竞争导向定价法

竞争导向定价法是指企业通过研究竞争对手的服务情况、价格水平等因素，依据自身的竞争实力来确定服务价格的定价方法。通过跟踪顾客，企业经常关注顾客需求，时刻注意潜在顾客的需求变化。随时掌握竞争者的价格变动，便于企业同步调整自己的竞争策略，以时刻保持同类产品的相对价格优势。此种方法适用于服务标准化或市场上只有少量的同类服务提供者的情况。竞争导向定价法通常有两种方法，即通行价格定价法和密封投标定价法。

（一）通行价格定价法

通行价格定价法是指企业在很大程度上以行业的平均现行价格水平作为定价基础来定价。企业使用这用定价法，要基于以下前提：顾客认为平均价格水平是合理的；企业试图与同行和平相处；平均价格水平能为企业带来合理的利润。

通行价格定价法适合同质产品的定价。在完全竞争市场上，各个企业销售的产品是同质的，企业在定价时只能"随大流"，采用通行价格定价法。

（二）密封投标定价法

面对买方的公开招标时，企业要在规定期限内投标。企业要想中标，除了要满足买方在商品的品种、规格、数量等方面的具体要求外，还要在报价方面低于竞争者。企业在制定价格时，要对竞争者的报价进行估计，然后根据估计的价格来确定本企业的投标价格。当然，企业的报价不能低于成本。因此，企业在报价时既要考虑实现企业的目标利润，也要结合竞争状况考虑中标概率。最佳报价应是有把握中标，并使预期利润达到最高水平的价格。

第三节 航空公司定价的基本策略

 一、折扣定价策略

企业根据不同交易方式、数量、时间及条件，如提早付清货款、大量购买、淡季购买等，会降低其产品的实际售价。灵活运用折扣与折扣定价技巧，是企业争取顾客、扩大销售的重要方法。价格折扣主要有以下三种。

（一）现金折扣

现金折扣是对在约定的时间内提前付款的顾客给予一定的价格折扣，目的在于鼓励顾客提早付款，减少企业财务风险，加速资金周转。现金折扣的大小主要取决于利率水平和企业获利水平。在国际贸易中，付款期限折扣表示为"2/30，Net60"。这种表示方法的含义是在成交后30天内付款，顾客可得到2%的折扣；超过30天，不给予折扣，顾客还要在60天内将全部货款付清。

（二）数量折扣

数量折扣就是根据顾客购买数量的差异给予其不同的价格折扣。数量折扣包括非累计数量折扣与累计数量折扣两种形式。非累计数量折扣规定顾客一次购买超过规定数量，则给予价格优惠，目的是鼓励顾客大批量购买。累计数量折扣规定顾客若在一定时期内累计购买超过规定数量，则给予折扣优惠，其目的在于鼓励顾客经常购买企业的产品，成为企业的固定客户。

（三）功能折扣

功能折扣是指企业给予中间商的折扣，即企业依据各类中间商在市场营销中承担的不同职能给予不同的价格折扣，目的是利用价格折扣充分调动各类中间商履行各自市场营销职能的积极性。企业确定功能折扣大小时，主要考虑中间商在分销渠道中的重要性、承担的功能和责任、服务水平、承担的风险等。

二、地区定价策略

（一）原产地定价

原产地定价是企业在产地的某种运输工具上交货，企业只负责将这种产品运到产地某种运输工具上，不承担从产地到目的地的一切费用的定价策略。交货后，从产地到目的地的一切风险和费用都由顾客承担。

（二）统一交货定价

统一交货定价就是企业对于卖给不同地区顾客的某种产品，都按照相同的价格加相同的运费来定价，也就是说，对于不同地区的顾客，不论远近，都采用一个定价。

（三）区域定价

区域定价是卖方企业将销售市场划分为若干个区域，在不同的区域内实行不同的价格。

（四）基点定价

基点定价就是企业选定某些城市作为基点，然后按一定的出厂价加上从基点城市到顾客所在地的运费来定价，而不管货物实际上是从哪个城市起运的。

三、心理定价策略

心理定价策略指的是企业依据顾客购买时的心理制定价格，主要有以下三种形式。

（一）声望定价

声望定价是指企业利用顾客对名牌产品的好感或知名企业的声望，为在顾客心目中拥有信誉的产品制定较高的价格。一些顾客认为名牌商品不仅质量好，而且能为他们带来心理上的满足，即使商品价格高，他们仍乐意购买。同样，知名企业的产品也可以采用这种定价策略。

（二）尾数定价

尾数定价又称非整数定价，是指企业为产品制定一个接近整数的价格，常常以奇数或零头尾数结尾,尽可能在价格上不进位。如某商品的价格为 0.98 元,接近 1 元,这就是利用顾客的求廉心理和要求定价准确的心理进行定价的。尾数定价一方面给人以便宜感,满足顾客的求廉消费心理,另一方面又因标价精确给人以信赖感。对于需求价格弹性较强的商品,尾数定价策略往往会带来需求量的大幅增加。

(三)招徕定价

招徕定价就是利用顾客求廉的消费心理,使某种或某几种产品的定价低于市场通行的价格,以此来吸引顾客上门,从而带动其他产品的销售,提高收入。

四、差别定价策略

差别定价也称歧视定价,就是企业为同一产品或劳务制定两种或多种不反映成本的、具有差异的价格。常见的差别定价策略有以下三种形式。

(一)顾客差别定价

顾客差别定价是企业为不同顾客制定不同的价格,即将同一种产品以不同的价格出售给不同的顾客,例如,航空公司将某一航班上相同舱位等级的机票以不同的价格卖给支付能力不同的旅客。需要注意的是,如果不把销售条件作为产品的一部分,这种差别定价就是顾客差别定价;如果把销售条件作为产品的一部分,那么其就是产品形式差别定价。

(二)产品形式差别定价

产品形式差别定价就是企业为不同形式的产品分别制定不同的价格,这种价格差别与成本变化无关。例如,企业对同一类商品进行挑选整理,分成若干级别,各级之间保持一定价格差额;在剧院,不同座位的票价有所不同,但不同座位的产品成本都相同。

(三)时间差别定价

企业针对产品的需求在不同季节、不同日期呈现的强度不同,为产品分别制定不同的价格。例如,航空公司在淡季和旺季执行不同的价格体系。

五、新产品定价策略

在新产品上市之初,企业通常采用两种定价策略:撇脂定价策略和渗透定价策略。

(一)撇脂定价策略

撇脂定价策略是指高价策略,即企业把产品的价格定得很高,以求得在短期内获取丰厚的利润。这一定价策略就像从牛奶中撇取其精华——奶油一样,所以被称为撇脂定价策略。企业是否采用撇脂定价策略,主要从市场、成本和竞争三个方面来考虑。撇脂定价的适用条件如下:市场上有足够的顾客,他们特别看重产品的差异,他们的需求缺乏弹性,即使企业把价格定得很高,市场需求也不会大量减少;高价使需求减少了一些,因而产量也减少了一些,单位成本增加了,但这不至于抵消高价带来的利润;企业应有一些手段阻止低价竞争者的进攻,如专利、版权、品牌声誉、稀缺资源的使用权、最佳分销渠道的优先权等。

(二) 渗透定价策略

渗透定价策略就是低价策略,即将新产品的价格定得较低,以吸引大量顾客,提高市场占有率。渗透定价策略的适用条件如下:市场需求较大,并且市场需求对价格极为敏感,因此低价可以刺激市场需求,销量也能迅速增长;企业的生产成本和经营费用会随着生产经营经验的增加而下降;企业成本优势明显,或企业虽然成本优势不明显,但中间商会积极履行各自的营销职能,竞争者不会通过降低价格来进攻企业。

六、产品组合定价策略

产品组合定价策略就是企业对产品组合中的一部分进行定价,主要有以下几种策略。

(一) 产品线定价策略

一般来说,企业产品组合中的一条产品线是由一些产品项目组成的,产品有档次之分,形成系列产品。对于这些产品,企业应采用产品组合定价策略,为不同档次的产品赋予不同的内涵,制定不同的价格,所有产品形成一个整体。同一产品线中,有的产品价格定得很低,这些产品虽然利润低,但能够吸引顾客购买产品线中较高价格的产品。

(二) 附带品定价策略

附带品定价策略就是企业以较低的价格销售主要产品,同时以较高的价格销售附带品,依靠销售附带品来增加利润的定价策略。例如,一些餐馆通常菜价低廉,但酒水价格是一般超市的几倍,餐馆用饭菜收入来覆盖成本,从酒水收入中获取高额利润。又如,美国柯达公司曾推出一种与柯达胶卷配套使用的专用照相机,价廉物美,销路甚佳,结果带动了柯达胶卷销量大增,尽管其胶卷相比其他品牌的胶卷价格更加昂贵。

(三) 两部分定价策略

两部分定价策略就是企业将价格分为基础服务费用和各服务项目的变动费用两部分,在一定范围内采用基础服务费用定价,超出该范围,则加收各服务项目的变动费用。例如,儿童游乐园的门票通常包括部分可玩项目,如果顾客想玩其他收费项目,则需要另外加收费用。

（四）捆绑定价策略

捆绑定价策略就是将几种产品组合在一起，组合产品的价格低于顾客单独购买其中每一个产品的费用总和。企业应用捆绑定价策略时，被捆绑的产品之间具有互补性，这些产品的市场定位具有同一性，单个产品的目标顾客具有重叠性。

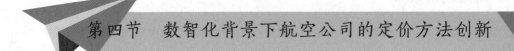

第四节　数智化背景下航空公司的定价方法创新

大数据背景下，产品的定价越来越透明化，生产商或零售商通过大数据来分析消费者对产品价格的心理接受区间，从而使定价落在消费者对产品或服务的预期心理接受范围之内，实现产品定价的科学化、合理化。消费者也会利用网络进行产品查询和比价，促进企业的定价"阳光化"。

一、人工智能动态定价

（一）民航动态定价机制的分类

对于航空公司来说，超越传统定价方式，采用更为灵活、快速的动态定价以适应瞬息万变的市场将成为发展趋势，也将成为行业关注的重点课题。

所谓动态定价，就是企业根据市场需求和自身供应能力，以不同的价格将同一产品适时地销售给不同的消费者或不同的细分市场，以实现收益最大化的策略。对于航空公司而言，动态定价指的是在确定的业务规则和市场条件下，对价格进行实时调整，使价格尽可能接近旅客的支付意愿，以实现收益最大化。

动态定价机制会提高航空公司的收入，主要表现在两个方面。一方面，在某些情况下，相比传统定价和收益管理方法，动态定价机制会给出更高的价格，从而使航空公司销售每个座位的平均收入增加；换句话说，动态定价策略可以通过缩小实际价格与旅客支付意愿之间的差距来获得收益。另一方面，在某些情况下，相对于传统方法，动态定价机制会降低价格，通过提供更低的价格，航空公司能刺激旅客产生新的需求，或吸引那些原本购买竞争对手产品或替代产品（如火车票）的旅客。

当前，航空公司和技术供应商正在探索和开发新的动态定价机制，其目标是促使航空业采用更接近互联网新兴行业的定价模式。考虑到资金、建设周期、现有系统投资等方面的因素，可能的实现方式是采用渐进的发展方案，从目前的定价机制逐渐过渡到下一代动态定价机制。目前，行业内已知的动态定价机制有以下三种，我们按照从简单到复杂的顺序进行介绍。第一种是基于舱位可用性的定价，即航空公司预先创建一个有限的价格集合,然后从这个集合中通过控制舱位可用性来选择价格,将座位提供给旅客。第二种是动态价格调整,即航空公司基于舱位可用性的定价,然后在特定情况下,向上或向下调整价格。第三种是动态实时定价,即航空公司在可能取值的连续范围内自由选择价格。

这些动态定价机制使航空公司逐步从现有的基于舱位可用性定价模式过渡到交易性动态实时定价。相对复杂的机制,例如动态价格调整和动态实时定价,能够在预先定义的价格列表之外提供价格,或通过对预先设定的价格点进行调整,或从一个连续的价格取值范围内选择价格。

(二)航空公司定价时应用的人工智能技术

人工智能需要大量的数据来推断旅客需求。这些数据通常是非结构化的,因此人工智能系统需要能够实现对非结构化数据的处理和分析,采用的主要人工智能技术包括以下几类。

1. 机器学习

机器学习(machine learning)通过创建模型并通过数据反复测试验证,帮助应用程序深入了解数据。使用机器学习的应用程序需要理解分类法(特定领域内元素的层次结构和关系),数据科学家需要对机器进行特定领域知识的培训(如旅行路线和关联服务的要素),以保证机器学习有效进行。

2. 聚类过滤

聚类过滤(collaborative filtering)技术应用的范围比较广泛,如一些购物网站会为顾客展示"其他人购买了类似的产品",这就是聚类过滤的范例。机器学习和大数据分析能够使聚类过滤发挥更大的价值。

3. 大数据分析

大数据分析(big data analysis)的关键能力是理解大量的结构化和非结构化数据,挖掘出人们通过传统商业智能工具获取不到的独特内容和结论。

4. 预测分析

预测分析(predictive analysis)使用由人工智能支持的先进数据技术,来预测旅客的需求,用以调整定价。

二、航空公司的众筹定价

众筹(crowdfunding)起源于美国,是互联网金融发展创新的重要模式之一,主要利用创意项目在网络平台上向不特定对象募集项目所需资金。根据众筹向投资者支付回报的不同形式,我们可以把众筹分为股权众筹、债权众筹、商品众筹和公益型众筹四种模式。

众筹具有门槛低、交易成本低、形式多样化等特点。在实践中，应用比较多的是债权众筹和商品众筹。其中，商品众筹指的是生产者利用网络平台向社会公众展示自己的创意，向潜在投资者募集资金并进行生产的一种融资模式，投资者获得的回报是生产者提供的产品或者服务。

  航空产品的易逝性加剧了需求不确定性对于航空公司利润的影响。同时，服务能力在短期内无法调整、产品的可变成本低而固定成本高等特性使得一些运营管理策略被广泛应用于航空业，以提高供需匹配度以及航空公司的利润。众筹作为一种大众融资方式，已经逐渐发展成为服务于若干项目的新兴产业。航班众筹，即航空公司作为众筹发起者向消费者募资，如果在众筹结束前认筹金额或人数超过预定的众筹目标，那么众筹成功且航班按时起飞；否则，航班取消，且航空公司把所得的筹资返还给消费者。航班众筹在利用消费者对于众筹风险感知的差异性进行市场细分的同时，也降低了航空公司的期望成本，从而提高了航空公司的盈利能力。

  航班众筹是航空业的一次重要创新，它的出现有利于航空业的可持续发展。在航班众筹中，如果在众筹期间售出的机票数量低于航空公司预先设定的目标值，航空公司可以宣布众筹失败并取消航班。由此，众筹提高了航空公司的资源利用率，同时降低了航空公司的亏损风险。由于众筹票价较低，消费者可以享受到更为经济的出行服务，消费者同时也面临着众筹失败的风险。在实践中，并不是所有的航空公司都有自己的渠道，或者一些航空公司的渠道没有足够数量的消费者以保证众筹项目的成功。因此，航空公司倾向于与第三方平台如在线旅行社进行合作。

三、航空公司的精准定价

（一）精准营销

  精准营销（precise marketing）就是在精准定位的基础上，依托现代信息技术手段建立个性化的顾客沟通服务体系，实现企业可度量的低成本扩张之路，是有态度的网络营销理念中的核心观点之一。随着大数据时代的到来，市场经济进入以人为本的服务营销模式，企业与企业间的竞争重点就是服务差异化，进而演化为服务个性化、服务定制化。航空运输企业对于精准营销的需求呈上升趋势。如何通过技术手段挖掘大数据下的深层次关系，让营销更准确、更有效，已经成为航空公司市场营销的重中之重。

  众所周知，航空业的需求随季节波动的幅度很大，但相关制度使不同航空公司的运力布局相对固定，这导致的结果是市场需求和航空公司的运力供给无法实现理想的匹配。如今，中国国内航空公司都制定了竞争优势战略，其主要意义就是体现出个性化、定制化的精准营销方案。因此，航空服务类增值产品就是航空公司所能提供的最好的精准营销方式。通过精准营销，航空公司能通过对每位顾客的收入情况、消费情况、广告浏览等海量信息数据进行处理，对顾客认知过程、兴趣爱好、购买行为做出科学分析和预测，从而有针对性地向顾客推销符合其兴趣爱好的产品。通过精准营销，航空公司真正贯彻了以消费者为中心的基本原则，航空公司的产品策划行为以消费者的需求和欲望为基本导向。

为了保持与旅客的联系，航空公司制定了一系列精准营销方案，其中最具代表性的就是"常旅客计划"。目前，对于"常旅客计划"涉及的旅客，几乎所有的航空公司都采用了国际长航线精准营销方案。在大数据的帮助下，为满足旅客的个性化需要，航空公司会结合旅客的历史出行数据，为旅客推荐他们可能感兴趣的航班和航线。调查显示，航空公司的精准营销方案能非常有效地提高旅客的实际购买力。

（二）精准定价

精准定价就是为不同的顾客制定不同的价格，也就是个性化定价。受传统营销思维模式的影响和技术条件的限制，传统定价往往是统一价格，即为所有的顾客制定相同的价格。随着市场饱和、竞争加剧、消费升级时代的到来，企业要想在市场上运用价格杠杆占得先机，就要转变营销思维模式，为不同的顾客制定合适的价格。

利用互联网、信息采集、数据挖掘和计算机技术，航空公司可以及时地收集顾客的信息，包括年龄、性别、家庭住址等个人信息，以及购票记录等，对数据进行分析，从中发现顾客的购买行为模式，为其制定个性化的营销方案。由于顾客在品牌忠诚度、价格敏感性等方面存在差异，他们在面临相同的产品时，心理感受不同，愿意支付的价格也不一样。

在精确分析顾客个体数据的基础上，航空公司可以识别每位顾客的支付意愿，从而为他们制定不同的价格，这就是价格歧视。价格歧视在大数据时代背景下有了新的发展，相比传统的价格歧视，大数据时代的价格歧视具有表现形式更加隐蔽，主体更加广泛，市场划分更加精准等特征，随之而来的就是社会中较为典型的"大数据杀熟"现象。"大数据杀熟"是指商家利用大数据技术制定某种定价策略，对于同样的商品或服务，"熟客"反而愿意比"生客"支付更高的价格，这种现象本质上就是价格歧视。在大数据时代，买卖双方往往信息不对等，商家更容易获得顾客的消费行为信息，并通过大数据技术智能化地分析顾客的消费偏好、消费习惯、消费趋势，继而大致推断出顾客对价格的敏感度以及他们对商品的了解程度。大数据分析结果显示，相比"生客"，"熟客"往往对价格不太敏感，因此就出现了"大数据杀熟"现象。

经典案例7-1

湖南航空自主研发的新一代运价管理系统上线

2022年10月，湖南航空股份有限公司（简称湖南航空）自主研发的运价管理系统完成升级，全新版本的系统上线。至此，湖南航空正式成为自有运价全场景覆盖的航空公司，运价管理能力持续保持在行业领先位置。

动态定价是航空公司收益管理的重要手段。早在2019年，湖南航空率先推出了符合自身精细化定价需求的运价管理系统。其中，动态运价功能打破舱位限制,实现的实时生效功能大幅提高了航空公司定价的灵活性和即时性,获得业内人士的一致认可,并在民航业掀起了动态运价系统建设浪潮。

随着湖南航空新一代运价管理系统的上线运行,湖南航空运价管理和收益管理水平均得到明显提升,运价发布频次同比提高8倍,运价发布效率同比提高80%,运价发布差错率降低90%,更多丰富的产品玩法逐渐诞生。

湖南航空此次全面升级的运价管理系统具有全场景全渠道覆盖、精细化价格管理、全自动发布、销售生态整合等特点,其中,两舱动态运价的应用大幅提升了客舱均价和客座率。

全场景全渠道覆盖可以使新版本的系统同时支持公布运价、私有运价的集中管理,支持固定运价、规则运价、动态运价等各类运价,实现统一调控,支持全渠道的运价控制。

精细化价格管理在确保计算性能的同时,支持价格在规定范围内动态变更,打破舱位限制,可基于自身的销售进度、旅客画像、渠道特征等信息动态浮动价格,以获得最合理的运价输出,进而提高价格灵活性。

全自动发布系统使审批流程更畅通,也使得湖南航空能在线上统一管理运价申请、审核、发布、校验、备案全流程。全自动发布系统和销售系统对接,可实现运价的自动化发布,大幅降低人工操作失误率,规范湖南航空的运价管理机制。

运价系统对内完成收益系统、销售平台、辅营系统、官方网站、客服等系统的无缝衔接,对外完成机票代理系统的互通互联,全面融入湖南航空信息一体化大生态,系统价值得到正向放大。

近年来,湖南航空致力于成为"互联网+"精品航空公司,积极推动"智慧民航"建设目标,实行"数字运行—数智运行—数智航空"三步走战略。未来,湖南航空将继续加强公司基础数据建设,坚持从旅客体验与产品价值角度出发,进一步完善产品和运价,为旅客提供更加便捷舒适的出行服务。

资料来源:《湖南航空自研新一代运价管理系统上线》(http://www.caacnews.com.cn/1/6/202210/t20221021_1355720_wap.html),有改动。

阅读并思考:

(1) 什么是动态定价?

(2) 运价管理系统可以从哪些方面帮助湖南航空提高收益?

(3) 湖南航空运价管理系统的出现为其他航空公司带来了什么启示?

【综合实训】

请同学们讨论航空公司在为机票定价时要考虑哪些因素。

顾诵芬：把一切献给祖国的蓝天

本章小结

本章总结了影响航空公司定价的主要因素，即定价目标、产品成本、市场需求和政府的政策法规。企业的定价目标是以满足市场需要和实现企业盈利为基础的，它是实现企业经营总目标的保证和手段，是企业定价策略和定价方法的依据，包括利润目标、市场目标和竞争目标。

航空公司定价的一般方法有成本导向定价法、需求导向定价法和竞争导向定价法。每一种定价方法各包含两种具体方法。其中，成本加成定价法和目标收益率定价法属于成本导向定价法，需求导向定价法包括认知价值定价法和需求差异定价法，竞争导向定价法包括通行价格定价法和密封投标定价法。

航空公司定价的基本策略有折扣定价策略、地区定价策略、心理定价策略、差别定价策略、新产品定价策略和产品组合定价策略。折扣定价策略中的折扣主要包括现金折扣、数量折扣和功能折扣；地区定价策略包括原产地定价、统一交货定价、区域定价和基点定价；心理定价策略包括声望定价、尾数定价、招徕定价；差别定价策略包括顾客差别定价、产品形式差别定价和时间差别定价；新产品定价策略有撇脂定价策略和渗透定价策略两种；产品组合定价策略包括产品线定价策略、附带品定价策略、两部分定价策略和捆绑定价策略。

数智化背景下，航空公司的定价方法也有所创新，本章介绍了人工智能动态定价、众筹定价和精准定价。

中英文专业名词对照

定价 Pricing
需求曲线 Demand Curve
供给曲线 Supply Curve

均衡价格 Equilibrium Price
成本导向定价法 Cost-based Pricing Method
需求导向定价法 Demand-oriented Pricing Method
竞争导向定价法 Competition-based Pricing Method
折扣定价策略 Discount Pricing Strategy
地区定价策略 Regional Pricing Strategy
心理定价策略 Psychological Pricing Strategy
差别定价策略 Differential Pricing Strategy
新产品定价策略 New Product Pricing Strategy
动态定价 Dynamic Pricing
精准定价 Precise Pricing

(1) 影响航空公司定价的因素有哪些?
(2) 航空公司确定价格的一般方法有哪些?
(3) 航空公司定价的基本策略有哪些?

第八章
航空公司分销策略

分销策略是市场营销策略之一。企业的产品和服务，只有通过一定的分销渠道，才能在适当的地点、适当的时间，以适当的价格提供给广大消费者或用户，从而满足市场需求，实现企业的营销目标。互联网的发展和普及推动了民航机票分销渠道的转型与升级。航空公司分销渠道打破了时空限制，其理念和模式已然被颠覆。然而，互联网背景下的机票分销渠道仍存在许多问题，如分销渠道集中度大幅提高，份额呈现下降趋势等。渠道的选择和确定，是航空公司面临的复杂而富有挑战性的决策，因此航空公司应注重研究分销策略，选择合理的分销渠道。

学习重难点

1. 重点
（1）了解航空公司分销渠道的类型。
（2）理解航空公司设计分销渠道的因素。

2. 难点
（1）掌握航空公司的分销渠道。

本章引例

厦门航空牵手飞猪，探索国内首家 NDC 项目应用

2019 年 3 月，阿里巴巴集团旗下的综合性旅游服务平台飞猪旅行（简称飞猪）与厦门航空有限公司（简称厦门航空）在杭州签署合作框架协议，双方建立长期的合作伙伴关系，借助新分销能力（new distribution capability，NDC）为消费者提供更为丰富的产品和优质服务。消费者未来可以在厦门航空飞猪旗舰店上购买附加服务及会员服务等产品。飞猪作为首家落地国内航空公司 NDC 接口

合作在线旅游平台，还将与厦门航空在数据、技术、精准营销、品牌推广、会员服务、跨生态合作等方面开展深入合作，实现共同发展。

　　NDC 是国际航空运输协会继电子客票之后，在全球范围大力推广的第二个大型航空业务改革项目，目的是实现航空公司在更广的分销渠道上，实时精准地为客户提供更多的产品和服务选择，即实现新零售化的航空产品销售。NDC 项目上线后，航空公司的产品将从单一机票销售拓展为提供机票、酒店、租车、休息室、机上选餐、机上无线网络、选座、逾重行李等多种服务和产品组合，实现航空附加服务的订单式销售，旅客也可以更方便地选择适合的订单。

　　目前，欧美各大航空公司均在力推该项目。其中，德国汉莎航空公司（简称汉莎航空）、英国航空公司（简称英国航空）等多家航空公司开发完成并全力在各大在线旅行社（online travel agent，OTA）和差旅管理公司（travel management company，TMC）方面推广 NDC，国内多家航空公司也完成了 NDC 的标准测试。

　　厦门航空一直以来积极参与 NDC 项目的推进，已经按照 NDC 最新的 18.2 版本标准完成了 NDC 平台的开发建设，并于 2019 年 1 月对接飞猪旗舰店实现了国内机票的销售，是目前国内首家实现 NDC 直连落地的航空公司，这标志着国际航空运输协会的 NDC 项目在中国的正式商用。

资料来源：《厦航牵手飞猪　国内首家落地 NDC 商用》（http：//www.caacnews.com.cn/1/6/201903/t20190318_1269454.html），有改动。

课堂讨论：
（1）什么是 NDC？
（2）NDC 未来的发展前景怎么样？
（3）NDC 能为厦门航空带来什么机遇？

第一节　航空公司分销渠道类型和设计

　　营销渠道设计的内涵为：企业根据自身设定的营销目标和自身具备的内外部资源，对当前渠道进行重塑或者重新打造新的营销渠道。营销渠道设计属于营销策划的重要内容，对于企业获取竞争优势、获得持续发展尤为重要。分销渠道设计属于营销渠道设计的关键一环，分销渠道设计的质量关系到整个营销渠道质量的好坏。

一、航空公司分销渠道类型

航空公司的分销渠道是指航空公司的机票如何分销给旅客的过程，包括直接分销和间接分销。前者指航空公司直接向旅客销售机票；渠道有呼叫中心、售票中心和网站，其特点是不用给中间商代理费或其他奖励，航空公司可以直接接触旅客，减少分销成本。后者指航空公司通过第三方进行机票销售，包括航空代理、批发商、在线代理商，以及其他航空公司的售票处（主要是联运和代码共享业务）。间接分销不仅需要航空公司向全球分销系统支付高额的订座费，向代理和旅行社支付可观的代理费（佣金）和奖励费，而且航空公司容易陷入受代理人控制的被动局面。

（一）通过代理商销售

航空市场中间商的主要类型是代理商。航空销售代理商有一类代理商和二类代理商之分。一类代理商是指经营国际航线或者中国香港、澳门和台湾航线的民用航空运输销售代理商。二类代理商是指经营国内航线的民用航空运输销售代理商。目前，国内多数航空运输产品是通过代理商销售的，代理机构仍是航空公司最重要的分销平台。代理商为航空公司的销售扩大了地域覆盖面，同时还能协助航空公司完成如出票、旅客问讯等烦琐的工作。航空公司也可以自己设立售票处并完成这些工作，但这需要航空公司支付更高的运行费用。近年来，随着代理商费用的不断上升，航空公司在努力探索新的分销渠道模式，来摆脱对代理商的依赖。

（二）航空公司直接销售

这种分销渠道没有中间商，起点是航空公司，终点是航空产品消费者和用户。航空公司直接销售的形式有以下三种。

1. 自营销售处

这是一种传统的销售形式，航空公司客货运都涉及这种直接销售形式。航空公司建立自营销售处虽然一时投资较大，但能增强航空公司自主营销的能力，减少对代理商的依赖。自营销售处使用航空公司的品牌，能够建立统一的服务标准来规范销售人员的服务行为，保证较高的销售质量，能为航空公司塑造良好的品牌形象。直接销售还使航空公司在销售服务中及时了解顾客需求的变化，促使航空公司以市场为导向不断改进航空客运产品。

2. 电话销售

顾客可直接拨打航空公司销售电话来购买产品。目前，各大航空公司都在不断地加强其呼叫中心的销售力度。

3. 网上直接销售

随着电子商务的发展，互联网销售已成为继门店销售和电话销售之后的第三种直接销售方式，并对代理商的统治地位发起了挑战。目前，航空公司网上直接销售有以下两种形式。

其一，航空公司建有自己的网站，提供在线订座和订舱服务。这种销售方式是航空公司网上直接销售的主要形式，其不足之处在于登录航空公司网站的顾客只能查询该航空公司的航班信息，要想寻找合适的航班，顾客还得花费大量时间浏览其他航空公司网站并进行对比。目前，有很多比价软件解决了这个问题，航空公司应充分利用这些比价软件，在自家直接销售平台上开展促销活动。

其二，航空公司在一些网络直接销售平台上开设直营店。相对于其他传统分销渠道而言，互联网是最经济的分销渠道。航空公司客票网上直接销售的发展得益于电子机票取代传统纸质机票，顾客在网上预订机票更方便，这也解决了航空公司送票难的问题；同时，银行开展网上银行业务，使网上支付安全方便，为航空公司建立便捷的直接销售渠道提供了技术上的可能。随着互联网的普及，互联网直接销售是航空公司大力发展的分销渠道。近些年来，航空公司越来越重视直接销售，尤其是互联网直接销售，其比例持续上升。

网上直接销售的发展为代理商带来了挑战，有专家预测，未来航空公司的绝大部分机票将通过直接销售的方式完成销售，其中网上直接销售功不可没。面对新的情况，代理商应积极转变角色，寻找新的收入增长点。

（三）通过旅行社销售

旅行社是航空公司客票分销的另一重要中间商。航空公司会采取批发的形式，将航班座位销售给旅行社，然后旅行社将航班座位、航班食宿、地面交通和旅游项目（参观景点和娱乐项目）等一起打包卖给消费者。

（四）通过集运商销售

航空货运一般由货运代理商分销，此外集运商也参与分销。集运商具有零售商的性质，它与代理商的区别表现在以下几个方面。

第一，集运商的服务内容比代理商多，例如，集运商要将货物进行分类和包装，还要负责货物的跟踪等工作。

第二，对于直接托运货物，货运单由代理人填开，列明真正的托运人和收货人；对于集中托运货物，集运商既要出具与发货人交接货物的凭证（分运单），又要填写与承运人交接货物的凭证（主运单），货物的托运人和收货人分别是集运商和分拨商。

第三，代理商的收入是航空公司支付的佣金，代理商不得变动运价；而集运商赚取的是集运与散货之间的运费差价，此外，航空公司一般还给予集运商销售奖励。

（五）通过包机商销售

包机是指航空公司与包机商签订协议后，在固定航线或非固定航线上运行的不定期航班。包机的运力是通过包机商来销售的，包机商承担运力未被销售的损失。例如，某包机商与某航空公司签署包机合作协议。协议规定，机票价格由这家航空公司确定，以70%的客座率作为保底，少于70%的部分由包机商补足，如果超过70%，多赚的钱双方平均分配。

二、影响航空公司分销渠道设计的因素

（一）市场因素

分销渠道设计受顾客人数、市场地理分布、订货次数、顾客购买数量、市场需求的特殊性等市场因素的影响。当顾客人数多时，企业多采用既宽又长的渠道；若顾客不多，企业则可以直接销售。当市场比较集中时，企业可以采用直接销售；当市场比较分散时，则适合间接销售。如果顾客经常少量地购买产品，则企业需要采用较长的分销渠道，而对于那些订货量大且订货次数少的大客户，企业宜采用直接销售渠道。对需求特殊的顾客，企业宜采用直接销售。

（二）产品因素

分销渠道设计也受产品特性的影响。若产品涉及的技术复杂，企业通常采取直接销售的方式，这主要是因为这种产品有较多的附加服务，比如安装、培训、维修等，这些通常由企业自己负责。对于非标准化产品，由于企业需要和顾客直接沟通，通常由企业的推销员直接销售，这是因为中间商缺乏必要的知识。对于易腐产品，应尽可能地采用短渠道，因为拖延和重复搬运会造成损失。对于体积庞大的产品，应采用运输距离最短、在产品从生产者向消费者移动的过程中搬运次数最少的渠道布局。对于单位价值高的产品，一般由公司推销员直接销售，很少通过中间机构销售。对于时尚流行产品，应尽量减少中间环节，以便适时、迅速地进入市场。

（三）企业自身因素

企业自身的因素主要包括企业的营销管理技能和经验、控制渠道的愿望和能力、财力、品牌形象等因素。企业如果在营销方面拥有丰富的经验和技巧，则不必依赖中间商。直接销售有很多好处，有些企业希望控制分销渠道，宁愿花费较高的成本采取直接销售形式。资金充足和信誉良好的企业可以直接销售，既可以与顾客加强沟通，又可以多获得利润。

（四）中间商因素

企业在设计分销渠道时，还要考虑不同类型中间商的特点。中间商主要包括批发商、零售商、代理商。

1. 批发商

批发商是处在不同企业之间的中间商。批发商的交易是在企业之间进行的，交易完成后，产品一般不退出营销渠道。

2. 零售商

零售商以最终消费者作为服务对象。零售商处于流通过程的最末端，注重售后服务。零售商一般进行零星交易，交易频率很高，从业人数很多，基本属于劳动密集型行业。零售商面对广大消费者，直接受到人口分布的影响，因此零售商分布面广，分布点多，一般位于经济繁华地区和居民密集区。

3. 代理商

代理商通过提供服务来帮助买卖双方实现商品所有权的转移。它可以细分为企业代理商、销售代理商、寄卖商和经纪商。其中，企业代理商是受生产者的委托，按照协议在一定区域内负责销售生产者产品的中间商。销售代理商实际上是生产者的全权独家经营的代理商，生产者在同一时期内只能委托一家销售代理商，并且生产者也不能进行销售。寄卖商是指生产者将现货委托其代卖的代理商。

此外，分销渠道设计还受到竞争者所使用的渠道的影响。企业有时会效仿竞争者的渠道类型，有时却避免与竞争者使用相同的渠道。

三、航空公司分销渠道设计

（一）分销渠道设计的概念

分销渠道设计是指企业为实现营销目标，根据产品的特点，结合企业内部及外部环境，对各种备选渠道结构进行评估和选择，从而开发新型的分销渠道或改进现有分销渠道的过程。广义的分销渠道设计包括企业创立之初设计全新的渠道，以及改变或再设计已存在的渠道，后者现在也被称为分销渠道再造，这是市场营销者经常要做的事。相比之下，企业从一开始就设计全新的营销渠道的情形较少。

分销渠道设计是市场营销者要做出的重要决策，它与营销组合其他方面（包括产品、价格、促销等）的决策息息相关。企业通常可以通过分销渠道进行产品分销，获得更多的竞争优势。除了制造商外，零售商和批发商也都面临着分销渠道设计问题。对零售商来说，分销渠道设计是从制造商与批发商的对立面着手的，为了获得可靠的产品供应，零售商要从分销渠道的末端向渠道的上游看，来设计自己的分销渠道。批发商处于分销渠道的中间位置，进行分销渠道设计时需要从两个方向着手，既要考虑上游，又需要了解下游的情况。

(二) 分销渠道设计的目的

分销渠道的演化一直与消费革命密切相关,并且越来越受顾客左右。在买方市场,企业的一切营销活动必须以顾客需求为核心,否则企业就会在激烈的市场竞争中败北。以顾客为核心,并非仅指企业在营销活动前期要进行消费者研究和目标市场选择,还包括企业在产品设计、定价、渠道选择和促销策划活动中满足顾客的需求。如果说产品能满足顾客的效用需求,价格能满足顾客的价值需求,促销能满足顾客的信息需求,那么分销渠道则能满足顾客购买时的便利需求和服务需求。因此,企业在分销渠道设计中需要考虑以下几个目的是否能达成。

1. 为顾客购买提供便利

绝大多数产品的生产地与消费地是分离的,如果缺少必要的中介,势必会影响产品的转移。企业设计的分销渠道应该能够为顾客提供空间上的便利性,减少顾客不必要的行程和运输费用,从而提高顾客的满意度。

2. 减少顾客等待和交货的时间

随着人们生活节奏的加快,时间愈来愈显得宝贵,而产品的供货时间越长,顾客就越不满意,越可能寻找替代品。企业需要通过分销渠道设计,有效缩短顾客需求的响应时间,降低顾客购买的时间成本。

3. 弥补生产者和消费者信息的不对等

生产者与消费者在掌握商品性能、市场供求关系等信息方面是不对等的,一般来讲,消费者处于弱势地位。信息的不对等会影响交易的安全性与交易效率,企业进行分销渠道设计时需要考虑这个问题。顾客可以通过对集中的零售商的同类产品做调查比较,来了解这些信息。

4. 适应顾客消费的经常性、零散性

分销渠道可以允许顾客一次购买少量商品,随用随买,避免了可能的储存和保管费用。

5. 为顾客提供各种售后服务

分销商可以为顾客提供包括送货、安装、维修、信贷等服务项目,解决顾客的后顾之忧。当顾客使用产品遇到问题时,分销商可以提供必要的帮助。

(三) 分销渠道设计的原则

设计分销渠道时,无论出于何种考虑,选择何种渠道,企业一般都要遵循以下原则。

1. 畅通高效原则

这是分销渠道设计的首要原则。任何正确的渠道决策都应符合货流畅通、经济高效的要求。商品的流通时间、流通速度、流通费用是衡量企业营销效率的重要标志。

畅通的分销渠道应以顾客需求为导向,将产品尽快、尽好地通过尽可能短的路线,以尽可能低的费用送到顾客方便购买的地点。畅通高效的分销渠道不仅要让顾客在适当的地点、时间以合理的价格买到满意的商品,而且应努力提高企业的营销效率,降低营销成本,使企业获得最大的经济效益,赢得竞争时间和价格优势。

2. 覆盖适度原则

随着市场环境的变化及整体市场的不断细分,传统的分销模式已不再能满足厂商对市场份额及覆盖范围的要求,并且顾客的购物偏好也在变化,他们要求购买更便捷,更物有所值,或更有选择余地。因此,企业应深入考察目标市场的变化,及时把握原有渠道的覆盖能力,并审时度势,对渠道结构做相应调整,勇于尝试新的分销渠道。

企业在选择分销渠道时,一味强调降低营销成本是不够的,这样可能导致市场覆盖率不足、市场潜力挖掘不充分等后果。当然,在分销渠道的选择中,企业也应避免扩张过度、产品分布范围过宽和过广等问题。

3. 稳定可控原则

企业的分销渠道一经确定,企业便需要花费相当大的人力、物力、财力去建立和巩固分销渠道,整个过程往往是复杂而缓慢的。所以,企业一般轻易不会更换分销渠道成员,更不会随意转换分销渠道模式。只有保持分销渠道的相对稳定,企业才能进一步提高分销渠道的效益。畅通有序、覆盖适度是分销渠道稳固的基础。

由于影响分销渠道的各个因素总是在不断变化,一些原来固有的分销渠道难免会出现某些不合理的问题。这时,企业就需要调整分销渠道,以适应市场的新情况、新变化,保持分销渠道的适应力和生命力。对分销渠道进行调整时,企业应综合考虑各方面的因素,使分销渠道始终都在可控制的范围内保持基本的稳定状态。

4. 协调平衡原则

企业在选择、管理分销渠道时,不能因只追求自身的效益最大化而忽略其他渠道成员,应合理分配成员间的利益。渠道的领导者应对渠道成员之间的合作、冲突、竞争的关系有一定的协调控制能力,以有效地引导渠道成员充分合作,鼓励渠道成员之间有序竞争,减少冲突,解决矛盾,确保渠道成员总体目标的实现。

5. 发挥企业优势原则

企业在选择分销渠道时,为了争取在竞争中处于优势地位,要注意发挥自己各方面的优势,将分销渠道设计与企业的产品策略、价格策略、促销策略结合起来,增强营销组合的整体优势。

第二节 航空公司分销渠道设计程序

笔者之所以将分销渠道设计程序独立作为一节展开讲述,是因为分销渠道设计程序非常重要,它对于企业确立科学合理的分销渠道具有重要意义。对于每个企业来说,其分销渠道的实际情况不尽相同,但就大多数企业而言,分销渠道设计的流程基本是相似的。如图 8-1 所示,分销渠道设计程序大致包括五个步骤,笔者将逐一展开分析。

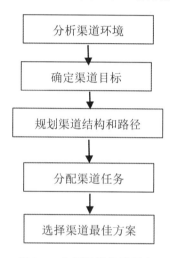

图 8-1 分销渠道设计程序

一、分析渠道环境

(一)分析渠道环境涉及的内容

1. 审视渠道现状

企业通过对过去和现在分销渠道的分析,了解企业以往进入市场的步骤,分析各步骤之间的逻辑关系,厘清企业与外部组织之间的职能分工。此外,企业还需要理解现有渠道系统的经济性(成本、折扣、收益、边际利润)。

2. 了解目前的营销系统

了解目前的营销系统,即了解外界环境对企业渠道决策的影响。宏观经济、技术环境和顾客行为等环境要素对分销渠道结构也有重要影响。企业进行渠道设计时,要认真分析下列因素:行业集中程度、宏观经济指数、当前和未来的技术状况、经济管理体制、市场进入障碍、竞争者行为、最终用户状况（忠诚度、地理分布等）、产品所处的市场生命周期、市场密度与市场秩序。

以上这些要素影响着行业发展前景以及与之相应的渠道设计方向。一般说来，渠道环境越复杂、越不稳定，客观上就越要求企业对渠道成员进行有效的控制，同时也越要求渠道具有弹性，以适应迅速变化的市场。这种高弹性和高控制是相互矛盾的。设计者必须对环境要素和行业发展状况进行分析，考虑不同的备选渠道方案。就产品市场生命周期而言，最好的渠道设计应该是随着环境而改变的。在介绍期，以能增加实际价值的渠道为佳。在成长期，分销渠道应能消化销售额的急剧增长，所以企业不必提供介绍期需要的某些服务。在成熟期，由于最终用户关注的焦点是低价格，渠道设计并不需要特别强调增加服务价值。在衰退期，企业就没有必要增加整个渠道的价值。

3. 分析竞争者的渠道状况

分析竞争者的渠道状况，即分析主要竞争者如何维持自己的市场份额，如何运用营销策略刺激需求，如何运用营销手段支持渠道成员等。

4. 分析顾客的服务需求

渠道的设计始于顾客。市场分销渠道可以被认为是一个顾客价值的传递系统。在这个系统里，每一个渠道成员都要为顾客增加价值。一家企业的成功不仅依赖于它自己的行动，而且取决于它的整个分销渠道与其他企业的分销渠道进行竞争的状况。因此，企业应该设计出一种一体化的分销渠道系统，这一系统能把附加在产品上的高价值传递给它的顾客。

在分析顾客的服务需求时，企业需要牢记两点。第一点是，分销渠道设计要以顾客的需求为核心。分销渠道的演化一直与消费革命密切相关，并且越来越受顾客左右。以顾客为核心，企业就需要在产品设计、定价、渠道选择和促销活动中满足顾客的需求。第二点是，企业要分析顾客期望的服务水平。弄清目标市场上顾客购买什么、在哪里购买和怎样购买，是企业设计分销渠道时首先要解决的问题。市场营销人员必须理解目标顾客需要的服务水平。

（二）分析渠道服务

要分析顾客的服务需求，企业还需要厘清渠道能提供的服务。一般来说，渠道提供以下五种服务。

1. 批量

批量是指分销渠道通常在一个顾客的一次购买行为中提供的商品数量。比如，对于日常生活用品，有的顾客喜欢到仓储商店批量购买，有的顾客偏爱到大型超级市场购买。因此，购买批量的差异，要求厂家设计不同的分销渠道。分销渠道销售商品数量的起点越低，表明它所提供的服务水平越高。

2. 等待时间

等待时间是顾客通过某个渠道收到货物的平均时间。例如，普通邮件比航空邮件慢，航空邮件又比特快专递或"隔日达"邮件慢。顾客往往喜欢反应迅速的渠道，因此企业必须提高服务的水平。分销渠道交货越迅速，则收益回报的水平越高。

3. 出行距离

它是指顾客从家里或者办公地点到商品售卖地的距离。一般而言，顾客更愿意在附近完成购买行为。但是，对于不同的商品，人们所能接受的出行距离是不同的。顾客购物出行距离长短与渠道网点的密度相关。密度越大，顾客购物的出行距离就越短，反之则越长。市场分散程度较高，可以减少顾客在运输和购买商品时花费的时间和费用，提高渠道的服务产出。

4. 选择范围

它是指分销渠道提供给顾客的商品的花色、品种、数量。一般来说，顾客更喜欢购买商品时有较大的选择余地。如果不是单一的品牌崇拜者，他们不愿意去专卖店购买服装，而是愿意到聚集众多品牌的商场购买。分销渠道提供的商品品种越多，表明其服务水平越高。

5. 售后服务

它是指为顾客提供的各种附加服务，包括信贷、送货、安装、维修等。顾客对不同的商品有不同的售后服务要求，分销渠道的不同也会产生不同的售后服务水平。市场分销渠道设计者必须了解目标顾客需要的服务水平。提供更多更好的服务意味着渠道开支的增加和顾客支付价格的上升。例如，日本的分销商在零售技巧、商品陈列等方面花大力气，商品的出厂价和零售价差距很大。折扣商店的流行表明许多顾客更愿意接受较低水平的服务带来的低价格。然而，还是有不少企业坚持提供高水平服务。

 二、确定渠道目标

渠道目标是营销总目标的组成部分，它必须与营销总目标保持一致，为实现营销总目标服务。渠道目标必须与营销组合的其他目标协调一致。分销渠道的目标是什么？对于这个问题，许多企业会回答："把产品卖出去。"实际上，企业在进行渠道设计时，必须以确定的销售目标为基础，而这个目标的确定必须以顾客的服务需求为基础。值得注意的是，一个企业的渠道目标受该企业的性质、产品、中间商、竞争对手和环境的影响。例如，企业的实力强，销售人才济济，这决定了企业自己可以成立销售公司，承担大部分的渠道职能，企业能直接控制渠道，提高渠道的能效。反之，企业就要分清哪些职能由自己承担，哪些职能必须由中间商来承担。例如，戴尔公司找到了通过互联网开展网上销售的最佳方式和途径，既为顾客提供了个性化的个人电脑设计服务，又节约了销售成本，降低了电脑的售价，赢得了顾客的信赖。企业设计分销渠道时，必须首先了解目标顾客希望从渠道系统中得到什么。顾客希望就在附近购买还是到较远的商业中心去购买？他们愿意亲自购买，还是通过电话、邮寄或网络购买？他们看重产品类型多样化还是专业化？顾客需要渠道提供大量的增值服务（运送、贷款、维修、安装），还是愿意从别处获得这些服务？运输速度越快，产品类型越多，增值服务越多，渠道的服务水平就越高。

一般说来，渠道目标主要有以下几种。

1. 分销顺畅目标

分销顺畅是分销渠道设计最基本的要求。为了达到这一目标，企业一般应使渠道扁平化、沟通便利化。

2. 分销流量最大化目标

企业通过广布网点，提高铺货率，可最大化地增加流量。

3. 分销便利目标

为了使顾客感到便利，企业应使市场分散化，节约顾客的等待时间；同时，企业需要提供完善的售后服务，及时为顾客解决问题。

4. 拓展市场目标

一般情况下，在进行市场扩展时，大部分企业更依赖中间商，待拥有一定的市场份额和自己的顾客群后，企业才会建立自己的分销网络。

5. 提高市场占有率目标

在建立起合适的分销渠道后，企业应特别注重分销渠道的维护与保养，从而逐步扩大市场份额。

6. 扩大品牌知名度目标

在维护老客户对品牌忠诚度的同时，企业需要进一步争取新顾客。

7. 分销成本最小化目标

在设计与选择分销渠道时，企业要考虑渠道的建设成本、维护成本、改进成本及最终收益，使分销成本最小化。

8. 提高市场覆盖面积和密度的目标

为了实现这一目标，大多数企业采用多家分销和密集分销形式。

9. 控制渠道的目标

企业可以通过提高自身的管理能力、融资能力，掌握一定的销售经验，建立品牌优势，来掌握渠道主动权。

10. 渠道服务创新目标

渠道服务创新包括延长营业时间，提供主动上门服务，开展网上分销等。企业所制定的渠道创新目标应该明确而又具体，既可以清晰描述，又可以操作，例如，企业需要让想买家用电器的顾客在交通很方便的情况下完成购买，并且安装、维修都十分方便。

三、规划渠道结构和路径

对企业来说，高效的渠道结构能使企业有效地整合渠道的资源。

（一）影响渠道设计的主要因素

一个企业在选择使用何种分销渠道之前，必须对影响渠道设计的各种因素进行认真分析，然后才能做出决策。影响企业渠道设计的因素主要有以下几个。

1. 产品特性因素

具体说来，产品特性因素在渠道设计方面的影响，主要体现为以下几点。

一是产品的自然属性。例如，有的产品易毁损、易变质或易腐烂，对储存条件要求高，产品有效期短，如活鲜品、危险品等，应采用较短的分销渠道，尽快将产品送到消费者手中。产品自然属性的一个重要方面是产品的体积、重量。产品的体积和重量直接影响运输和储存等销售费用。对于过重的或体积大的产品，应尽可能选择最短的分销途径。对于那些超限（超高、超宽、超长、超重）的产品，应该直达供应。小而轻且数量大的产品，则可以考虑采取间接销售的方式。

二是产品的技术性。对于技术性较强的产品，如大多数工业品，或消费品中的大型电器用品，具有经常性提供服务的要求，多采取较短的分销渠道，尽量减少中间环节，同时为顾客提供及时良好的销售技术服务。例如，需要安装和维修服务的产品，通常由企业本身或企业授权独家专卖店进行销售和维修。

三是产品的标准性与专用性。如果产品具有一定的品质、规格、式样等标准化特征，则分销渠道可长可短。若用户比较分散，如量具、刀具、通用机械等，宜采用间接渠道。对于非标准化的专用品或定制品，供需双方需要商议价格、品质、式样等，并直接签订合同。

四是新产品。为了尽快把新产品投入市场，打开并拓广销路，企业一般重视组织自己的推销队伍，直接与顾客见面，推介新产品和收集顾客意见。当然，企业如果能和中间商开展良好的合作，也可以考虑用间接销售方式。

五是产品种类和规格。产品需求面会影响企业分销渠道的选择，如日用百货要通过批发商完成销售，而蔬菜类产品则直接由零售商经销。有些产品品种规格少，销售量大，可经批发商销售。有些产品规格多，销售量小，可由专业商店销售或企业直接与用户签订购销合同。

六是产品的时尚性。款式、颜色时代感很强且变化较快的流行性商品，如各种新奇玩具和时装等，尽量采用短渠道分销，以快速销售为主。

七是产品的价格。一般来说，产品单价越高，企业越应注意减少流通环节，否则会造成售价过高，影响销路，这对生产企业和消费者都不利。较为昂贵的耐用品，就不宜经较多的中间商转手。产品单价较低，市场面广的产品则通常采用多环节的间接销售渠道。

2. 市场因素

市场状况也是影响分销渠道的一项重要因素，它是分销体系发挥作用的外部环境。市场因素主要包括以下几点。

一是市场需求。如果产品销售的市场范围大，批量也大，则宜采取宽而长的分销渠道，尤其是在全国范围内销售或出口销售的产品，就需要更多的流通环节。

二是顾客集中程度。若顾客集中于某一区域，则可以考虑设点直接销售。对于市场范围大，顾客分布分散的产品，宜采取长而宽的分销渠道。

三是顾客购买习惯。对于一些价格较低、购买频繁、顾客无须仔细选择的日用产品，多采用中间商，扩大销售网点以增大销量。而一些耐用消费品，由于顾客购买的次数少，则可以少设网点。

四是市场潜力。如果目前市场规模小，但发展潜力大，则分销体系应有扩展延伸的余地。相反，如果潜力不大，则企业应有缩小转移的准备。

五是市场竞争性。对于同类产品，企业可以采用与竞争者相同的分销渠道与之抗衡，也可选择并开辟新的分销渠道推销产品。企业做出决策时，应考虑竞争需要，分析对手的实力，灵活选择营销和流通渠道，或针锋相对，或避其锋芒。

六是市场景气状况。市场繁荣时，企业可以采用长而宽的营销流通渠道，以扩大市场。反之，则应以最经济的方式销售产品。

3. 企业自身因素

企业自身因素在渠道选择中起着重要作用。企业的规模决定了它的市场规模及其得到所需的经销商的能力。企业的财务资源决定了它能够承担何种营销职能以及中介机构承担哪些营销职能。企业的产品组合影响它的渠道模式。产品组合范围越广，企业直接向顾客出售产品的能力就越强。产品组合程度越深，企业采用独家经销或少量有选择的中间商就越受益。企业产品组合的关联性越强，其所采用的分销渠道也就越相似。企业的营销战略也影响渠道设计。所以，一项快速送货的决策会影响到企业要求中介机构所承担的职能，最终环节销售网点的数量，存货网点的数量，以及运输工具的选择等。具体说来，企业应从以下五个方面考虑如何使渠道设计与自身特点相协调。

一是企业实力与声誉。声誉好、实力雄厚的企业可以加强对流通渠道的控制，将部分销售职能集中在企业手中，从而建立自营体系，不依赖中间商，这样企业能够了解市场，并增加收入。否则，企业只能依靠中间商销售产品。不过，一般情况下，企业都不宜完全自己掌控分销渠道。

二是企业销售能力。如果企业自身拥有足够的销售力量，有丰富的经验，则可以少用甚至不用中间商。

三是企业提供的服务层次。如果企业愿意且有实力为消费者提供更多服务，则可以采用直接销售渠道；如果企业愿意为零售商提供更多服务，则可选用一阶渠道等，以此类推。企业提供充分的售前和售后服务，能有效提高中间商销售产品的积极性。

四是企业管理决策。有些企业，如 IBM 公司等，在管理决策方面倾向于使用直营体系，只有在企业销售体系无法触及的区域，才采用经销商。

五是企业的市场信息收集能力。如果企业的市场信息收集能力弱，缺乏对顾客的了解，企业就需要借助中间商销售产品。反之，企业就可以采用直接销售渠道。

4. 中间商因素

渠道设计应反映不同类型的中介机构在执行各种任务时的优势和劣势。比如，制造商的代表接触顾客所耗费的费用较少，因为总费用由几个委托人分摊。但是，制造商对于每个顾客的销售努力程度则低于企业销售代表能达到的水平。一般说来，企业可以从中间商的可得性、使用成本和服务质量三个方面来选择渠道长度。

可得性是指在选定的市场区域内，企业能否找到合适的中间商。在许多情况下，中间商可能由于先前与企业竞争对手的关系和契约而不能经销企业的产品，这时企业只能建立自己的分销机构，采用直接销售渠道，或者重新寻找中间商。

中间商可能会索取非常高的佣金，对于企业来说，佣金就是中间商使用成本的重要组成部分。此时，企业会选择和比较两种分销渠道的成本差异，以决定是否选择中间商，以及中间商的层次。

企业还需要评估中间商向顾客提供服务的能力和质量，如果中间商实力有限，不能提供有效的、高质量的服务，企业就要考虑建立自己具有保障服务能力的直接销售渠道。

5. 政府法律法规

这对企业选择中间商和渠道有很大的影响。企业在选择渠道时，就不能不考虑政府有关渠道安排的法律法规。

（二）规划渠道结构

1. 规划渠道长度结构

如表 8-1 所示，渠道的长度决策受到市场、产品、生产企业和中间商的影响。

表 8-1 影响渠道长度的因素

影响渠道长度的因素	直接渠道的条件	长渠道的条件
市场		
潜在顾客规模	小	大
地理分散程度	低	高
顾客集中度	高	低
交易准备期	长	短
顾客地位	高	低
产品		
体积	大	小
易腐性	高	低
单位价值	高	低
标准化程度	低	高
技术特性	高	低
毛利率	低	高
生产企业		
规模	大	小
财务能力	高	低
控制愿望	高	低
管理专长	高	低
顾客知识	高	低
中间商		
可得性	低	高
成本	高	低
质量	低	高

首先，在市场方面，潜在顾客规模、地理分散程度、顾客集中度、交易准备期、顾客地位等方面对分销渠道长度产生影响。企业面向大量的潜在顾客的销售工作需要借助一定数量和层次的营销中介。面向广阔区域的销售常常要借助长渠道（比如面向全国），而面向有限的区域销售时，短渠道可能更有效率。广阔区域的产品销售需要消耗很多资源和能力，企业常常力不从心，因此企业必须借助一定层次和数量的中间商来完成这项工作。企业面向高度集中的顾客（比如在一线大城市）的销售，往往采用直接营销，这更能降低联系和服务每个顾客的费用。反之，在顾客较为分散的地方，企业需要使用长销售渠道。交易准备期反映了从企业第一次联系顾客，到顾客最终购买的时间长度。较长的交易准备期（如购买复杂工业设备时）更适于直接渠道。反之，对于顾客习惯性购买的产品，则可以

采用间接渠道。渠道也会受到购买者在组织中的地位和层次的影响。一般说来，做出购买决策的顾客层次越高，越适合于直接渠道。反之，组织购买决策由较低层次的人做出，则很适合于借助分销商。最后，顾客平均购买的规模越大，企业越倾向于采用直接渠道，而小规模的交易更适合采用较长的渠道。

其次，影响渠道长度的产品因素有产品的体积、易腐性、单位价值、标准化程度、技术特性和毛利率等。与价值相比较，体积较大的商品倾向于采用短渠道，因为短渠道能减少实体分销的成本，而这些成本会影响产品的价格。长渠道适用于体积与价值都很小的产品。易腐烂的产品应该通过短渠道售卖，以减少运输的时间和距离，因为产品有限的保存时间不应该全被浪费在运输过程中。相反，容易保存且有较长生命周期的产品，能够通过长渠道售卖。对于具有高单位价值的产品，通常企业倾向于通过直接售卖来降低这些产品的销售成本。相反，对于售价几元钱的日常生活用品，企业更倾向于通过中间商和分销商售卖。与特制产品相比，标准化产品通常采用长渠道。特制产品由于需要与顾客建立联系，需要采用直接渠道。技术复杂程度也影响了渠道的选择。显然，技术越复杂的产品，越需要对顾客进行产品选择、使用、维护等专门知识的介绍，企业越倾向于采用直接渠道。

再次，渠道的长度受到生产企业在规模、财务能力、控制愿望、管理专长和顾客知识等方面的影响。大型公司由于实力雄厚、财务健全，并且拥有工商管理专长和丰富的顾客知识，因此有能力和意愿对渠道进行设置、管理和控制，倾向于采用直接渠道。而小型公司由于实力有限，财务能力薄弱，缺乏商业管理专门知识和对顾客的深入了解，不得不借助中间商的力量，常常采用长渠道。

最后，渠道的长度决策还受到中间商的影响。在设计渠道长度的过程中，企业应认真考虑中间商的资源、能力、优势与劣势。在多数情况下，企业都希望中间商占据有利的地理位置，拥有较广的经营覆盖范围、丰富的分销经验和良好的信誉与口碑，企业还希望中间商具备企业所需的其他分销功能。

2. 规划渠道宽度结构

渠道中每个层次中间商的数目决定了渠道宽度。企业在制定渠道宽度决策时，面临三种选择：密集分销、独家分销和选择性分销。由于这三种分销模式对渠道的控制幅度和力度的作用不同，企业要视营销渠道的控制目标要求，结合具体情况，具体设计渠道宽度结构。

如果企业刚进入某一市场，对市场缺乏一定的了解，此时企业万不可过早地采用独家分销模式。企业可以选用几家较有经验的当地分销商进行分销，待企业积累了一定经验，或对该地市场有了一定的了解后，方可考虑独家分销模式。另外，在选择渠道模式时，企业要充分考虑不同顾客行为的差异性，因地制宜。

（三）渠道规划的基本策略

1. "点、线、面"渠道布局策略的内涵

市场分销渠道布局工作的实质，就是设计分销渠道中"点""线""面"这三个要素，"点""线""面"的选择、投入与配合，就是市场分销渠道布局的关键。

"点"是指市场营销力量（包括人、财、物）在市场中所选择的关键点，通常是区位优势，企业通过对"点"的选择和抢占，来争取竞争的主动权或适度地回避竞争对手，进入现有竞争格局中的薄弱地带，以形成局部优势。"点"的选择作为整个渠道的支撑，是整个分销渠道布局的基础。

"线"是指渠道实际流通的线路，企业正是在"线"中运行了营销过程中的实物流、信息流等各种流程，以实现渠道动态功能，保障企业机制的健康运行。线路也要以"点"作为出发终止点或者中转站，通过在"点"上的基础设施实现储存、调运等功能。线路受环境的影响，会随环境的变化而发生变化。环境的变化，比如新的道路的开通、地方经济的发展、人口的流动等，会使原来的运行线路变得不再经济或效率不高，因而企业需要重新评估和设置分销渠道。

"面"是由"点"和"线"构成的框架。"面"主要指区域的划分、渗透及在区域中确立企业强有力的竞争地位，建立起阻止竞争对手进入的壁垒。

2. "点、线、面"渠道布局策略的原则

"点、线、面"渠道布局策略有三个原则。

一是阶段性原则。渠道布局是一个过程，涉及许多步骤。其中，前一步骤的实现为下一步骤的开展建立了前提条件。因此，开展渠道布局工作时，企业需要有周密的计划，还要严格按照"点—线—面"的顺序进行。

二是地域性原则。阶段性原则是从时间延续的角度来说的，地域性原则则是从空间分布的角度来看待渠道布局。一般说来，企业能投入的营销力量是有限的，因此为了达到最佳效果，企业就需要在合适的区域内有重点地投入营销力量。

三是层次性原则。层次性主要指分销渠道组织的层次性。通过设置合理而有效的层次与结构，渠道管理组织能够更有效地推进渠道布局的进程，实现既定的渠道布局战略，因此层次性原则成为渠道布局的组织保障。

企业在使用"点、线、面"渠道布局策略之前，要预先完成一些准备工作，主要包括开展市场调研，寻找竞争优势，并在此基础上形成企业总体布局战略。市场调研要争取准确、客观，这是渠道布局的基础。企业还必须把自己放在整个市场竞争格局中，寻找自己独特的竞争优势，将其作为分销渠道布局的支撑。在对市场有充分了解的基础上，企业要制定总体渠道布局战略，指出行动的方向、重点和阶段，并围绕这一战略开展宣传。

3. 渠道的逆向重构策略：分销渠道的逆向重构法

在这里，"逆向"的含义就是：建设渠道的顺序和传统建设渠道的顺序相反。渠道的逆向重构策略，是指企业不按先向总经销商推销产品，再由总经销商向二级批发商等推销这种"顺向"的顺序，而是采用反方向，从渠道的底部基础层开始工作，先向零售商推销产品，当产品销售量达到一定数量后，小型配送批发商会被调动起来，主动要求经销该产品，接着是二级经销商、总经销商，因为产品销售量的扩大和价格稳定使经营产品变得有利可图，经营规模较大的经销商纷纷加入企业的渠道体系。这样，一层层逆向建设的渠道结构体系就完成了。

企业不按照原来市场旧的渠道结构来设计自己的渠道结构（这种旧的渠道结构是企业在经营同类竞争产品的过程中形成的），而是按照自己设定的分销目标和计划，对渠道成员进行重新布点和分配，使流通渠道进入高效率、低成本的状态。这就是"重构"的含义。

在实施渠道的逆向重构策略时，企业一般首先以直接向零售终端供应产品的配送商为突破口，配送商实际上是批发渠道系统的底层。企业首先为配送商供应产品，再由他们把产品送到零售商手中，当这个层面的销售达到一定规模后，经营能力强、销售规模大的二级经销商会要求经销该产品，企业就可以招标选取代理经销商或总经销商，再通过总经销商控制批发市场，向卫星城市和郊区辐射产品物流，形成完整的流通体系（见图8-2）。

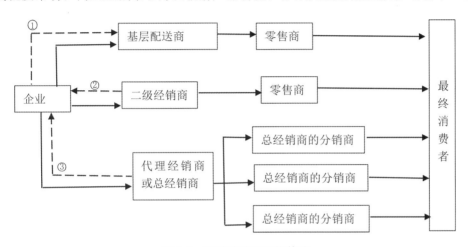

图 8-2　渠道的逆向重构策略

注：① 指的是企业发展配送商；② 指的是二级经销商申请经销企业的产品；③ 指的是总经销商申请经销企业的产品。

渠道的逆向重构策略是企业在营销组合中创造差异化价值的竞争策略，是企业为了适应市场环境而产生的一种竞争策略。现在，多数消费品企业——特别是新企业的新产品进入市场时，企业面临的最大难题不是最终消费者对商品的排斥，而是市场领先者和经销商结成的利益同盟对新进入者的排斥。对经销商而言，承接新产品就必须承担经营失败的风险，所以经销商会抬高市场进入门槛，提出市场准入条件，如赊销、货款铺垫宣传促销、降价、退货和企业不得将产品供应给其他经销商等条件。如果答应这些条件，企业像戴着脚镣跳舞；如果不答应这些条件，企业又难以获得经销商，特别是经营规模大的经销商的支持。很多新企业、新产品失败的原因就在于此。相反，消费者并没有强烈拒绝新产品的意愿，在距离消费者越近的流通环节，消费者越认同新产品，他们总是需要更多创新的产品。另外，小型批发商不是市场先入产品的既得利益获得者，他们对新产品的热情较高，提出的市场准入条件也很低。所以，企业在渠道建设工作中，可以向零售环节直接供应产品的中间商为突破点，然后再选择、诱惑更高层次的经销商加入，最后形成完整的流通体系。

运用渠道的逆向重构策略时，企业应遵循以下原则。

第一个原则是，企业要控制零售终端，方便消费者接触零售终端。

渠道的最终目的是将产品在消费者需要的地方、需要的时间送到需要的消费者手中，所以成功的渠道策略就是为消费者提供即时式（just in time，JIT）的服务。例如，日用消费品主要通过零售商向消费者销售，企业应该通过渠道支持、服务零售商，实现如可口可乐公司提出的"随手可得"的零售覆盖目标，让消费者能随时买得到。

第二个原则是，企业应拓展渠道宽度，以增加流量。

企业要建立一个完整的分销渠道，就必须拥有广泛的基础层——一定数量的、拥有同样功能和作用的经销商。一方面，在中心城市，企业要根据市场的需要进行渠道布点工作，所选择的属于基础层的经销商在分布上要有一定的密度，能覆盖目标市场区域。另一方面，同一区域的经销商可以进行分工，除了对多店供应产品的批发配送商外，有些渠道对百货商店有较强的供货能力，有些渠道又专门做连锁超市的供应工作，而大型卖场如沃尔玛等则会接受制造商的供货。企业通过建立这样一个有"宽度"的渠道，来向目标零售终端供应产品，并把产品呈现给目标消费者。

第三个原则是，企业要用动态循环的渠道改变"富人游戏"规则。

在传统的渠道建设方法中，企业在选定了总经销商或代理商后，总是致力于用广告投入和促销活动唤起消费者的消费欲望，以拉动市场需求，力求让消费者在零售终端表现消费需求，零售商则根据消费者的需求信息去寻找相关产品，然后从批发市场进货，从而使产品在渠道中流动起来，即产品实物流、所有权流、付款流、信息流和促销流的循环形成，整个渠道开始正常运转。这种靠广告拉动市场的原理就像游泳池排水一样，不管游泳池有多大，也不管游泳池是什么形状，只要在游泳池的底部开一个排水口，游泳池的水就会最终流出来。这被称为市场推广"拉"的策略。但是有人片面地相信好的、大量的广告就是渠道循环的原动力，会最终带动渠道各环节运转起来。改革开放以后，一些企业依靠广告获得了成功，但近年来，企业在这种理论下获得成功的机会越来越少，特别是许多资金和实力不充足的新企业、新产品，更是无法参加这种所谓的靠广告塑造品牌的"富人游戏"。"广告是渠道动力"的理论越来越显得背离市场的现实情况。如果渠道策略完全被放在营销组合中的从属地位，那么再好的广告策略也难以征服市场。

渠道的逆向重构策略要求企业将产品转移给消费者并回收资金，这个循环是从企业一开始进入市场就建立起来的。制造商向零售商供货，或者向能控制零售商的批发配送环节供货，使产品能很快地在零售终端展示，这样产品被消费者购买的可能性立刻增加，而不是等待产品的广告效应出来后才被消费者重视，由此制造商实现销售的机会增加了。渠道的逆向重构策略要求，围绕零售终端的产品销售要从小规模循环开始，从而带动整个流通大规模循环的形成，在动态的循环中，产品销售和广告策略配合，成为品牌推广的一部分。

第四个原则是，企业在渠道控制方面要有弹性，以适应新的市场变化。

企业需要结合市场竞争情况调整渠道体系，以提高自己的竞争力。渠道长，产品流通环节多，一旦某个环节出了问题，渠道调整见效慢，不利于企业参与市场竞争；渠道短，产品流通环节少，一旦某个环节出现问题，渠道调整见效快，企业的市场竞争力相对较强。

究竟是长渠道好还是短渠道好？这个问题不能一概而论。企业需要随市场竞争情况适度、适时地调控渠道。为了保持竞争优势，企业必须有弹性地控制渠道体系，并不是在选择了一级经销商或者总经销商后就认为渠道的逆向重构工作完成了，企业还需要协助一级经销商或者总经销商做好下级经销商的分销工作，保持对各层面一定数量经销商的控制，特别要控制好基础层面——零售终端的配送商，企业要和这一层面的经销商保持长期的合作关系，它是整个渠道结构的基础。在竞争趋于激烈的时候，企业要对多环节的渠道进行压缩，减少流通层次，缩短渠道长度，使其变为短而粗的渠道结构。同时，企业必须回到加固基础层面的工作上来，制定鼓励这个渠道层面的政策，通过对配送商层面的控制，加强对零售终端的控制，以掌握市场竞争的关键点。

第五个原则是，企业需要用"中心造势、周边取量"的方法实现规模经营。

渠道的逆向重构策略要求企业在中心城市实施较为密集的渠道策略，以使产品获得较高的市场占有率和较好的品牌认同感。中心城市的消费潮流会带动周边城市的消费潮流。这在中国市场表现得尤为明显，产品在中心城市的市场占有率越高，越有利于产品物流向周边城市辐射。从销售系统成熟后产品实现销售的情况看，中心城市的销售额在整体销售额中只占20％，而周边市场却占80％，对于有的产品，中心城市与周边城市销售额比例可以达到1∶9。每个企业在其市场拓展计划中把中心城市作为必争之地，一旦在中心城市取得成功，企业就可能占领这个区域的其他市场，所以企业对中心城市的投入会远远高于其他地区。

这种"中心造势、周边取量"的原理，究其内在原因，除了企业在中心城市树立品牌能起到很大的消费带动作用外，流通上的影响也是重要因素。一种产品在中心城市的市场占有率提高，参与经营的批发商就增多，会导致产品发生"通货"现象——产品具体的形态和作用在经销商眼里已经不重要，重要的是这种产品没有经营风险，不是"死货"，对这种产品的持有和货币的持有一样，产品在经销商之间可以作为交换货物的中介，作为一定程度上的"通货"来使用。只要生产企业的价格体系稳定，产品的保质期较长，产品就能像货币一样流通，特别是在销售旺季商家现金流紧张的时候，以货易货的情况更多。当经销商把产品看作钱而不是货物的时候，产品的流通能量加强，流通的辐射能力也加强，这时候，企业应该抓住时机，使"周边取量"的效果进一步得到强化。

（四）设计渠道路径的方法

1. 渠道网点设计法

对于企业分销渠道设计来说，网点主要有关键点（即优势区位）和切入点两种。其中，关键点是指客观上形成的对企业经营的产品销售起重要作用的市场区域或销售集中区域，行业中各企业在这种网点的竞争十分激烈。这就要求企业具有很强的竞争实力，或者企业拥有一种或几种重大创新产品，能直接打入关键点。此外，如果企业实力不足，企业就要寻找现有市场竞争格局中的薄弱环节，即市场切入点，先打入市场，保证企业能够生存，再寻找机会发展，即避免与实力强大的竞争对手硬碰硬，而采取避实击虚的策略建立生存空间。这一策略常常被中小企业采用。

2. 渠道线路设计法

分销渠道中实际存在实物流、所有权流、付款流、信息流以及促销流等多种流程，在这些流程中，有的流程的运行线路是一致的，有的流程则要通过不同的线路、不同的途径才能运行，因此企业的营销线路非常复杂，其中某些线路承担多种流程功能，需要从多种角度看待这一线路的效率，以及线路中渠道成员承担各种流程功能的能力。需要注意的是，营销环境的变化对渠道线路效率的影响极大，特别是交通运输发展、信息基础设施建设等，常常能提供更快、更好的渠道线路。地区经济的发展、自然条件的改善也使某些渠道线路的改进成为必要。因此，企业必须不断审视环境的变化，考虑渠道线路改进的可能性。

3. 渠道地域渗透法

地域渗透主要是指企业运用多种营销、宣传、公关手段，使消费者对产品了解、产生印象并试用，这时企业要综合考虑消费者购买心理和各种影响因素。地域覆盖主要是指企业建立消费者消费的偏好、对本企业产品的消费习惯以及定势，建立牢固的销售根据点，并且对竞争对手进行认真分析，建立区域市场的进入壁垒，阻止竞争对手进入。

企业在实际进行渠道布局时，除了依据上述步骤，还要综合考虑多种现实因素的影响，权衡利弊，慎重抉择，同时兼顾短期利益和长远利益。

四、分配渠道任务

（一）明确渠道成员的责任

渠道任务包括推销、渠道支持、物流、产品修正、售后服务以及风险承担等工作。企业必须将这些渠道任务合理地分配给各渠道成员。

1. 推销

推销工作主要包括：①新产品的市场推广；②现有产品的推广；③向最终消费者促销；④建立零售展厅；⑤就价格进行谈判，确定销售形式。

2. 渠道支持

渠道支持工作主要包括：①市场调研；②地区市场信息共享；③为顾客提供信息；④与最终消费者洽谈；⑤选择经销商；⑥培训经销商的员工。

3. 物流

物流工作主要包括：①储存货物；②处理订单；③运输货物；④与最终消费者进行交易；⑤处理单据。

4. 产品修正与售后服务

这一工作主要包括：①提供技术服务；②调整产品以满足顾客需求；③产品维护与修理；④处理退货；⑤处理被取消的订单。

5. 风险承担

这一工作主要包括：①存货融资；②向最终消费者提供金融服务；③仓储设施投资。

（二）为渠道成员分配任务

作为渠道管理者，企业要将每一项渠道任务分配给渠道成员。其中，有许多任务既可以由制造商来执行，也可以由经销商来完成，或移交给消费者（最终用户），或分配给辅助商（如广告代理商、运输公司等），还可以由渠道成员共同承担。例如，制造商可直接为最终用户提供运输服务，可以要求批发商自己来提货，可以让消费者自己来挑选并运走产品，也可以负责将货物运到批发商那里，再由批发商负责将其转送至零售商。

1. 为渠道成员分配任务的标准

作为渠道管理者，企业在为渠道成员分配任务时，需要采用以下标准：①降低分销成本；②增加市场份额、销售额和利润；③强调分销投资的风险最低化和收益最优化；④满足消费者对产品技术信息、产品分布、产品调整以及售后服务的要求，从而使企业在竞争中取得优势；⑤保持对市场信息的了解。

2. 为渠道成员分配任务时要考虑的因素

作为渠道管理者，企业在为渠道成员分配渠道任务时，必须考虑如下几个因素。

一是渠道成员是否愿意承担相关的渠道任务。企业要知道的一点是，并非所有的渠道成员都愿意承担某些任务。批发商一般不愿意提供技术服务或处理退货；生产商一般不愿意为最终消费者提供信息服务。渠道管理者能够有效地促使渠道成员主动执行某些任务的能力，取决于渠道管理者的实力和产品的竞争力。

二是不同的渠道成员执行任务的质量。并非所有的渠道成员都具有同样的水平来执行任务。调查显示，不同渠道成员对直接渠道和间接渠道的评价是不同的。分销商在信誉保证、紧急救助、产品分布、服务质量以及顾客关系方面做得要比直销业务员好。然而，直销业务员在产品价格、质量、技术知识、规格改进等方面则做得要好得多。

三是渠道成员与顾客的接触程度。一般情况下，渠道管理者可以依据渠道成员与顾客接触的程度，将渠道成员分为三个等级：推销中介、存储中介和存储/服务中介。推销中介先与顾客接触；存储中介维持库存，但几乎不提供技术支持；存储/服务中介与顾客的接触最频繁。在分配渠道任务时，渠道管理者可以将销售工作分配给经销商或代理商来完成，将处理退货的任务分配给存储/服务型中间商来执行。

四是特定顾客的重要性。在分配渠道任务时，渠道管理者要考虑顾客的规模。例如，可以派直销人员去处理与大客户的业务；用电话销售和邮寄手册的方式来对待中型客户；

对小客户和大众,则宜采用间接渠道。渠道管理者可以通过相同的渠道网络(包括直接渠道和间接渠道)到达不同的细分市场。

总之,明确渠道成员的职责,使各成员应承担的任务清晰化,是渠道顺畅运行的基本前提。经销商在渠道中应该承担什么样的任务,由谁来担当渠道领袖并管理渠道,对于这些问题,渠道管理者在进行渠道设计时需要认真考虑。明确了各渠道成员的权利和责任后,各方都应恪守既定规则,并做好相互之间的监督工作,以避免多方任务交叉而导致渠道冲突。

渠道任务的分配,应在渠道成员相互协商与协调的基础上进行,力求做到扬长避短,发挥渠道的整体优势。

五、选择渠道最佳方案

(一)渠道方案的评价标准

评价渠道方案时,人们一般采用如下标准:经济标准、控制标准和适应性标准。

1. 经济标准

对不同渠道方案进行的评价,首先应该是经济评价,即以渠道成本、销售量和利润来衡量渠道方案的价值。采用经济标准评价渠道方案,一般有以下三个步骤。

第一步,综合考虑企业直接销售与利用代理商销售这两种方案,评估哪一个方案可以产生更多的销售量。有人说企业的销售队伍可以产生更多的销售量,也有人讲利用代理商可以增加销售量。实际上,这两种情况都是存在的,因为不同的情况有着不同的条件与背景。

第二步,评估不同渠道结构在不同销售量下的渠道成本。一般来说,当销售量较小时,利用企业的销售队伍进行销售的成本高于利用销售代理商的成本。随着销售量的增加,企业的销售队伍成本的增加率要低于销售代理成本的增加率,这样,当销售量增长到一定限度时,利用销售代理的成本就会低于利用公司销售队伍的成本。

第三步,比较不同渠道结构下的成本与销售量。由上一步可知,利用直接销售渠道与间接销售渠道能产生不同的销售量,也存在不同的销售成本,而渠道设计又不能经常进行变动,所以企业应该首先预测产品的市场潜力,然后根据市场潜力的大小确定直接销售渠道与间接销售渠道的成本。在销售量(市场潜力)确定的情况下,企业要选择成本最小的渠道结构。

2. 控制标准

除了经济性外,企业还需要考虑渠道控制问题。如果企业倾向于控制管理渠道,那么企业评价渠道时可以采用控制标准。长而密的分销渠道很难控制,直接销售渠道最容易控制,而长度适中、密度适中(选择性分销)渠道在控制性上则处于二者之间。

3. 适应性标准

在不同的市场条件下，分销渠道环境是不同的，因而对企业来说就存在渠道的适应性问题。如果渠道环境相对比较稳定，渠道成员之间就会针对彼此投入较大的产品增加互信和互倚，并互相承诺。反之，在快速变化的渠道环境下，渠道成员之间会减少对彼此的产品的投入，以避免可能发生的风险，降低相互承诺水平。因此，在评估渠道时，企业还需要考虑由于渠道环境引起的渠道成员之间的适应性问题。

（二）评价和选择最佳渠道的方法

1. 财务评价法

影响渠道选择的一个最重要的变量是财务。因此，一个合适的渠道与投资决策非常类似。这种决策包括比较使用不同的渠道需要的资本成本，以及使用不同的渠道能获得的最大利润。此方法很好地突出了财务变量对渠道结构的选择作用。鉴于渠道选择决策往往是长期的，因而这种评价方法更有价值。应用这种方法的主要困难在于，它在渠道决策制定过程中的可操作性不大。

2. 成本评价法

成本评价法的经济基础是：成本最低的结构就是最适当的分销结构。关键就是找出渠道结构对交易成本的影响。因此，成本评价法的焦点在于企业要达到其分销任务而进行的必需的交易成本耗费。交易成本主要是指分销中活动的成本，如获取信息、进行谈判、监测经营以及其他有关的操作任务的成本。

为了达成交易，企业需要特定的交易资产。这些资产是实现分销任务所必需的，包括无形资产与有形资产。无形资产是指为销售某个产品而需要的专门的知识和销售技巧；销售点的有形展示物品、设备则是有形资产。

如果需要的特定交易资产价值很高，那么企业就应该选择一个垂直一体化的渠道结构。如果交易成本不高（或许这些资产有许多其他用途），企业就不必担心将它们分配给独立的渠道成员。

3. 经验评价法

经验评价法是指企业依靠判断和管理经验来选择渠道结构的方法。经验评价法又可以细分为以下三种方法。

第一种是权重因素记分法。这种方法最早由美国著名营销学家菲利浦·科特勒（Philip Kotler）提出。权重因素记分法是一种更为精确的选择渠道结构的直接定性判断法。这种方法使管理者在选择渠道时的判断过程更加结构化和定量化。这一方法包括 5 个基本步骤：明确地列出渠道选择的决策因素；以百分比形式列举每个决策因素的权重，以准确反映它们的重要性；参照决策因素的权重，为每个渠道选择打分；将决策因素的权重与每个渠道选择的分数相乘，得出每个渠道选择的总权重因素分数；为备选的渠道结构进行排序，获得最高分的渠道选择方案即为最佳选择。

第二种是直接定性判定法。在渠道选择实践中，直接定性判定法是最粗糙的，但同时也是最常用的方法。使用这种方法时，管理人员根据他们认为比较重要的决策因素，对影响渠道结构选择的变量进行评估。这些决策因素包括短期与长期的成本以及利润，渠道控制问题，长期增长潜力。有时，这些决策因素并没有被明确界定，它们的相关性和重要性也没有被清楚界定。然而，从管理层的角度看，最终选定的渠道方案是最适合的。

第三种是分销成本比较法。企业应用此方法可估计不同的销售渠道的成本及收益，并通过这些数字对比来确定成本低、收益多的渠道结构。比如，一家企业在进入一个中等城市市场之前，对比采用两种不同渠道结构的成本和收益，这两种不同渠道结构是直接销售渠道结构和使用一级分销商的渠道结构。

第三节　互联网背景下航空公司分销渠道发展趋势

一、分销渠道集中度大幅提高

随着互联网普及，消费者的消费习惯和方式已发生了转变，消费者由传统的门店购票转变为网上购票，网上直接销售渠道在销售渠道中所占的比例迅速上升。在线旅行社（online travel agency，OTA）是在线酒店、旅游、票务等预订系统平台的统称。近年来，OTA 凭借其自身优势，迎合了消费者的需求，得以快速发展。同时，中国民用航空局出台了一系列政策，规范机票代理市场秩序，如 2008 年发布的《关于改变国内航空运输销售代理手续费管理方式的通知》不再规定代理费收取方式和标准，2016 年出台的《关于国内航空旅客运输销售代理手续费有关问题的通知》禁止机票代理加收服务费。

自 2016 年起，国内各大航空公司开始逐步下调代理费，中国南方航空集团有限公司（简称南方航空）、中国国际航空公司（简称国航）、中国东方航空公司（简称东方航空）和厦门航空有限公司（简称厦门航空）甚至将代理费调整至 0 元，零佣金时代正逐渐到来。零佣金时代导致 OTA 依靠佣金赚取利润的空间变小，倒逼其以机票销售为契机进行转型升级。多数小型 OTA 因自身资源和综合实力的限制，会依附于大型 OTA，分销渠道集中程度会进一步加深。2019 年，智研咨询发布了关于中国在线旅游市场现状分析及投资前景预测的报告，数据显示，OTA 机票预订份额占销售渠道的 80%，而绝大多数市场份额集中在飞猪、携程和去哪儿等几个代理商手中，携程的市场占有率达 51.9%，飞猪和美团快速崛起，市场占有率分别为21％和6％。① 如此，代理商对于渠道的掌控能力进一步加强，分销渠道管理显得尤为重要。

二、分销渠道份额呈现下降趋势

2015年，国务院国有资产监督管理委员会召开会议，要求各大航空公司提升机票直销的比例，降低代理分销的比例，这就是"提直降代"。这是当时各主要航空公司面临的一项重要任务。"提直降代"对网上机票销售平台的营销行为做出进一步限制，低价票、退改签、捆绑保险及其他产品等传统的具有较大盈利空间的服务将被打压。

为响应"提直降代"要求，各大航空公司逐渐加大直营渠道建设力度，直销渠道的建设和推广对分销渠道形成了较大冲击，分销渠道的份额呈下降趋势。尤其是近几年，互联网普及率持续增长，至2020年，互联网普及率已高达64.5％，在这种背景下，航空公司通过网络能够直接和消费者深度接触，机票直销渠道发展迅猛，在机票销售渠道中所占的比例持续上升。然而，受基数的影响，直销渠道的销售份额仍旧较低，有较大的增长空间。为了降低销售成本，增强渠道控制能力，航空公司必将借助技术和互联网的力量，对直销渠道加大资金和资源的投入。此外，我们需要注意的是，尽管"提直降代"已成为趋势，但是直销渠道并不能完全取代分销渠道。相比航空公司，OTA在消费者体验和产品多样化等方面具备一定的优势，未来，营销渠道必然是分销和直销共存的状态。因此，航空公司应在"提直降代"的同时，平衡好直销和分销渠道的发展。

三、航空公司直销进一步发展

过去，由于成本等原因，航空公司直销渠道一直处于份额较低的状态，直销销售量仅占10％~20％的份额，但随着电子商务技术的发展，以航空公司官网为主要形式的直销渠道变得容易实现和低成本化，航空公司乐于发展直销渠道，以减少代理费支出，同时也能够真正掌握终端消费者资源。据统计，近年来，一些航空公司直销渠道年增长率保持在60％以上，春秋航空股份有限公司（简称春秋航空）更是率先实现了直销占比超过90％。② 从总的发展趋势来看，直销渠道将逐渐占据其应有的市场份额，达到合理化水平，即直销占据市场35％左右的份额。

四、航空公司和机票代理商的关系发生转变

近年来，各航空公司意识到代理费居高不下带来的种种弊端。特别是国航、南方航空、东方航空根据国务院国有资产监督管理委员会提出的年度总代理费率不得高于2％的

---

① 数据来源：《2019年中国在线旅游（OTA）销售规模、市场发展规模、竞争格局及行业发展趋势分析预测》（https://www.chyxx.com/industry/201905/735863.html）。

② 数据来源：《航空运输行业专题报告：春秋 vs. 吉祥，民营航空双典范》（https://new.qq.com/rain/a/20230410A02OSH00）。

要求,积极带头降低代理费。2015年6月,南方航空率先下调机票代理的代理费,紧接着,国航和东方航空也相继取消代理费,开始引领航空公司进入零代理费时代。中国民用航空局2016年2月发布《关于国内航空旅客运输销售代理手续费有关问题的通知》,要求航空公司采用基于航段数量并参考销售舱位等级的国内客运手续费政策。新实行的代理费标准远远低于过去按票面价百分比计算的代理费。虽然由于各方的博弈,代理费仍会继续存在,但代理费降低是大势所趋,近几年来,这种趋势越来越明显。

国内航空公司代理费持续减少,直到实行零佣金制度。零佣金制度是全球的大趋势,早在多年前,零佣金制度已在美国、欧洲、新加坡实施,近年来,亚洲的日本、韩国、泰国、马来西亚、印度尼西亚、菲律宾、中国香港的多家航空公司也已相继实施零佣金制度。零佣金制度对严重依赖佣金的传统代理商冲击最大,也势必导致代理商转型,代理商必须顺应变化,不断改进产品线,并提供高价值的增值服务,才能在激烈的竞争中获得发展。

第四节 互联网背景下航空公司分销渠道创新策略

一、航空公司定制化营销

定制化营销是指在大规模生产的基础上,将市场细分到极限程度——把每一位顾客视为一个潜在的细分市场,根据每一位顾客的特定要求,单独设计、生产产品并迅速交货的营销方式。它的核心目标是以顾客愿意支付的价格并以能获得一定利润的成本高效率地进行产品定制。

进入大数据时代,民航业越来越关注信息化发展。航空公司可以利用大数据预测旅客需求,通过搜集旅客在航空公司网站、App上的浏览痕迹,甚至其他渠道显示的相关信息,预测旅客出行习惯、餐食偏好、行为习惯等,挖掘旅客关键信息,为旅客提供更有价值的产品与服务。针对不同的旅客需求,航空公司完全可以再次细分市场,对旅客进行定制营销,制订个性化营销方案,实施产品、服务升级,减少营销精力的浪费。例如,航空公司可以通过大数据预测哪些旅客可能会为航空公司创造更多收入,哪些旅客擅长使用社交媒体,哪些旅客的推广有助于提高航空公司品牌知名度等。航空公司只有细分旅客市场,制订个性化营销方案,更多地关注营销内容,才能抓住营销机遇,真正实现经济效益提高、品牌影响力增强和旅客黏性提高的目的。

二、航空公司智能销售渠道

航空公司利用人工智能技术,可以在呼叫中心、移动端开展机器人服务,解决客户的大多数常见问题。航空公司还能利用先进的意图识别技术，在与旅客的多次对话中挖掘旅客的潜在需求，并为旅客提供个性化服务。例如，东方航空联合微软后台接入微软小冰，使旅客与机器人对话，在提供规范化服务的同时满足旅客的个性化需求，旅客可以通过微软小冰获取登机通知，还可以预订餐食，并通知家属准时接机。

三、航空公司平台销售渠道

在互联网时代，旅行电子商务的发展对于民航业的发展具有非常重要的影响。其中，OTA 是旅行电子商务的对外界面，它的发展状况反映了旅行电子商务的发展状况。美国在这方面发展得最早。他们的网站数量多，功能也齐全，特色明显。我国 OTA 起步虽然晚，但是发展迅速。特别是携程旅行，自 1999 年创办以来，其市场份额不断增加，已经成为众多旅客的首选。笔者接下来介绍国内外几大具有广泛影响力的 OTA 平台。

（一）携程旅行

携程旅行（简称携程）是一个总部位于上海的在线票务服务公司。它成功地整合了高科技产业和传统旅游业，提供旅游度假、酒店预订、机票预订等各种旅行服务。

携程为顾客提供几乎所有航空公司的订票服务，包括国内机票和国际机票的查询、预订。行程类型可为单程、往返或联程。除此之外，顾客可按照航班号、起降地查询航班动态信息。顾客可以利用"值机选座"功能，在线预订座位。值机成功后，顾客可在线打印登机牌。"退票改签"功能可提供已出票的机票的改签和退票服务。除此之外，携程还有"机票＋酒店"捆绑销售产品和机场大巴查询及预约服务。

（二）去哪儿旅行

去哪儿旅行（简称去哪儿）是总部设在北京的另一家在线票务服务公司，可为顾客提供国内外机票预订、酒店预订、度假旅行、旅游团购等服务。通过比较不同信息，去哪儿致力于帮助顾客找到性价比高的产品。

去哪儿官方网站的机票预订服务分为国内机票和国际/港澳台机票预定两种。国内机票有单程和往返两种，而国际/港澳台机票包括单程、往返、多程（含缺口）三种。

去哪儿的特色之一是机票预约。在顾客输入出发城市、到达城市、最早/晚出发时间和合理预算（不含机场建设费和燃油费）后，去哪儿会实时监控机票价格变化。一旦发现符合顾客预算的机票，去哪儿会立即下单。下单成功后，去哪儿会通过短信、邮件的方式通知顾客付款。

（三）智游网

智游网英文名为 Expedia，是全球最大的在线旅游公司，其业务量约占全球在线旅游市场的三分之一。其总部设在美国，是一家提供机票预订、酒店预订、汽车出租、邮轮旅行等服务的互联网企业。2007 年，智游网通过与艺龙合作正式进入中国市场。

相比携程和去哪儿，智游网的机票预订功能主要覆盖国际航线，航程分为单程、往返和多个目的地三种类型。除了可以筛选出发地、目的地、出发时间外，顾客还可以筛选航空公司、舱位类型、是否直飞、是否支持退票改签等，服务更加人性化和精准。另外，智游网将机票和其他产品组成了多种组合，进行捆绑销售，如"机票＋酒店"组合、"机票＋酒店＋租车"组合。

经典案例8-1

东方航空"空铁联运"产品基本覆盖全国

2022年9月，东方航空宣布，其与中国铁路联合打造的"空铁联运"产品新增沈阳、大连、合肥、太原、天津、佛山、乌鲁木齐、运城、柳州、福州、大同、南宁、桂林、西宁等14个枢纽城市，由此新增224个通达站点、333个可衔接火车段。至此，"空铁联运"产品已覆盖的枢纽城市达到41个，通达645个火车站点，东方航空"空铁联运"产品实现航空段与1113个火车段的双向联运，"空铁联运"产品网络范围已基本覆盖全国。

除新增枢纽城市外，东方航空还在"北京大兴"枢纽站点的基础上，新增"北京西""北京北""北京南"和"清河"4个枢纽站点；在昆明新增11个通达站点；在广州新增13个通达站点；在深圳新增21个通达站点；在汕头新增5个通达站点。

东方航空已为新标准下的"空铁联运"产品推出了专属的品牌标识。截至2022年9月，东方航空已在北京大兴、青岛胶东、南昌昌北、太原武宿、武汉天河国际机场设立了"空铁联运"专属柜台，该柜台在其他各机场的建设工作也正在稳步推进。

发展多式联运是建设交通强国的重要内容，也是为旅客出行提供服务的一个重要体现。东方航空积极携手有关各方，加快各种交通运输方式的深度融合，提升综合运输效率，为旅客出行提供衔接顺畅的服务。东方航空与中国铁路于2020年8月携手实现了东方航空App和中国铁路12306App的全面系统对接，"飞机＋高铁联运"和"一个订单一次支付"的新模式开创了中国民航和高铁销售平台的首次互联互通。近年来，"空铁联运"产品种类、覆盖的铁路站点持续扩大、升级。

未来，东方航空将继续优化"空铁联运"产品，力争打造使用范围更广，组合出行更便捷的联程运输典范，更好地服务旅客的个性化、多样化需求，为旅客打造高品质美好出行体验。

资料来源：《新增14城市 东航国铁"空铁联运"网络基本覆盖全国》（fuwu.caacnews.com.cn/1/6/202209/t20220922_1353739.html），有改动。

阅读并思考：
(1) 航空公司在 App 上销售机票的优点是什么？
(2) 发展多式联运对航空公司有什么重要意义？

【综合实训】
请同学们讨论代理商在航空公司的销售渠道中的作用和意义。

徐舜寿的航空人生

本章小结

航空公司的分销渠道是指航空公司的机票如何分销给旅客的过程，包括直接分销和间接分销。机票可以通过代理商、航空公司、旅行社、集运商和包机商等途径销售给旅客。

影响航空公司分销渠道设计的因素众多，本章主要从市场、产品、企业自身和中间商四个方面进行分析。

分销渠道设计是指企业为实现营销目标，根据产品的特点，结合企业内部及外部环境，对各种备选渠道结构进行评估和选择，从而开发新型的分销渠道或改进现有分销渠道的过程。分销渠道设计主要以满足消费者需求为出发点，需要遵循以下原则：畅通高效原则、覆盖适度原则、稳定可控原则、协调平衡原则、发挥企业优势原则。

本章所介绍的分销渠道设计程序以顾客需求为导向，设计程序包括五个步骤：分析渠道环境、确定渠道目标、规划渠道结构和路径、分配渠道任务和选择渠道最佳方案。

在互联网背景下，航空公司分销渠道集中度大幅提高，分销渠道份额呈现下降趋势，航空公司直销进一步发展，并且航空公司和机票代理商的关系发生了转变。

中英文专业名词对照

营销渠道 Marketing Channel
中间商 Middleman
分销渠道 Distribution Channel
长渠道 Long Channel
代理商 Agent
直接渠道 Direct Channel
直接销售 Direct Sale
渠道规划 Channel Planning
旅行社 Travel Agency
智能销售 Smart Selling
集运商 Shipper
精准定价 Precise Pricing
包机商 Charter Operator

(1) 影响航空公司分销渠道设计的因素有哪些？
(2) 航空公司分销渠道设计的原则有哪些？
(3) 试述互联网背景下航空公司分销渠道的发展趋势。

第九章
航空公司促销策略

促销的实质是信息沟通。为了促进销售，企业会把信息传递的一般原理运用于促销活动中，在企业、中间商、消费者三方之间建立起稳定有效的联系，确立信息沟通的目标，综合运用沟通方式，排除信息沟通障碍，实现有效信息沟通。对于许多企业来说，问题的关键不是要不要进行促销，而是如何进行促销，以及选择什么样的促销手段。

学习重难点

1. 重点

（1）了解促销组合的定义及作用。

（2）理解航空公司的促销组合策略。

2. 难点

（1）掌握航空公司数智化的营销传播策略。

本章引例

长沙机场的创新营销实践

为促进运输市场快速恢复，长沙机场聚焦智慧出行变革，打造无缝衔接、便捷高效的中转服务，推出旅客"零"行李出行的新型"门到门"服务，智慧出行新场景指日可待。

平台赋能提升中转服务水平。自 2020 年以来，长沙机场以打造"经长飞"中转服务品牌为抓手，上线中转旅客服务平台、"中转通"小程序，开展跨航企行李直挂业务，成立跨省中转机场联盟，进一步提升旅客的出行体验。在智慧平台的支撑下，中转旅客拥有了"一次值机、一次安检、行李直挂、无忧中转"的

体验。2021年,长沙机场中转旅客吞吐量同比增长10%,高于国内旅客吞吐量平均增幅,还创造了28分钟跨航企中转保障纪录。

数字生态圈推进空铁地联运。2021年4月,长沙机场打破民航与高铁的数据壁垒,推出"湖南空铁联运·韶山游"等产品,实现票务一体化、站务一体化、行李一体化、航旅一体化"四个一体化"协同。联运产品覆盖湖南省内21个高铁站,联运旅客还能享受免费乘坐磁浮列车的服务。这一举措将湖南省经济文化协同发展水平提升到了一个新的高度。

推出"门到门"行李无忧服务。长沙机场以磁浮城市航站楼为中转站,推出"徒手出行、行李无忧"服务,凭借机场与高铁两大交通枢纽,进一步增强了区域综合交通集疏运能力。旅客的行李可直接从长沙市区200余家酒店托运至机场,实现行李从"酒店大门到飞机舱门"的无缝对接,旅客可解放双手轻松出行,这项服务每年能为长沙机场创造数十万元的收益。

资料来源:《降本增效导向下国内机场智慧赋能的创新实践分析》(http://www.caacnews.com.cn/special/2022zt/6996/2020mhcy3/202208/t20220802_1350073.html),有改动。

课堂讨论:
(1) 你有遇到过哪些航空公司的促销活动?
(2) 现代信息技术如何改变航空公司的促销策略?

第一节 航空公司的促销组合

 ## 一、促销组合的定义及作用

(一) 促销组合的定义

促销组合是一种组织促销活动的策略和思路。企业将广告、人员推销、公关宣传和营业推广这四种基本促销方式组合,形成一个策略系统,使企业的全部促销活动互相配合、协调一致,最大限度地发挥整体效果,从而顺利实现企业目标。

促销组合是市场营销组合的重要内容。广告、人员推销、公关宣传及营业推广等促销方式各有长处和短处，促销的着重点在不同时期、不同商品上也有区别。因此，在实际制订促销组合策略的过程中，企业需要根据实际情况，对四种促销方式进行筛选，形成不同的促销组合策略。

（二）促销组合的作用

促销组合在企业经营中的重要性日益显现。具体来讲，促销组合的作用表现在以下几个方面。

1. 提供信息，疏通渠道

销售产品是市场营销活动的中心任务，信息传递是产品顺利销售的保证。产品在进入市场前后，企业要通过有效的方式及时为消费者提供有关产品的信息，以引起他们的注意，激发他们的购买欲望，促使其购买。在信息传递的过程中，企业向消费者介绍有关企业现状、产品特点、价格、服务方式和服务内容等信息，以此来诱导消费者对产品或服务产生需求欲望并采取购买行为。同时，企业要及时了解消费者对产品的意见，迅速解决消费者遇到的问题，从而加强与消费者的联系，畅通销售渠道，促进产品流通。通过信息的传递，企业使社会各方了解产品销售的情况，建立起企业的良好声誉，引起各方的注意和好感，为企业成功销售产品创造前提和条件。

2. 诱导消费，扩大销售

企业针对消费者和中间商的购买心理来开展促销活动，不但可以诱导需求，使无需求变成有需求，而且可以创造新的欲望和需求。当某种产品的销量下降时，企业可以通过适当的促销活动，促使需求得到某种程度的恢复，延长产品生命周期。企业通过销售活动来创造需求，发现新的细分市场，可以使市场朝着有利于企业销售的方向发展。

3. 突出特点，强化优势

随着市场经济的迅速发展，市场上同类产品之间的竞争日益激烈。对于不同企业提供的许多同类产品，消费者难以觉察和区分这些产品究竟有何不同。在这种情况下，要使消费者在众多的同类产品中将本企业的产品挑选出来，促销活动就必不可少。企业宣传和介绍本企业产品的特点，以及产品能为消费者带来的好处，能增强消费者对本企业产品的印象和好感，从而促进购买。企业作为卖方，向买方提供有关信息，特别是能够突出产品特点的信息，能激发消费者的需求欲望，变潜在需求为现实需求。

4. 提高声誉，稳定市场

在激烈的市场竞争中，企业的形象和声誉是影响其产品销售稳定性的重要因素。通过促销活动，企业可以塑造自身的市场形象，提高在消费者中的声誉，使消费者对本企业的产品产生偏爱，对本企业产生好感，形成偏好，进而巩固企业已占领的市场，达到实现稳定销售的目的。对于消费者偏爱的品牌，即使该类产品需求下降，企业也可以通过一定形式的促销活动，促使消费者对该产品的需求得到一定程度的恢复和提高。企业也可以通过消费者对促销活动的反馈，及时调整促销策略，从而扩大市场份额，巩固市场地位，提高企业营销的经济效益。

二、企业的促销策略

促销策略是企业根据产品特点和经营目标，有计划地综合运用各种有效的促销手段，并最终形成的促销措施。企业的促销策略实际上就是企业对不同促销方式的具体运用。

在实践中，促销策略有很多种，大体可以分为以下几类：人员推销策略、广告促销策略、公共关系策略、销售促进策略。

（一）人员推销策略

人员推销策略是指企业派出推销人员或委托推销代表，直接与消费者面对面接触，向其推广产品、商品、服务的沟通活动决策和谋略。人员推销策略包括三个主要要素：推销人员、推销对象和推销品。推销人员是指直接从事商品、服务推销工作的人员，是处于营销一线的人员；推销对象是接受推销人员推销的主体，包括生产者、中间商和消费者三种身份的顾客；推销品也称推销客体，包括商品、服务和观念等。人员推销策略作为古老的促销策略，同非人员推销策略相比，其最大的特点是具有直接性。

1. 人员推销策略的针对性强

如果企业采取广告等非人员推销手段，其面对的是广泛的社会公众，他们可能是该产品的顾客，也可能不是该产品的顾客。人员推销策略是通过推销人员对推销对象事先进行调查研究，选择潜在推销对象，然后有针对性地直接对潜在顾客采取不同的解说和介绍，乃至说服顾客购买的一种促销活动。因此，人员推销策略的针对性很强。

2. 人员推销策略具有很大的灵活性

在采用人员推销策略的过程中，买卖双方直接联系或交流，推销人员和推销对象可以面对面地看货、议价、交谈等，这有利于推销人员及时根据推销对象对产品的不同欲望、要求、反应，灵活机动地解答推销对象的各种问题，双方能及时交换意见，更有可能促成交易。

3. 人员推销策略有利于满足顾客需求，加强服务

现代科学技术的发展，使商品的结构、性能、使用和售后日益复杂。人员推销不仅是激发顾客需求、引导顾客欲望的过程，而且是一个了解顾客需求、为顾客提供服务以满足顾客需求的过程。采用人员推销策略，企业可以让推销人员在推销商品的同时做好一系列服务工作，既方便了顾客，又加强了销售服务，能创造更多的销售机会。

4. 人员推销策略有利于加强信息反馈

人员推销策略的双向沟通方式，使得企业在向顾客介绍商品、提供信息的同时，能及时得到消费者关于产品和信息的反馈，使企业及时掌握市场动态，修正营销策略，并促使商品更新换代。

5. 人员推销策略的成本相对较高

由于实施人员推销策略对推销人员的素质要求较高，对推销人员的沟通技巧要求也比较严格，一般推销人员都需要经过培训才能上岗，所以实施人员推销策略的成本比采用其他促销策略的成本要高得多。在发达国家的一些企业，采用人员推销策略的成本一般是广告费的几倍。

（二）广告促销策略

广告促销策略是指企业按照广告预算，支付一定的广告费用，通过各种媒体对其产品或服务进行广泛宣传，从而促进销售的传播活动决策和谋略。广告是联系企业与消费者的桥梁与纽带。企业利用不同类型的广告传递不同的商品信息和产品价值，消费者利用广告信息全面掌握产品状况，拓宽选择范围；通过广告，商品最终到达消费者手中，企业也因此完成了销售，获得了利润。广告在现代企业营销过程中起着关键作用，主要表现在以下方面。

1. 刺激消费者的购买欲望

在某种程度上，消费者的消费需求规模是庞大的，同时又是多层次、多形态的。有时候，消费者或许不清楚他们真正需要什么。这时候，广告就能使他们知道自己的需要。广告中提供的产品和服务信息能让他们豁然开朗。所以，对大部分消费者而言，广告往往意味着他们有更多的选择机会。

2. 提高产品的销售量

企业进行广告宣传的最终目标是增加销售量。唯有借助广告宣传，企业的产品才能被消费者认可，消费者才能做出购买行为，企业才能获得利润。由此可见，广告宣传在增加企业销售量的过程中起着关键作用。现代企业越来越倾向于用更多的资金来增加广告的价值效益，当然，企业需要合理使用广告促销策略，如果使用不当，很容易产生负面影响。

3. 提升企业的市场竞争能力

广告促销策略可以让更多的消费者深入地了解产品，并认同企业的文化，进而增强企业的市场竞争能力。当然，企业需要开展有效的市场调研，了解消费者需求，有针对性地投放广告，利用广告提高企业产品的曝光率，增强产品对消费者的吸引力。

4. 有效传递消费信息

其实,广告只是企业传播信息的手段。企业开展广告宣传的主要目的是帮助消费者迅速地认识和了解产品,从而培养和调动消费者的购买欲。

随着互联网和数字化信息技术的蓬勃发展,传统广告投放方式已经不能满足现在的市场营销需求,为了在激烈的市场竞争中处于不败之地,企业需要采取通过低成本的广告获取高意向客户的策略。数字广告的产生使企业营销迈上了新台阶。数字广告营销结合网络、信息技术和数字交互形式,帮助企业实现产品和服务推广。数字广告营销为行业人员提供了更多便利,让营销活动变得更有效。区别于传统广告营销,数字广告营销是一种数字渠道上的执行方式。在数字化背景下,广告营销以数字技术为支撑,不断实现对特定客户的广告传播,不断提升客户的感知效果,为企业创造价值。数字广告营销有以下三种常见的模式。

一是实时竞价广告。实时竞价广告中的"实时"主要表现在两个方面:一方面,广告呈现出实时性,广告在制作完成并被购买后会以最快的时效呈现在人们面前;另一方面,广告在竞拍过程中是实时的,不同用户接触的广告位是实时产生的,用户可以通过手机或电脑等查看广告位。如今,广告审核越来越严格,质量较差的广告会在第一轮筛选过程中就被排除在外。系统会为实时竞价广告打分,并选择品质最优的广告进行投放。实时竞价广告主要在第三方营销平台投放,该平台的优势是流量能够汇集到一起,用户能在平台上结合网络对广告进行评价,企业也能结合访问数据等信息对用户进行分类和定向,实现用户精准筛选,从而提升广告的转化率。

二是精准营销。不断让顾客回头购买产品和服务是精准营销的首要目标,很多访问网站的人并不会在第一次就下单,因为他们对网站不熟悉,或者不熟悉品牌。精准营销的目的就是将这样的目标顾客进行锁定,并找出潜在顾客,再有针对性地结合顾客需求进行营销,提升顾客的购买欲望。比如,顾客想要购买空调,当他第一次接触一个品牌时,并不会马上下单,但其观看了关于这个品牌空调的一些促销广告后,广告中的某些卖点会刺激其需求,从而促使其完成购买行为。数字化广告营销需要不断对顾客进行画像,包括顾客的兴趣爱好、年龄、所在区域等,只有对顾客有充分的了解,企业才能设计出满足顾客需要的广告和产品。

三是搜索引擎营销。搜索引擎营销是一种需要利用搜索引擎筛选目标顾客的营销手段。搜索引擎会结合顾客的喜好,使产品和顾客精准匹配,以推荐顾客喜欢的产品为主,并向顾客主动传达广告创意。目前,广告平台不断推出品牌关键词等不同的广告营销形式,这种广告效果更加明显,用户在搜索的同时,能获取产品信息,还能筛选出自己所需的产品。

(三) 公共关系策略

公共关系策略是指企业通过开展公共关系活动或通过第三方在各种传播媒体上宣传企业形象,促进与内部员工、外部公众的良好关系的公关活动决策和谋略。企业采用公共关系策略往往不是旨在推销某个产品,而是利用活动和事件,把企业的经营目标、经营理念、政策措施等传递给社会公众，使其对企业有更充分的了解。企业通过公共关系策略扩大企业的知名度、信誉度、美誉度，为企业营造和谐友好的营销环境，从而间接地促进产品销售。公共关系策略为市场营销人员开辟了一种新视野和新领域，成为企业市场营销活动不可缺少的工具和手段，具有十分重要的作用。

1. 支持企业推出新产品

企业可以通过采用公共关系策略在新产品上市之前营造良好的市场氛围，帮助消费者了解、认知新产品的功能、特征和用法等，让消费者从不同角度了解产品和品牌的相关信息，由此对潜在消费者产生吸引力，诱导消费者形成购买动机。同时，当企业的成熟产品缺乏后劲，对消费者的吸引力下降时，公共关系策略能帮助企业重新定位成熟产品，寻找新的市场机会。

2. 培养消费者对产品的兴趣

随着广告的影响力逐渐减弱，很多企业强调通过公共关系策略来传递产品信息，培养目标消费者对产品的兴趣，建立品牌知名度。最常见的手法是企业通过赞助文化、娱乐和体育项目，将广告促销策略和公共关系策略结合起来，达到宣传产品和企业的目的。

3. 处理危机事件

危机事件是能够对企业的形象和声誉造成严重影响的事件，一般具有突发性、紧急性、非常规性、破坏性等特征。这要求企业通过制定、组织和实施一系列公关措施和应对策略来有效规避、处理这些危机事件，从而获得公众的认可和接纳。

4. 树立良好的企业形象

企业能通过公共关系策略在消费者面前树立良好的声誉和形象。良好的声誉和形象的建立不仅要靠过硬的产品和合理的价格，而且要靠企业的公共传播能力，即企业通过各种媒介为目标消费者介绍产品，宣传品牌，形成企业和目标消费者相互信赖的关系。

（四）销售促进策略

销售促进策略又称营业推广策略，是指企业为刺激消费者购买，举办一系列短期的、具有诱导性的推广活动。有别于人员推销策略、广告促销策略和公共关系策略这些常规性的促销活动策略，销售促进策略着眼于完成短期的具体目标，具有非常规性、非周期性和灵活多样性的特点，短期效果明显。销售促进策略的作用主要表现在以下四个方面。

1. 可以缩短新产品进入市场的时间

新产品刚进入市场时，消费者对其缺乏足够的了解，在购买过程中往往表现出观望态度。中间商则由于最终消费者的上述态度而不敢贸然批量进货。此时，如果企业采用合理的销售促进策略，用赠送样品、演示、代销、包退包换等方法，就能在一定程度上打消消费者的顾虑，激发其购买的积极性。

2. 将潜在需求变为现实需求，促进消费者购买决策的形成

当消费者的需求处于潜伏状态，或消费者在众多的同类商品中进行选择，尚未做出购买决定时，企业可以采用奖励、现金折扣、赠送样品、赠送优惠券、抽奖销售、使用示范咨询服务等推广方法，往往能使消费者认识到机会难得，进而促成其立即购买。

3. 刺激消费者进行大批量购买，加速企业资金周转

企业采用销售促进策略的一项重要任务就是刺激消费者进行大批量购买。多种方法的应用可以从物质方面诱导消费者加大购买量，从而有利于企业加速资金周转，扩大再生产。

4. 提高企业声誉，扩大市场占有量

企业采用销售促进策略时，服务周到，为消费者提供保价、折扣、优惠券等，会在一定程度上吸引消费者的注意力，从而与消费者建立起相互信任的关系，这有利于企业生产经营活动的进行。

以上四种促销策略各有优点和缺点（见表9-1）。企业在营销实践中，需要综合考虑各种因素，选择适宜的促销策略。

表 9-1 四种促销策略的优点和缺点

促销策略	优点	缺点
人员推销策略	方法灵活，方便企业与消费者交流，针对性强	费用较高，影响面小，人才缺乏
广告促销策略	传播范围广，渗透性强，影响力大，适用范围广	单向传播，说服力小，成交效果差
公共关系策略	企业可以取信于社会公众，影响力大，作用持久	企业对促销策略的控制能力较差，见效比较慢
销售促进策略	吸引力大，有立竿见影的效果，易于成交	时间短，不能频繁使用，只能作为辅助工具

三、企业的促销组合策略

在实际促销活动中，企业是采用一种促销方式，还是采用两种或两种以上的促销方式，都需要慎重做出选择。如果选择两种或两种以上的方式，就涉及以哪种方式为主、以哪几种方式为辅的问题。企业把各种促销方式有机搭配和统筹运用的过程就是促销组合。通过促销组合形成的某种企业可实施的对策，被称为促销策略，也叫促销组合策略。也就是说，促销组合策略是促销组合的某种结果或具体表现形式。我们可以粗略地把促销组合策略分为推式策略和拉式策略两种。

（一）推式策略

在实践中，如果通过促销组合形成的促销组合策略是以人员推销策略为主，以公共关系策略等为辅，那么这种促销组合策略就是推式策略。推式策略要求推销人员针对不同的消费者、不同的产品采用与其相适应的推销方法。推式策略主要适用于生产资料的促销，是生产者市场的促销活动。常用的推式策略有示范推销法、走访销售法、网点销售法、服务推销法。推式策略的运作过程如图 9-1 所示。

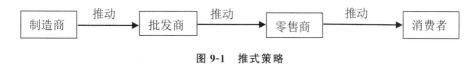

图 9-1　推式策略

（二）拉式策略

拉式策略是指企业利用广告促销策略、公共关系策略和销售促进策略等，以最终消费者为主要推销对象，设法激发消费者对产品的兴趣和需求，促使消费者向中间商、中间商向制造商购买该产品。拉式策略用广告激发最终用户的购买欲望。常用的拉式策略有会议促销法、广告促销法、代销或试销法、信誉销售法等。拉式策略的运作过程如图 9-2 所示。

图 9-2　拉式策略

实践中，通常是推拉结合，有推有拉。也就是说，一方面，企业要用广告来激发最终用户的兴趣，刺激最终用户产生购买欲望；另一方面，企业要用人员推销策略向中间商推荐产品，使中间商乐于经销或代理自己的产品，形成有效的分销链。当然，在应用促销组合策略的过程中，企业还要考虑产品的性质，并参照促销预算等有关因素做出决策。

第二节　航空公司的用户体验策略

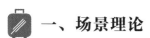

一、场景理论

（一）场景理论的产生背景

20 世纪七八十年代，美国城市发展模式开始由生产型向消费型转变，原有的城市研究理论难以适应时代的变化。为了解释后工业化阶段引导城市可持续发展的动力及其机制，新芝加哥学派提出了场景理论。

场景理论的主要创立者为特里·克拉克（Terry Clark）、丹尼斯·希尔弗（Dannies Silver），他们的研究聚焦于现代都市生活中的消费实践、便利设施和文化艺术对城市发展的影响，为适应城市的新发展阶段提供新的理论工具。

（二）场景理论的核心内容

1. 场景的定义与要素

在场景理论中，我们可以把场景理解为具有某种社会属性的人群在一个确定的空间内开展活动而形成的社会景观，例如，许多现实的场所，如咖啡屋、画廊、酒店、音乐厅、便利店、舞厅等，都属于场景。场景的要素可归纳为邻里（neighborhood）、有形客体（physical structure）、人群（persons' label）和连接这三者的活动（activity）。场景超越了物质空间属性，成为集合物质空间、社会活动、文化景观、媒体传播、消费实践等属性的综合体。

场景理论所诠释的"场景"具备独特的社会功能，从侧面印证了都市文化设施也能够成为城市快速发展的重要推动力。与建筑现象学中的"场所精神"类似，场景的核心亦是蕴含在其中的特定文化价值观，这为场景本身赋予了更加多元的应用价值。

2. 场景的分析维度

为了进一步对不同场景的属性进行辨析，新芝加哥学派提出，场景的分析维度可以分为三大类：戏剧性（theatricality）、真实性（authenticity）与合法性（legitimacy）。新芝加哥学派在这三个广义维度下细分了五个维度，共15个小维度（见表9-2）。

表 9-2 场景的分析维度

广义维度	戏剧性（theatricality）	真实性（authenticity）	合法性（legitimacy）
细分维度	展示性的（exhibitionistic）	本土的（local）	传统的（traditional）
	迷人的（glamorous）	州际的（state）	神授的（charismatic）
	睦邻的（neighborly）	少数群体的（ethnic）	功利主义的（utilitarian）
	激进的（transgressive）	合作的（corporate）	平等主义的（egalitarian）
	正式的（formal）	理性的（rational）	自我表达的（self-expressive）

（三）场景营销

场景营销，也称场景式营销，就是借助消费者所处的场景及特定的时间和空间，营造特定的场景，使消费者形成互动体验、完成消费行为的过程。

在互联网时代，场景营销是基于网民的上网行为始终处在输入场景、搜索场景和浏览场景这三种场景之一的一种新营销理念。浏览器和搜索引擎广泛服务于资料收集、信息获取、网络娱乐、网络购物等大部分网民的网络行为。

针对这三种场景，以充分尊重用户网络体验为先，围绕网民输入信息、搜索信息、获得信息的行为路径和上网场景，人们构建了以"兴趣引导＋海量曝光＋入口营销"为线索的网络营销新模式。当用户对产品感兴趣，需要和寻找产品信息时，企业的营销推广信息才会出现，场景营销充分结合了用户的需求和企业的营销目的，是一种充分满足推广企业"海量＋精准"需求的营销方式。

场景营销的核心要素是场景体验、场景链接、大数据和社群场景。

1. 场景体验：注重细节，提升用户体验

当用户打开一个消费型的App时，如果发现首页显示的内容不仅满足了他原本的想法，甚至超出了其预期，那么他就会继续看下去。如果App的界面设计、风格定位、使用舒适程度都符合用户的喜好，那么这个App就很有可能在该用户的心中占据一席之地。由此可见，用户体验对产品的推广有重要作用。

2. 场景链接：注重场景融合

随着互联网的发展，多场景融合成为一个必然的趋势。在营销领域，设计出多元化的购物场景也成为营销的重点。产品的场景营销越是具有多场景切换的特点，就越能深入用户的生活，引导用户完成购买的过程就越自然、越顺畅。

3. 大数据：融合线上线下数据，完成用户画像

作为新兴的营销模式，场景营销和数字营销的结合也越来越紧密。随着互联网技术的升级和大数据技术的日渐成熟，大数据技术在场景营销中也应用得也越来越多。通过融合线上线下的数据，大数据技术能帮助企业完成用户画像，使场景营销更加精准。大数据技术可以收集用户的性别、年龄、消费水平和偏好等数据，完成用户画像。在用户画像的基础上，用户场景的选取就会更加准确，场景营销带来的用户体验也会更好。

4. 社群场景：构建社群，优化场景运营

传统行业中的"社群"具体表现为各种品牌专柜、商场、超市的会员。当用户成为某品牌专柜、商场、超市的会员后，其在后续消费时会得到比普通消费者更大的优惠，这能使企业和用户的联系变得更加紧密。随着技术的发展，移动互联网颠覆了传统的营销渠道，企业将竞争转向各种社交平台、互动软件，构建社群的活动也从线下延伸到线上。利用更加垂直的品牌定位、更加精准的活动造势，企业可以引来更加有购买意愿的用户，打造完整的社群营销生态圈。

如今，社群营销愈演愈热，微信、微博、快手、抖音等自媒体平台成为企业营销人员的必争之地。在这些自媒体平台中，企业用接近零成本的投入便可构建一个消费倾向极为明确的社群圈子。企业营销的目的是为产品找到目标用户，而社群中的人具有明显的特征，为企业实现营销目的提供了捷径。因此，构建社群是企业优化场景运营的手段。

二、品牌管理理论

品牌管理是管理学术语,是营销管理的一个重要组成部分。什么是品牌?品牌是一种错综复杂的象征。它是品牌属性、名称、包装、价格、历史、信誉、广告的总称。品牌同时也是消费者对其使用的产品的印象。产品可以被竞争者模仿,产品极易迅速过时或落伍,但成功的品牌却能流传多年,品牌的价值将长期影响企业的发展。

品牌是消费者(注意,这里的"消费者"指的是一定的购买者,或者有购买能力且有购买意向的自然人)对于某商品(这里的"商品"指的是货币交易的产品,不是以物易物,不是赠品,一定要在流通渠道中存在)产生的主观印象(想法是主观的,不一定和客观相符),并使得消费者在选择该商品时产生购买偏好(这里的偏好可能是排他性的,也可能是替代性的)。概括来讲,品牌是消费者对于某商品产生的主观印象,这种印象能使得消费者在选择该商品时产生购买偏好。

企业要高效地创建强势大品牌,关键是围绕以下四个步骤做好企业的品牌管理工作。

(一)规划以核心价值为中心的品牌识别系统

企业要进行全面科学的品牌调研与诊断,充分研究市场环境、目标消费者与竞争者,为品牌战略决策提供翔实、准确的信息导向;在品牌调研与诊断的基础上,提炼高度差异化、清晰明确、易感知、有包容性和能触动并感染消费者的品牌核心价值;规划以品牌核心价值为中心的品牌识别系统,基本识别与扩展识别是核心价值的具体化、生动化,使品牌识别与企业营销传播活动的对接具有可操作性;以品牌识别系统统领企业的营销传播活动,使每一次营销传播活动都演绎传达出品牌的核心价值、精神与追求,确保企业的每一份营销广告投入都为品牌做加法,都为提升品牌资产做累积;制定品牌建设的目标,即品牌资产提升的目标体系。

(二)优选品牌化战略与品牌架构

在品牌战略规划中,很重要的一项工作是规划科学合理的品牌化战略与品牌架构。在单一产品的格局下,营销传播活动都是围绕提升同一个品牌的资产而进行的,而产品种类增加后,企业就面临着很多难题,究竟是进行品牌延伸,开发新产品时沿用原有品牌呢,还是采用一个新品牌?若新产品采用新品牌,那么如何协调原有品牌与新品牌之间的关系?如何协调企业总品牌与各产品子品牌之间的关系?品牌化战略与品牌架构优选战略就是要解决这些问题。

在充分了解各种品牌化战略模式的规律,并深入研究企业的财力、规模、所处发展阶段、品牌推广能力、产品特点、消费者心理、竞争格局等实际情况的基础上,企业可以优选出科学高效的品牌化战略与品牌架构。

（三）进行理性的品牌延伸和扩张

企业创建强势大品牌的最终目的是持续获取较多的利润。由于无形资产的重复利用是不需要付出成本的，只要企业利用科学的态度与高超的智慧来规划品牌延伸战略，企业就能通过理性的品牌延伸和扩张充分利用品牌资源这一无形资产，实现企业的跨越式发展。因此，品牌战略的重要内容之一就是对品牌延伸的下述各个环节进行科学规划：提炼具有包容力的品牌核心价值，预埋品牌延伸的管线，抓住时机进行品牌延伸和扩张，有效回避品牌延伸和扩张面临的风险，积极推广新产品，强化品牌的核心价值。

（四）科学地管理各项品牌资产

企业要积极创建具有鲜明的核心价值，有个性，能激发丰富的品牌联想，拥有较高知名度和高溢价能力，同时拥有忠诚顾客群体和高价值感的强势大品牌，从而累积丰厚的品牌资产。

首先，企业要完整理解品牌资产的构成，透彻理解品牌资产各项指标，如知名度、品质认可度、品牌联想、溢价能力、品牌忠诚度的内涵及相互之间的关系。在此基础上，结合企业的实际情况，制定品牌建设所要达到的品牌资产目标，使企业的品牌创建工作有一个明确的方向，做到有的放矢，并减少不必要的浪费。其次，围绕品牌资产目标，创造性地策划运用低成本提升品牌资产的营销传播策略。最后，不断监督品牌资产提升目标的完成情况，调整下一步的品牌资产建设目标与策略。

三、品牌体验理论

品牌体验是顾客个体对品牌和产品（包括经营者在顾客消费过程中以及顾客购买品牌产品或服务前后所做的营销努力）产生的个别化感受。也就是说，品牌体验是顾客对品牌的具体经历和感受。当然，品牌体验的内涵要远远超出品牌的产品和服务的内涵。品牌体验的内涵包含顾客和品牌或供应商之间的每一次互动——从顾客最初认识品牌，到选择、购买、使用，再到坚持重复购买该品牌的产品。

在处理接触点与顾客体验的关系时，航空公司必须牢记的一点是，接触点的存在是为了提升或改善顾客体验，同时，接触点的设计和维护是为了让顾客更好地体验和感受品牌承诺。但很可惜，我们的很多企业，包括航空公司都在做相反的事情。他们永远热衷于不断创造新的顾客接触点，但却不知道自己的企业对于顾客存在的意义和价值是什么，创造这些接触点的目的是什么，也不知道怎样使接触点与目标群体建立连接。又或者，企业有了明确的品牌承诺或定位，却不知道怎么使用接触点来实现营销目标。这两种糟糕的情况，在航空公司的顾客体验中比比皆是。

很多企业已经知道，一个企业的品牌形象，不仅来自一个耳熟能详的品牌标语，也不仅体现为一张充满创意的视觉海报（很巧合的一点是，国内的航空公司在这两点上的表现也逊色于其他消费类品牌的表现），而是由品牌与顾客互动过程中的无数个品牌接触点来

界定的。但是，受企业不同产品或服务定位的影响，不同品牌接触点的重要性排序也会有所不同。对航空公司而言，服务体验就是所有接触点中至关重要的一环。如果航空公司能在服务体验的每个接触点上做到是真正满足顾客需求，并且能够做到言行一致，基本上这就是一家非常卓越的航空公司。最成功的案例莫过于美国维珍航空公司。从创始人形象到引人注目的广告海报，从顾客登机时专属的客户服务到飞机上丰富的影音娱乐系统，这些无一不在彰显维珍航空特立独行、充满乐趣、重视服务的品牌形象。笔者在此以美国西南航空公司（简称美国西南航空）为例，阐述美国思睿高品牌战略咨询公司（简称思睿高）如何帮助以廉价闻名的美国西南航空公司改善客户体验、提升品牌形象。

美国西南航空在找到思睿高之前，已经明确了自己的定位，就是"廉价"，但是令管理者苦恼的是，他们不希望客户将廉价等同于劣质服务，而是希望客户将廉价和精简体验画等号。为此，思睿高研究了美国西南航空所有的服务流程，收集了所有的接触点素材，包括品牌标志、广告、海报、机舱座位设计、登机流程、手机 App、登机牌、登机方式、会员里程累积等 80 多个接触点的所有细节，然后采用思睿高独有的品牌调研工具对这些接触点进行定量分析，找出哪些是最能影响顾客选择美国西南航空的接触点，哪些是多余的接触点，哪些接触点和美国西南航空的形象不符合。

经过详尽且多维的分析后，思睿高发现，每个顾客与美国西南航空的接触点同时存在多个，且接触点之间有可能关联很弱或者相互排斥，这导致美国西南航空的品牌承诺和它能够为顾客提供的真实体验不一致，造成的结果是顾客满意度下降。比如，顾客使用手机下载登机牌时，无法打印发票，为此顾客需要去登机处打印发票；再如，美国西南航空的空乘人员有十几种制服，这很容易造成视觉混乱，增加顾客识别工作人员的难度，使顾客无法确认向谁求助。思睿高的目标就是找到哪些接触点根本没有满足顾客的真实需求，哪些接触点为顾客带来了不良体验，以及哪些接触点本身需要简化或改善。最终，思睿高帮助美国西南航空总结出针对商务、休闲、家庭等不同客户群体最有效的接触点排名。同时，思睿高针对这些接触点提出创新或删减建议，譬如删除头等舱、公务舱和经济舱顾客分别登机的条例，原因是思睿高通过调查发现，分别登机不仅不能使顾客有序候机，还容易导致混乱，统一登机反而能为顾客带来良好的体验。

这些接触点的改善真正满足了顾客的需求，这些形式和视觉上的改变最终使美国西南航空的顾客满意度提升了 26 个百分点。正如思睿高的一位高级管理人员所言，这个项目帮助美国西南航空提升了品牌知名度，真正满足了顾客对航空公司的需求，强化了美国西南航空的服务理念，而不是为了调查而调查。

思睿高反复强调的一点是，顾客是否会向别人推荐一个品牌，主要取决于三个因素：一是顾客体验了哪些接触点；二是每一个接触点对顾客是否推荐该品牌有多大的影响力；三是顾客对每一个接触点体验的满意度如何。因此，企业实时监测品牌接触点的表现，使这些接触点的存在是为了切实满足顾客实际需求而非花架子，并实时对接触点做出调整或改善，才是维护品牌形象的不二法则。

第三节 航空公司的数智化营销传播

大数据营销是指企业基于多平台的海量数据,依托大数据技术,广泛应用于互联网广告行业的营销方式。大数据营销衍生于互联网行业,又作用于互联网行业。依托多平台的大数据采集,以及大数据技术的分析与预测能力,广告投放将更加精准有效,能为品牌和企业带来更高的投资回报率。大数据营销的核心在于让网络广告在合适的时间,通过合适的载体,以合适的方式传播给合适的人。在大数据营销的发展过程中,企业营销的基本价值观经历了两种转变。

一是从媒体导向到用户导向的转变。21世纪初是基于眼球经济的大众媒体营销时代。作为品牌推广的实施者和受益者,为了使其宣传活动接触到更多的消费者,企业需要在受关注程度较高的网站、电视台或纸媒上投放广告,以达到提高营销效率的目的。然而,这种基于大众媒体的营销推广方式虽然到达率高、辐射面广,却无法切实掌握受众的动向并控制对其后续的影响。因此,企业从媒体导向到用户导向的营销模式转型迫在眉睫。基于客户端的定制化跟进式营销方式逐渐代替了传统的统一化一次性媒体投放模式,成为大数据营销的基础和前身。

二是从用户主观信息数据库到用户客观行为数据库的转变。传统的数据营销是一种基于市场调研中的人工统计数据和其他用户主观信息(包括生活方式、价值取向等)来推测消费者的需求、购买的可能性和相应的购买力,从而帮助企业细分消费者,确立目标市场,并进一步定位产品的营销模式。然而,由于消费者的主观判断具有局限性和随意性,据此得出的企业各项调研指标和信息数据可能会误导相关营销人员做出偏离甚至错误的决策。因此,用户的主观信息数据已不再能满足企业营销的需要。相反,企业通过实际观测,能够全方位、多角度、精准、真实地反映用户需求,随着信息挖掘技术的日趋完善,保存消费数据的用户客观行为数据库已成为企业营销的一项重要调研数据。

一、数智化时代企业面临的挑战与机遇

大数据的聚集,以及新型技术的兴起,使传统市场营销模式向数字化、智能化的方向迈进。产业高速增长带给企业的是供给过剩、竞争激烈、用户选择更多元的市场环境,进一步促使企业从以企业为中心的生产导向转向以用户为中心的市场导向。在数智化技术的冲击下,企业采购、生产、销售、流通、结算等体系都将面临变革,因此,企业经营理念和业务流程都需要进行数智化转型升级,尤其是直面用户的营销,数智化转型升级更为关键和迫切。

数智化营销是企业应用数智化技术进行的营销活动。企业可以依托数智化技术创新营销模式,更好地满足用户个性化的需求。企业进行数智化营销的根本目的是消除信息的不对称,保持终端用户的黏性,促进商业模式调整,重构营销价值链,获得持续的、高质量的发展。

（一）数智化时代企业面临的挑战

1. 用户属性变化

在数智化时代背景下，企业面临着诸多挑战，致使市场失焦、营销失语、增长失速，这是因为用户已经发生了变化，这种变化表现在两个方面：一是用户会不断地提出新的、个性化的需求；二是用户希望随时随地都处于可消费状态，企业需要随时随地与用户保持联系，以获取更多的订单。

2. 企业边界模糊

颠覆行业规则的可能不是企业，而是来自行业外的其他组织。随着消费水平的提高，用户更加关注体验而非品牌，更加关注质量而非价格。一些用户会直接参与原料采购、产品生产和供应渠道，企业的边界变得更加模糊。

3. 行业门槛降低

数智化带来的供应链、渠道体系整合与发展，使企业进入某个行业的门槛逐渐降低，更多组织和个人从知识经济、数智经济、共享经济等之中获益，可以极低的成本和代价进入行业，并对行业中已经存在的企业发起挑战。

（二）数智化时代企业面临的机遇

1. 批发和零售终端被重构

数智化技术将围绕内容、触点、数据三大核心内容，重构批发和零售终端的"人—场—货"模式。互联网、物联网、大数据、云计算、人工智能等营销技术的介入进一步激发了用户的多元需求，产品差异化、个性化、定制化趋势越发明显。随着智能手机、电话手表等不同接触点的发展和完善，终端消费场景更加丰富和多元，用户可以实现随时随地互动沟通、完成购买。

2. 线上线下加速融合

我国提出鼓励商贸流通业态与模式创新，推进数智化改造和跨界融合，线上线下全渠道满足消费需求。过去，企业在线上和线下分割运营，配备两个团队，付出双倍代价，"两条腿各走各的"，还时常伴有内部竞争。数智化技术能加速线上线下业务的融合，促进供应链和产业链的协同发展。

二、航空公司数智化营销传播的背景

从宏观层面来看，2020—2023 年，航空业客源总量减少，同时航空公司价格竞争激烈，营收与利润呈现明显下滑趋势。

从数智化转型层面来看，航空公司为了响应国家提出的"提直降代"的要求，利用大数据和人工智能技术开展营销活动，通过长时间对海量信息的收集与关联分析，分析用户的消费倾向，满足用户的个性化需求，促进业务增长。

从业务发展层面来看，现阶段，数据标签和营销投放未能真正结合起来，同时营销工具和大数据平台未能有效打通。

从营销层面来看，航空公司需要对用户的潜在消费需求进行精准挖掘，对用户价值进行分析和分类，通过多种手段提升精细化运营能力。

三、航空公司数智化营销传播的策略

（一）坚持客户思维，变革营销模式，提升品牌渗透度

面对客户多样化和个性化的航空出行需求，航空公司需要坚持客户思维，利用数字化技术促进交互，强化客户黏性，建立"以客户为中心、以需求为导向"的数字营销体系。

1. 利用数智化技术感知客户体验，实施精准营销

航空公司可以通过数智化技术获取客户体验数据，利用客户标签、可视化数据分析技术、客户分群建模技术为客户画像，通过数据处理技术深入洞察并探寻客户的显性与隐性需求，预判客户行为，开展需求预测，持续深挖潜力市场，将数据分析结果转化为灵活高效的客户精确营销策略。

2. 利用数智化技术开展全渠道模式营销管理工作

航空公司可以打造数智化营销团队，做好航空与高铁、地铁、公交、酒店、旅行社、景区、物流企业、轨道交通、港口等方面的合作，与多个合作伙伴共同建立分销体系，在原来分散渠道的基础上进行关联合作产业的引流和销售工作，实现线上线下各个渠道在多个层面的互通、互补、互助，开展协同统一的全渠道模式营销管理工作。

3. 构建新媒体宣传矩阵，开发企业品牌资源

航空公司可以建立数字传播中心，建立线上场景的触达矩阵，借助 App、小程序、公众号、抖音、微博、小红书等与客户加强联系，优化在线客服工作模式，建立引流机制，充分开发企业品牌资源，在互联网空间建立民航企业数字品牌。

（二）坚持设计思维，持续创新产品，提升客户满意度

航空公司运用以客户洞察、敏捷迭代、协同共创为中心的设计思维，可基于客户数据改进产品和服务，坚持以人为本，塑造高品质服务优势，最大程度地满足客户的期望与需求。

1. 利用客户画像定义个性化交互式产品

航空公司可以结合新一代产品交互方式，建立以客户反馈为中心的实时在线交流闭环，通过对关于客户需求、痛点、爽点的数据开展分析，分析客户的地理分布、消费趋势、产品喜好、购买习惯、渠道偏好等，智能识别客户需求差异，通过精准的客户画像精选应用场景，及时推出满足不同客户需求的个性化、菜单式、可选择的航空特色服务。

2. 对多种类型的定制化产品进行拆解重组

航空公司需要对自身能力进行数字化解构和重构，对各项服务进行重组、打包和模块化输出，开发空空中转、空地中转、空铁中转等业务，提供家庭游、差旅管家等组合解决方案，开发餐食定制等新的产品，创造新的价值空间。

3. 开展跨界合作，拓展多元化全周期产品

航空公司可以整合航空出行上下游行业资源，深化多式联运跨界融化发展，依托数智化技术推进服务内容的多元化与特色化、丰富性与可选性，打造专业化、跨领域的综合化航旅服务平台，积极布局吃、住、行、游、娱、购、健康、培训等领域，与酒店、景区、旅行社、电商平台等机构通过权益共享方式拓展会员合作模式，拓展"一票到底""差旅管家"等全生命周期产品，全面扩展空运服务，覆盖客户完整出行需求。

（三）坚持场景思维，优化客户体验，提升客户忠诚度

航空公司坚持立足商旅出行与航空物流两个维度，可从满足功能向重塑客户体验转变，开展数智化航空服务场景的持续创新，为客户提供更加贴心、更有温度的体验。

1. 及时响应客户出行全过程需求

通过高效利用各种数智化接触点，航空公司可以结合人脸识别、意图识别等人工智能技术，更好地及时响应客户的真实需求，利用在线工具开发覆盖航旅全流程的服务系统，为客户提供更高水平的即时服务，如提供航班订单、付费选座、快速通道、优先值机、贵宾休息室等增值服务，让客户拥有更多获得感。

2. 全面搭建智慧服务全流程保障体系

航空公司聚集空中、地面、线上、线下的产品供给与服务体验，用数智化技术优化人机接口，改进人机界面，使机器设备、系统平台、软件程序等更好地响应客户要求，及时发布值机安检、航班动态、行李跟踪、中转服务、改退签程序等信息，建立"门到门"全流程协作保障模式，实施"端到端"航空货运智能服务。

3. 动态优化服务全链路监控体系

航空公司充分整合民航企业的客户资源，对客户出行前、出行中、出行后服务链上的情况进行数字化监控，更好地诊断和处理问题，消除可能对客户体验造成负面影响的因

素，消除信息孤岛，提升数字化客户服务管理能力，构建基于服务质量的数字化全面评价体系。

经典案例9-1

中国民航业营销环境分析

近年来，国内高速铁路网络快速发展，对民航业的市场压缩更为严重，航空公司依靠传统的低价策略和营销模式已很难形成竞争优势。在外部各种不利因素的打击和产品同质化竞争较为严重的当下，各大航空公司只有找到差异化优势，才能在市场竞争中突出重围。

21世纪，在国内国际双循环的航空新格局中，各大航空公司迫切需要转变思路，在服务品质、服务内容等方面进行更多创新和改变，突破陈旧的大众化服务思维，结合最新的科学技术，让服务更加智能化、精细化、差异化、情感化。

2015—2019年，中国国内民航旅客运输量平均增速为10.98%，远高于6.42%的国际民航旅客运输量的平均增速。至2019年，中国民航业规模已稳居世界第二，且空防安全保持着连续17年零责任事故的记录。

中国民用航空局发布的数据显示，2019年，我国民航全年旅客运输量为65993.42万人次，较2018年增长7.9%；全国定期航班航线5521条，其中国内航线4568条，国际航线953条；国际定期航班通航65个国家、167个城市；2019年全行业营收达1.06万亿元，较2018年增长5.4%。

近年来，我国经济发展增速虽有所放缓，但作为一个拥有庞大人口基数且GDP总量水平持续攀升的发展中国家，人们对于效率、体验、安全等出行需求日益增长，我国民航业拥有着可以持续高速发展的空间。

资料来源：《海南航空公司，服务营销存在哪些问题？服务营销现状如何？》（https：//baijiahao.baidu.com/s？id＝1737776353824770240&wfr＝spider&for＝pc），有改动。

阅读并思考：
（1）在其他交通运输方式快速发展的背景下，航空公司需要如何通过营销战略吸引和留住客户？
（2）结合案例分析航空公司面临的营销环境。

【综合实训】

你了解航空公司的哪些促销策略？请同学们根据客户特点，为一个航空公司制定促销策略。

利用数字经济建设智慧民航强国

本章小结

本章介绍了企业促销的作用、促销策略等基础知识；阐述了四大促销策略（人员推销策略、广告促销策略、公共关系策略、销售促进策略），这四种促销策略可以形成不同的促销组合策略。促销组合策略可以分为推式策略和拉式策略两种。除了四大促销战略，航空公司也在逐渐变革，通过数智化的营销方式提高经济效益。

场景理论认为，场景是建立在移动智能设备、社交媒体、大数据、传感器、定位系统之上的整合式体验。它重构了人与人、人与市场、人与世间万物的联系方式。

另外，航空公司可以通过对自身品牌的管理吸引更多顾客，为顾客提供更好的消费体验。品牌管理的职责与工作内容主要为：制定以品牌核心价值为中心的品牌识别系统，以品牌识别系统统领和整合企业的一切价值活动，优选高效的品牌战略与品牌架构，不断地推进品牌资产的增值，最大限度地合理利用品牌资产。良好的品牌管理能够帮助航空公司扩大知名度，吸引新顾客，留住老顾客。

中英文专业名词对照

促销 Promotion
拉式策略 Pull Strategy

推式策略 Push Strategy
促销组合 Promotion Mix
场景 Scenario
人员推销策略 Personal Selling Strategy
广告促销策略 Advertising Strategy
销售促进策略 Sales Promotion Strategy
公共关系策略 Public Relation Strategy
场景理论 Scenario Theory
品牌管理 Brand Management
品牌体验 Brand Experience
数字化 Digitalization
用户体验 User Experience

思考题

（1）促销组合的定义什么？有什么作用？
（2）航空公司的促销组合策略有哪些？
（3）试述航空公司的数智化营销策略。

第十章
航空公司顾客价值创造

在人们的物质生活水平和精神生活水平不断提高的背景下，人们的航空出行需求也更加多元。航空公司需要为顾客提供更好的乘机体验，满足顾客的多样化需求。顾客价值是顾客感知的价值，是顾客对企业产品在质量、功能、价格、服务、情感体验和社会认同等方面的主观评价。顾客价值是企业进行市场创新的发力点和落脚点，这是因为只有顾客感受到企业为他带来了独特、持久的价值，他才会购买企业的产品，进而认可产品和品牌。

学习重难点

1. 重点
（1）了解航空公司顾客价值需求的特征。
（2）理解航空公司顾客关系质量管理的内涵和作用。

2. 难点
（1）掌握航空公司顾客价值创造策略。

本章引例

新加坡航空公司的成功

新加坡航空公司（以下简称新加坡航空）拥有无数美誉，例如世界一流的航空公司，世界上盈利能力最强的航空公司，全球最优秀的航空公司，拥有最优秀的公务舱、最优秀的机舱服务、最优秀的机上便餐的航空公司，最守时和最安全的航空公司，全球最优秀的航空货运公司，亚洲最受尊重的航空企业等。在全球民航业权威杂志《航空运输世界》（*Air Transport World*）揭晓的2018年度行业大奖评选结果中，新加坡航空获得"年度绿色航空公司"（Eco-Airline of the Year Award）的称号和"最佳乘客体验成就大奖"（Passenger Experience Achievement Award）。

第十章 航空公司顾客价值创造

新加坡航空成为该项评选推出以来，国际民航业首家在一次年度评选中获得两大奖项的航空公司。

其实，新加坡航空在民航业的竞争中从未占有太多客观的优势条件。新加坡作为城市国家，自身不具备国内航线；随着技术的进步，飞机的单程直飞距离越来越远，曾经作为中转经停站的新加坡也逐渐感受到了威胁。

尽管面临种种不利的条件，新加坡航空依然另辟蹊径，依靠优质的客舱服务在竞争中突出重围。新加坡航空的客舱服务是有生命的，它会自己成长，会主动拥抱客户越来越高的要求。自成立初期，新加坡航空就用领先于行业水平的客舱服务为顾客创造良好的出行体验，这也是新加坡航空的核心竞争力。

许多享受过新加坡航空客舱服务的旅客都对此赞誉有加。有人说："只要新加坡航空能飞到，哪怕中转，我也会选择新加坡航空。"也有人说："乘坐过新加坡航空的航班后，我就再也无法将就其他公司的客舱服务了。"新加坡航空是如何做到的？要回答这个问题，我们需要先理解新加坡航空创造出的独特的顾客价值。

资料来源：《像"新航空姐"那样服务》（https://baijiahao.baidu.com/s?id=17387606664489446567&wfr=spider&for=pc），有改动。

课堂讨论：
（1）新加坡航空是如何创造顾客价值的？
（2）顾客价值对航空公司而言有什么意义？

第一节　航空公司顾客价值需求

一、航空公司顾客价值需求分类

顾客价值需求包含在人类一般需求之中，它反映了顾客某种生理或心理体验的缺乏状态，并直接表现为顾客对获取以产品或劳务形式存在的消费对象的要求和欲望。和顾客价值需求不同，顾客需求是指顾客针对特定产品的具有购买能力（支付能力）的欲望。顾客需求不是凭空产生的，它与顾客所处的政治、经济、文化、科技环境，以及个人心理、生理等顾客价值特征因素密切相关。美国人本主义心理学家马斯洛提出了需求层次理论，该理论把人类多种多样的需求划分为生理、安全、交往、尊重、自我实现等五种类型，它们是由低到高逐级形成和发展起来的。马斯洛的需求层次理论是从人类对不同类产品需求的角度来解释和划分人类需求的,而没有在同类产品这一微观需求层次来划分人类的需求。当然,这与同类产品之间差异性较小,或者产品主要以有形的实物为主要内容有相当大的关系。20 世纪 80 年代以来,人们强调产品的品牌、服务等无形价值内容,也提出了产品整体概念,因此,人们需要在同类产品之间价值差异性这一层次对顾客需求进行划分。因此,不同的航空公司提供的某些产品具有相似的价值,或者同一航空公司会提供具有不同价值的航空产品。

在广泛借鉴和分析前人研究成果的基础上,笔者结合顾客的消费实践,将顾客价值需求分为如下类别:对产品基本功能的价值需求;对产品质量性能的需求;对产品安全性能的需求;对产品消费便利的需求;对产品审美功能的需求;对产品情感功能的需求;对产品社会象征性的需求;对享受良好服务的需求。

通过以上对顾客价值需求内容的分析,我们发现,顾客通过产品的不同价值属性及其供给量来满足其自身对生理、安全、交往、尊重、自我实现等的需求,或者说顾客的价值需求通过产品的不同价值层次体现出来。对于不同顾客来说,其顾客价值需求内容存在差异。因此,参照产品价值的层次,我们可以将顾客价值需求划分为三个层次(见图 10-1):功能层价值需求、服务层价值需求和形象层价值需求。每一层次的顾客价值需求都是以前一层次为基础的,由低到高递进。

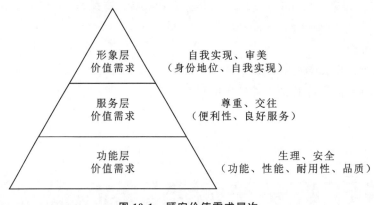

图 10-1 顾客价值需求层次

二、航空公司顾客价值共生

航空公司需要有能力与整个人类的生活以及社会的进步实现价值共生。在数字化时代,航空公司要重新思考价值定位与价值创造战略。航空公司只有愿意和组织、他人、社会及环境协同共生,才能创造出新的具有可持续性的价值。

(一)数字化促进价值共生

数字化使得现代社会呈现出与工业时代不同的三大特征:连接(连接大于拥有)、共生(现实世界与数字世界相互融合),以及当下(注重事物对当下的意义)。数字化使航空公司必须重新思考生存模式和进化路径。航空公司数字化生存意味着价值重构，意味着企业、顾客、供应商和合作伙伴等共生出新的价值。近年来，在数字化浪潮之下，新一代信息技术融合应用正在全方位重塑航空业的形态、模式和格局。智慧化成为全球航空业新一轮发展的主导力量，这已经成为行业共识。随着技术的发展，数字客舱增加了航空公司与旅客之间的接触点，让全流程、全要素服务成为可能，并为航空公司打造和发展新动能、实现营销和服务联动奠定了基础。数字化将更多的顾客和合作伙伴吸引到平台上，让顾客获得可持续价值，一起共生和创造美好生活，并获得面向未来的能力。

"共生"一词来自生物学领域。德国生物学家安东·德·贝里（Anton de Bary）于1879年首先提出共生概念，它指的是在长期的进化过程中，生物逐渐与其他生物走向联合，共同适应复杂多变的环境的一种生物与生物之间的相互关系。美国生物学家林恩·马古利斯（Lynn Margulis）认为，达尔文关于进化由竞争驱动（优胜劣汰）的想法是不完善的，共生才是漫长进化时代的重点。1981年，马古利斯从生态学的角度指出，共生是不同生物种类成员在不同生命周期中重要组成部分的联合。马古利斯认为，共生是一种保持生物多样性，通过多样性的个体之间的多维复杂的交互作用创造新物种，并且实现不断发展的自然进化机理。它是进化创新的源泉，也是产生生物新颖性的动力所在。

事实上，共生理念很早就被学者应用于组织管理中。在管理学中，较早出现的概念是"产业共生"，它描述了产业之间的合作关系，认为不同的传统产业（如工业、水、能源等行业）需要通力合作，这些产业才能获得优势，保证人与自然和谐相处。共生的核心是双赢及共存。如今，管理学研究者逐渐认识到，企业的本质不应仅为获取利润，更应通过协同创造共生价值，并构建共生关系，创造社会价值。

数字技术让企业在更广的范围内实现共生成为可能。价值共生就是要探讨数字化时代组织与组织、组织与个人、社会与环境之间如何实现共生。组织目标也要兼顾人的意义，并实现组织与组织，组织与个人、合作伙伴、社会、环境之间的协同共生。

航空业数字化转型是指利用人工智能、区块链、大数据等数字技术，在运营、旅客服务、市场营销及安全等领域提供创新机会并创造红利。近年来，航空业数字化转型进程加速，尤其是无接触技术得到快速发展。

数字化技术可以将飞机外形、客舱管理、机舱设备、发动机、驾驶室进行数字孪生，再通过互联网、云计算、大数据分析、人工智能等技术对各类数据进行梳理和融合分析后在可视化大屏中显示，建立起具备场景化、智能化、人性化特征的智慧飞机综合管控平台，为管理者提供多元化、多角度、多数据的管理与决策依据。通过民航元宇宙实践，数字化技术构建了绿色、智慧、安全的智慧民航管理系统。

航空业是一个高度依赖数据的行业，随着新一代信息技术的发展和应用，航空数字化转型已成为全球航空业新一轮发展的主导趋势。然而，航空业数字化转型也面临着巨大的挑战。数据是数字化转型的核心要素。当前，航空业的数据量呈现爆炸式增长，涉及飞机、机场、空中交通管制、航空公司、旅客等多个领域和环节，具有多样性、复杂性和实时性的特点，但配套的数据处理能力还相对滞后，导致大量数据无法被有效利用，甚至造成数据孤岛和信息断层的现象。

为了应对航空业数字化转型的需求和挑战，建设智慧航空指挥中心是一个必不可少的环节。贵州巧夺天工科技有限公司（简称巧夺天工科技）深入探究智慧航空理念应用实践，采用组合式多媒体调度台、三屏数据分析工作站等信息化设备，推出智慧航空指挥中心调度台设备应用方案，助力机场建设集数据采集、处理、展示、交互、决策和执行于一体的"超级大脑"，通过对航空业各领域和环节的数据进行全面监控、分析和优化，实现航空运行的智能化管理和服务。

组合式多媒体调度台采用"多屏＋联席"显示架构，可实现多渠道信息的同屏可视化展示，方便获取各类实时信息。分布式坐席结构提供便捷的工位与工位、工位与大屏的交互渠道，实现统一指挥、立体管控。设备组合式的结构设计，方便用户根据实际需求自定义席位数量，合理利用指挥中心办公空间。

另外，设备还搭载多媒体输入端口，方便搭载更多行业专用设备及其他数据分析设备，航空公司不需要额外购置显示设备，这降低了设备更新的隐形成本。

巧夺天工科技秉承打造全金属科幻风格的设计理念，方案所有产品均采用优质合金制造，高强度镀锌钢板通过数字化裁剪折弯一体成型，材料经静电喷涂工艺，使得成品承重性极好，还具有细腻厚重的漆面质感。硬朗的机身线条搭配冰蓝色氛围灯，使设备及指挥中心具有十足的科技感。

航空及机场数字化转型是航空业未来发展的必然趋势，而现代化航空指挥中心则是这场变革的关键所在。未来，巧夺天工科技将继续致力于科技创新，为航空业提供更加智能化、高效率的设备及解决方案，共创航空业数字化转型的美好未来。

经典案例10-1

河北机场集团的新探索：以"智"提"质"

大数据、5G、人工智能……当新技术与机场相遇时，会擦出怎样的火花？近年来，河北机场管理集团有限公司（简称河北机场集团）将数字技术广泛应用于提升安全运行效率、提升服务保障品质、提升管理效能等方面，推动运行全流程、服务全链条、安全全场景的数字化、智能化和智慧化转型升级，机场管理水平和整体运行效率有了明显提升，旅客航空出行的获得感、幸福感不断增强。

一、安全先行，数字牵引助力平安机场建设

2023年10月20日，夜航结束，一个可爱的橘色机器人缓缓"走"上石家庄正定国际机场跑道，为飞行区道面进行"体检"。

依托石家庄正定国际机场投用的道面健康机器人自动检测系统，这款机器人可以全方位了解道面结构情况，并有效检测道面表层及下层脱空、断裂、破损等危害，为机场制定预防性措施提供参考依据。

据悉，道面健康机器人是河北机场集团聚焦跑道安全，以智慧手段提升机场飞行安全保障能力的举措之一。"道面健康机器人可以对飞行区道面进行自动化的数据采集，平均每小时能完成15000平方米道面扫描检测。"河北机场集团飞行区管理部的一位工作人员表示，通过获取厘米级病害位置信息、建立表观和结构信息的三维数字模型，道面健康机器人自动检测系统可以精准分析道面表观病害和内部隐性病害，并自动生成报表，在检测效率和精度方面均有很大程度的提升。

近年来，河北机场集团以智慧安全为目标，在加强智慧化应用的同时，整合安全防范相关业务系统，搭建安全保卫平台。在智慧安防方面，依托石家庄正定国际机场大安防项目建设，河北机场集团完成了安全运行管理平台、智能视频分析系统建设，实现门禁、监控、围界等安保系统联动。同时，通过引进地理信息系统、视频分析、移动应用、数据中间件等技术，搭建了支持多业务、协同工作的创新型安全应用管理平台。在智慧安检方面，河北机场集团完成了10条智能安检通道建设，实现自助通行和人包绑定，配置1套"易安检"查验终端设备，大幅提升了旅客安检通行效率。

河北机场集团管理着石家庄正定国际机场、张家口宁远机场、承德普宁机场、秦皇岛北戴河机场、邢台褡裢机场等6个机场。为提升支线机场安全管理水平，河北机场集团推动支线机场车辆侵入跑道监控预警系统建设。目前，该系统已在秦皇岛北戴河机场建成投用。与此同时，为提升风切变风险管控能力，承德普宁机场投用了低空风切变预警系统，为预报风切变提供了监测依据。此外，河北机场集团还基于安全管理体系要素，统筹研发并上线了河北机场集团和支线机场安全管理系统平台，实现对安全管理行为和安全运行状态的实时监控。

二、掌上有"数"，智慧赋能服务品质提升

2023年春运首日，"河北机场旅客服务"微信小程序正式上线运行。通过这款小程序，旅客从河北机场集团下辖的石家庄、张家口、秦皇岛、承德4个机场出行时，可以根据出发、到达、中转和接送机需求的不同，获取包括航班查询、地面交通、行李运输等在内的50余种服务。

河北机场集团服务品质部的一位工作人员表示："旅客搭乘航班出行时，会遇到很多场景，比如前往机场、值机、安检、候机、离开机场等。'河北机场旅客服务'微信小程序充分考虑到了旅客在各个场景的需求，可以为旅客提供出行全过程的精准服务信息。"

"河北机场旅客服务"微信小程序是河北机场集团深入推进智慧机场建设，完善数字化服务平台，提升机场智慧化服务水平，推动河北机场集团高质量发展的重要项目。目前，该平台已建成了"从家飞"旅客服务平台，打造了13个子系统，打通线上、线下旅客服务全流程。在微信小程序里，旅客不仅可以进行值机和选座，而且可以凭借电子登机牌轻松完成安检、登机口扫码验证等流程。旅

客还可以通过自助行李托运设备进行行李托运。一些机场工作人员表示，在工作中，他们很直观地感受到，全流程无纸化自助值机服务和行李全流程跟踪系统不仅极大地改善了旅客的出行体验，而且提升了工作人员的工作效率。

下一步，河北机场集团将配合中国铁道科学研究院集团有限公司开展全国首家空铁路一体化联运智慧出行试点工作。届时，石家庄正定国际机场的交通状况将进一步得到系统性优化。

服务品质的提升不仅体现在出行的温馨、便捷上，而且体现在航班正常上。通过"河北机场旅客服务"小程序，旅客可以真正做到对出行心中有数。在这款小程序上，旅客能够实时看到自己所乘航班的各种信息，不仅包括登机、起飞、落地时间等常规信息，而且包括前序航班状态等。比如，旅客可以清楚地知道，前序航班是否完成下客，托运的行李有没有完成装载等。

在智慧机场建设过程中，实现数据的动态采集和应用是重要一环。在这一方面，石家庄正定国际机场的"最强大脑"——"从家飞"（石家庄正定国际机场推出的机场协同决策系统）——提供了有力支持。"从家飞"融合了空中交通管制、航空公司、航油、雷达监控、视频监控、地理信息、电子传感器等各类数据，可以对飞机加油、登机、开关客货舱门等保障节点进行可视化监控，做到航班运行全链条的全程管控、智能决策。

河北机场集团相关负责人表示："有了'从家飞'，我们就能够根据航班基础信息智能生成保障任务，使调度部门更主动地做好航班保障监控和资源调配工作。比如，保障人员可以提前做好相关准备；运行控制中心能够根据航班保障进度精准放行出港航班，大幅降低了航班延误水平。"

以智慧运行为目标，河北机场集团搭建了生产运行平台，整合驻场单位数据，实现信息交互，动态优化并调整机场资源，实现运行协同化。目前，生产运行平台已建成地理信息系统、"从家飞"系统、机坪综合管控平台等16个系统，有效提高了机场运行管理效率，提升了运行能力和航班服务保障能力。

三、数据依托，"智"造低碳绿色空港

2023年2月，中国民用机场协会公布了2022年度"双碳机场"评价结果，石家庄正定国际机场获得"双碳机场"评价三星级，成为年旅客吞吐量4000万级以下唯一获得"双碳机场"最高评价三星级的机场。

在石家庄正定国际机场获得最高等级评价背后，智慧化建设功不可没。石家庄正定国际机场应用智慧高效的设施设备智能监测系统，完成车辆智能监测系统、充电桩智能监测系统建设，实现了多系统与生产运行系统融合；依托智能管控融合系统，对场内车辆、充电桩、航站楼用能进行统一调度、智能管理，优化运行模式，提升能源效率和新能源设施设备效能。

围绕绿色机场建设，石家庄正定国际机场依托信息技术和大数据，建设了智慧能源管理系统，以实现能耗数据实时采集上报，对各种能源系统电能消耗情况

进行分布式监控、集中式管理。通过分类、分项、分区分析，该系统帮助河北机场集团实现了对能源系统进行有效监管，对已实施节能改造的设施设备提供节能量数据比对，为后续节能降耗研究、设计与改造提供参考数据。

未来，河北机场集团将继续以智慧能源管理为目标，进一步完善智慧能源管控平台，并通过智慧能源管控平台实时监控石家庄正定国际机场飞行区、公共区和航站楼能源使用的详细情况，持续推进业务流程优化、运行方案细化、节能措施量化，初步建立机场能源"运行一张网、监管一平台"的监控模式，覆盖能源生产、转换、存储、配送、消费全链条，提高能源利用效率。

数据就是生产力。近年来，河北机场集团积极探索智慧应用场景，持续推进"数据慧用"系列建设。例如，通过利用大数据、数据可视化等技术，河北机场集团研发了登机口旅客分布热力图，它能够计算出每个登机口各时段的旅客人数，并生成客流量热力图和统计报表，为商铺布局、航站楼内巡视等提供决策依据。目前，河北机场集团已陆续发布登机口航显、运行简报、航班实际截载时间统计报表等多项数据服务和数据应用，让数据创造更多价值。

资料来源：《河北机场集团：以"智"提"质"》（http://www.caacnews.com.cn/1/5/202311/t20231102_1371889.html），有改动。

阅读并思考：
（1）河北机场集团具体应用了哪些数字技术措施？

（二）从企业层面理解价值共生

在数字化赋能的推动下，航空公司生态系统通过开放组织边界、整合资源和能力等已经实现了价值共生，但是在价值共生的实践过程中，各利益相关者之间更多的只是浅层的、短期的、单一的合作，并没有创造出最大的价值效益。价值共生的本质是一个建立在相互信任和公平分配基础上的合作共赢机制，但由于越来越多的航空公司将价值共生活动看作一种获取利润的商业模式，不同企业之间的合作是松散的、不稳定的。这种基于利益的交互行为不仅会大大降低系统实现整体目标的价值效益，而且难以创造出更多的创新价值。

在资源共享的基础上，航空公司需要构建价值共生机制，通过协同价值网络促成系统内外的所有合作伙伴建立更深层次的、长期导向的、全面的合作关系，从而实现共生和共赢。价值共生机制通过实现核心航空公司主体和其他利益相关者之间的价值连接，能够引领价值主体由过去的竞争关系转变为共生关系，从而提升航空公司生态系统的价值空间和价值增效。同时，价值共生机制可以激发航空公司的创造力，帮助航空公司寻找新价值的来源，促使企业生态系统完成数字化过程中新功能、新结构、新能力、新目标的转变。可以说，价值共生机制不但能够增强企业生态系统自身的价值聚集力，还能够为共同富裕提供强有力的价值支撑，为共同富裕创造持续不断的价值来源，从而成为实现共同富裕的强大推动力。

（三）从社会与环境层面理解价值共生

在价值共生机制中，环境、社会和企业治理是基于价值因素评估企业可持续发展的理念体系和方法论。企业要真正实现可持续发展，就要实现企业与社会、环境之间的价值共生。价值共生机制通过获取企业非财务类信息，衡量企业社会责任与行动对社会价值观的影响，进而评估企业的可持续性。在发展初期，大多数企业仅关注商业价值曲线，这其中主要是生产和服务。社会要求企业承担社会角色，企业也做出响应，并进行公益捐赠，但这仍属于基于传统社会责任模式的商业价值范畴。随着企业不断发展，价值曲线发生了改变。价值共生机制要求企业有能力推动行业的进步，实现行业共生。更重要的要求是，企业要有能力推动社会进步或环境改善，实现社会共生。这样，企业总的价值曲线由基于传统社会责任模式的"商业价值（产品或服务）＋社会价值（公益捐赠）"转变为基于新型社会责任模式的"商业价值"（产品或服务＋行业共生）与"社会价值"（社会共生）。价值共生带来的效果不仅大幅增加了原来的商业价值，而且因为实现社会共生带来了社会价值非线性增加，这都影响了企业的总价值曲线。我们今天看到的那些有着巨大发展空间和无限可能的企业，其实就是不断在扩充与社会共生的价值空间。

例如，腾讯提出"用户为本，科技向善"，华为提出建立"共同价值守护与共同平台支撑下的分布式经营模式"，这些都是企业完善社会和环境层面的价值共生机制，以推动行业、社会及环境进步的体现，企业自身也能从中获取更大的价值空间。不少研究表明，企业的价值共生机制能提升企业价值，不但能帮助企业获得合法性地位、利益相关者的支持与关键外部资源，还能促使企业完善治理机制、降低代理成本，并推动高层用长期共生的眼光思考战略。因此，企业需要将社会、环境因素纳入企业价值共生战略，让企业在追求利润的同时促进社会和环境健康发展。

三、航空公司顾客价值再造

就实质来讲，顾客价值再造是帮助顾客获取较大的价值，以及更好的服务体验。单从这一方面来看，似乎只有顾客获取了利益和好处，航空公司获益并不多，但实际上，航空公司最重要的价值体现就是满足顾客需求，只有顾客的需求得到满足，航空公司才能获得利润，才能获得持续发展。

（一）定制式服务再造

定制式服务再造就是企业在原有服务的基础上，根据顾客的实际情况，为顾客提供符合需求的服务。通过定制式服务再造，航空公司一方面可以使顾客获得满意的产品和服务，另一方面可以向顾客展示航空公司较高的素养以及服务的专业性，展示航空公司积极的工作态度。此外，通过定制式服务再造，航空公司可以帮助顾客获得个性化的服务体验，有利于航空公司持续获得市场竞争力。

例如，2023年5月，中国国际大数据产业博览会（简称数博会）在贵州贵阳举办。在数博会期间，中国南方航空贵州航空有限公司（简称南航贵州公司）针对热点航班提前调整执飞机型，实现运力与市场的高度匹配，全力为旅客提供更多出行选择与机上座位资源。为提升数博会期间旅客在黔美好出行体验，南航贵州公司策划并推出了"云端定制"航班服务。在航班票价、时刻安排、餐食预订、空地服务、机上广播等各方面，按照旅客需求打造专属类型特色航班，并以专客分析、专员对接、专项保障的"三专"举措，搭建从订票、值机、行李托运到客舱服务的"一条龙"全流程出行通道，进一步满足特殊时期团队出行需求。此外，南航贵州公司还将切实做好航班高峰期间生产安全和飞机维修工作，科学提高飞机利用率和航班准点率，严格保障飞行安全，让往返贵州的旅客尽享省心、安心、放心的惬意旅途。

（二）项目制服务再造

项目制服务再造就是企业使经营和服务项目化，这能促使企业对服务范围、服务时间、成本以及质量做出更加精确合理的安排和布置。通过项目制服务再造，航空公司不同的职能部门能够有效地开展分工与合作，在不超出项目原定预算的情况下高效、准时地完成工作，实现航空公司的目标。

第二节 航空公司顾客关系

一、关系质量

（一）关系质量的概念

关系质量理论是人们基于现代关系营销理论而提出的一种新理论，具体的研究对象是人际关系。关系质量理论将交易成本、新古典经济学以及关系分析等多种研究方法融入其中，通过综合运用心理学、社会学与经济学的知识，具体分析客户与企业之间的关系，并对关系效果进行认知评价。通过分析不同学者的观点，我们发现，他们基本上都从消费者市场、组织市场和整合两个市场的角度来界定关系质量理论。

1. 从消费者市场角度做出的界定

美国营销学家克劳斯比（Lawrence A. Crosby）等在对关系质量做了相关研究后指

出,服务本身就存在复杂性以及无形性等特点,这也导致客户在选择产品进行消费的过程中存在不确定性,即客户可能会因为选择了对自己不利的服务而遭受损失。因此克劳斯比等认为,关系质量要以客户为中心,并建立在客户满意的基础上。

2. 从组织市场角度做出的界定

悉尼大学教授加巴里诺(Ellen Garbarino)等研究提出,所谓的关系质量,指的是买卖双方在关系强度保持上的一种全面评估,即买方对卖方提供的服务质量和态度的认可度,人们能通过一些指标对关系质量加以衡量。也有学者研究提出,关系质量是当前商业交易模式中,基于一定标准对商业关系结果实施全面评估的重要参考指标。

3. 从整合消费者市场与组织市场角度做出的界定

德国营销学家汗宁-如奥(Thorsten Hennig-Thurau)等研究提出,在对关系质量进行定义时,一方面要排除不确定因素的影响,另一方面要把交易成本、产品质量、社会需求量等因素考虑在内。据此,其指出关系质量的定义等同于产品质量的定义,它们都是为了满足客户相关需求而建立的。在我国,有学者在对国内外专家学者的代表观点进行研究后提出,关系质量作为感知总质量的关键部分,其实质是根据一定的标准来满足不同主体的需求,同时增加企业的品牌价值和产品价值,有利于买卖双方信任和承诺关系的建立,有利于实现企业的长期可持续发展。

综上所述,学者们关于关系质量定义的研究角度和思维都不相同,因此他们没有提出统一的关系质量定义。

(二)关系质量的三个维度

关于关系质量的维度,大部分学者的观点是一致的,他们都认为关系质量等同于服务质量和产品质量。可是,在具体的关系质量构成因素上,学者们却没形成统一的意见。

摩根(Robert Morgan)和亨特(Shelby D. Hunt)提出了一种用关键中介变量模型表示的理论,既信任感理论。他们强调,维持长期、可持续合作关系的关键是信任和承诺的建立,其中,信任即客户对企业产生的依赖以及建立关系的意愿,承诺更强调的是双方在互动中给予彼此的可信性与可靠性。

克罗斯比(L. A. Crosby)等研究提出,关系质量至少包括信任与满意两个维度。信任代表客户对企业的信赖,即客户相信企业不会做出有损客户利益的行为;满意则是一种偏主观性的评价,是客户对于其与企业之间互动的一种反馈。克罗斯比等据此构建了关系质量模型,该模型将信任和满意作为主要因素,并且做出假设,当客户和企业都对他们之间的互动不满意,两者的合作关系就会结束,反之,合作关系就可以保持下去,并发展成为更长久的关系。

汗宁-如奥等从客户角度出发,对关系利益进行深入分析,指出关系利益与关系质量二者存在关联性,并且提出了影响关系质量发挥作用的主要因素是社会利益、信心利益和特殊待遇利益,同时还指出满意与承诺也是关系质量的重要构成因素。

通过上面的研究我们可以看出，在关系质量维度因素的选择上，有学者认为有两个因素：信任与满意。我国学者刘仁怀等研究认为，其中的关键因素应当为信任与承诺。笔者认为，关系质量的研究维度涉及社会活动层面因素的选择，我们需要根据不同行业选择适用的因素。不论从何种行业切入，关系质量最主要的维度都包含满意、信任、承诺。关于这三个维度，具体说明如下。

1. 满意

美国学者菲利普·科特勒指出，令客户满意是企业留住客户的关键，而一个企业的明智之举则在于经常进行客户满意度测试，因为对企业满意度高的客户是企业无形资产的一部分。很多学者基于不同角度对客户满意度进行定义。部分学者表示，客户对于某次具体的购买与交易行为是否满意就是客户满意度，这种满意度是客户针对近期所购买的产品或享受的服务的内在满意程度，这是一种短期的判断。

也有学者认为，客户会评价其所购买的产品或服务是否能够满足自己在消费前对于产品或服务的需要或期望，这种评价就是客户满意度。有的学者则认为，客户满意度具有累积性，即客户通过多次消费，并综合产品服务、营销活动、企业形象等多方面进行分析，以此对总体满意的程度进行综合衡量与评估。因此，满意是客户从感情的角度出发所形成的评价。

客户满意是指客户个体通过将产品的感知效用与自身设定的期望值进行比较后，形成的愉悦的感觉状态。客户是企业生存的前提和基础，为了获得客户忠诚，企业必须寻求获得客户的满意。客户满意是通向客户忠诚的桥梁，客户的忠诚应建立在客户满意的基础上。客户满意对客户忠诚具有积极作用，一般情况下，客户的满意程度越高，其对企业及品牌的忠诚就越持久。

2. 信任

在关系营销领域，信任这一概念是极为重要的。信任指的是客户对企业提供长期服务的一种信任，这种信任一般是建立在利益基础之上的。

部分学者对与信任有关的要素提出了不同的看法。有学者提出，在社会实体中，信任是以一种多维的形式存在的，并且信任在社会实体中也是必不可少的，信任涉及认知、情感、行为三个维度。也有学者认为，人们通过对方的可靠度、对方正直诚信的品质和对方的执行能力来建立彼此间的信任。

加纳森（Shankar Ganesan）在对经销商与供应商的关系进行分析时指出，信任涉及两个因素：一是可靠性，也就是企业对合作伙伴在工作方面的执行力、执行效率、专业程度是信任的；二是善心，这能够使得企业在遭遇意外时，合作伙伴以友善的态度为企业提供帮助。

一般情况下，当风险发生时，信任更易于建立。在信任关系中，风险是一个极为重要的因素，在客户决定是否信任企业时，风险是其必须考虑的因素。存在合作关系的企业不会做出损人不利己的行为，有的企业甚至愿意在面临风险时采取一定的行动，来表达自身对对方的信任，因此在不确定的情况下双方更容易产生信任，即交易双方愿意通过信任对方来减少环境中的不确定性。环境中的不确定性与信任呈正相关。这一点在航空公司中则表现为客户相信自己选择的航空公司能将他们安全地送到目的地,在航班上提供他们所需要的服务。

3. 承诺

摩根等研究提出,在存在交易关系的双方中,一方对另一方的可靠性与诚信有一定的信心,双方都会从对方的角度进行考虑,使彼此之间的关系持续下去,双方会形成一种关系承诺。

承诺主要与两方面内容相关,即理性和感性。人们从理性层面对得失进行衡量,在感性层面依恋这种关系。若企业提供的价值满足客户的需要,则客户会有意愿向企业做出相应的承诺,其目的是使这种合作关系更加长久。承诺具有正面价值,承诺的过程也是持续性的,承诺一旦产生,客户就不会轻易改变。

有学者认为,可以将承诺分为三类:规范性的承诺、情感性的承诺以及持续性的承诺。因此规范、情感以及持续就是承诺的三个维度。也有学者认为,我们可以从持续倾向和持续付出两个维度来衡量承诺,这种理论的基础是承诺是一个持续的过程。

二、航空公司顾客关系质量管理

(一)顾客关系质量管理的内涵

如果说市场营销的第一步是寻找和吸引有价值的顾客,那么顾客关系质量管理的目的就是加强与这些顾客的联系,让他们成为忠诚的顾客。顾客关系质量管理源于西方的市场营销理论,1993年前后由美国高德纳咨询公司提出。顾客关系质量管理的核心思想是把顾客作为企业最重要的资源,通过优质的服务满足顾客的个性化需求,并满足最有价值顾客的特殊需求,最终与顾客建立和保持长期稳定、互惠互利的双赢关系。顾客关系质量管理既是管理理念,也是管理机制、管理工具,其内涵主要体现在四个方面:一是顾客价值理念,以实现顾客长期价值最大化为目的;二是市场经营理念,要求企业经营以顾客为中心;三是业务运作理念,企业的业务模式要从以产品为中心向以顾客为中心转变;四是技术应用理念,企业通过先进的技术来支持、改进业务流程。

(二)顾客关系质量管理在航空公司中的作用

顾客关系质量管理理论将顾客关系质量管理战略分为四类:产品销售战略、顾客营销战略、服务支持战略和个性化关系营销战略(即一对一营销战略)。理论界与企业界认为,顾客关系质量管理是企业以客户为中心的经营策略和商业策略的体现,企业需要以顾客需求为导向。顾客关系质量管理体现在以下四个方面。

一是提高顾客满意度。市场激烈竞争的结果是航空公司的产品和服务在品质上越来越同质化,顾客选择时,不再把产品品质作为唯一标准,而是越来越注重自己的个性化需求能否得到满足。研究并提高顾客满意度，对航空公司发掘潜在的顾客需求、扩大市场份额、提高竞争实力具有重要意义。

二是增强顾客忠诚度。航空公司追求顾客满意的目的在于增强顾客的忠诚度。航空公司要与顾客建立长期良好的沟通机制，让沟通渠道多样化，提高对顾客需求的反馈效率，形成完备的反馈流。

三是加强新老顾客关系维护。航空公司实施顾客关系管理的过程也是整合并共享顾客信息资源的过程。航空公司在管理顾客资源的同时寻找更多商机，通过优质服务提高顾客满意度，既留住老顾客，又赢得新顾客。

四是识别并把握核心顾客。通常情况下，80%的企业利润是由20%的核心顾客创造的，因此，有效识别核心顾客对提升航空公司效益有积极作用。航空公司识别核心顾客不能靠主观臆断，而需要通过科学的测算、准确的数据分析来实现。对顾客进行有效的分级分类可以帮助航空公司把握核心顾客。

许多航空公司通过自己的数据库收集并掌握旅客的信息，比如姓名、年龄、受教育程度、所在城市、职业、爱好、旅行习惯、经常性的旅行线路、地面需求等。通过对这些数据的归类和分析，航空公司能改进产品设计，提高服务质量。

（三）顾客关系质量管理在航空公司中的实施

顾客关系质量管理的实施涉及战略、组织、流程和技术等方面的内容，需要企业内部各部门协同合作，从企业发展战略的高度理解并实施顾客关系质量管理。

1. **实施战略分析**

航空公司引入顾客关系质量管理前，必须先明确航空公司的核心业务和未来的发展方向，以及在企业整体战略中顾客关系质量管理的作用，应重点做好四个方面的分析工作。第一，在产业方面，要明确企业本身所处行业、产业结构现状、未来变化趋势、产业标杆、产业基准、产业内外部是否有不利于企业持续发展的因素。第二，在企业方面，要明确企业使命、愿景、战略意图，分析企业战略与顾客价值是否相容，梳理企业资源和能力优势，确认公司文化是否是以顾客为中心，确定企业的组织架构能否支持企业进行顾客关系质量管理。第三，在渠道方面，要明确不同分销渠道在当前和未来的作用如何，企业在新建分销渠道方面存在哪些机遇，企业应该如何销售产品和服务。第四，在顾客方面，明确企业当前或未来的顾客是谁，企业主要有哪些细分市场，企业与顾客已存在或准备建立什么样的关系，企业如何反馈其与顾客沟通的结果，以及企业如何满足顾客现有或潜在需求。

2. **规划战略内容**

实施顾客关系质量管理要求企业做好战略规划，把战略、技术和人结合起来，规划应包含以下内容。一是远景和目标。确定远景和目标是实施顾客关系质量管理的准备工作，能体现企业对顾客关系质量管理的基本理解，使企业各部门明确以顾客为中心的价值观念，认清当前所处的环境和未来的发展前景。二是顾客战略，包括顾客理解、顾客竞争、

顾客吸引和顾客管理能力四个核心要素。三是核心活动,主要包括顾客的智能管理、交易管理、服务管理和生命周期管理。在更好地帮助企业利用顾客资料和深入理解顾客需求的同时,核心活动能帮助企业与顾客建立长期稳定的联系。四是实施基础。必要条件是人力资源、组织结构、信息技术和以顾客为导向的企业文化,以顾客为中心的商业模式需要企业对经营理念进行再造,构造从顾客利益出发的企业体制、文化体系和组织结构,以及人力资源和信息技术保障。五是战略评价。在顾客关系质量管理中,企业不可避免地会遇到问题,因此也需要不断对战略进行改进和调整。

3. 实施战略评价

在顾客关系质量管理中,评价是不可或缺的环节。对企业来说,有效的战略评价和控制体系可以帮助企业正确决策。评价是对顾客关系质量管理有效性进行持续评估的动态循环过程,与传统评价体系相比,以顾客为中心的评价包括顾客知识、顾客互动、顾客价值、顾客满意四个维度,强调互动渠道的有效性。评价流程包括以下内容:一是确定顾客关系质量管理的目标,明确实施顾客关系质量管理的任务和最终目的,设计战略框架;二是制定顾客关系质量管理战略,确定主要战略因素;三是分析因果关系,制定评价计划表,找出顾客关系质量管理活动与企业实现商业目标之间的内部联系;四是确定视角和测量,即具体的评价方法;五是分析顾客关系质量管理的有效性,即评价结果,通过对内部联系、收益进行分析测评实施效果。

4. 分析关键因素

企业实施顾客关系质量管理成功与否,有五个关键因素。一是在战略实施过程中要确保企业各部门协调一致。顾客关系质量管理是企业总体战略的组成部分,与其他相关战略之间需要保持协调一致。二是组织结构由交易管理向关系管理转变。实施顾客关系质量管理,企业就需要为自己的产品寻找顾客,需要投入成本来培养和维持企业与顾客的关系。三是培育以顾客为中心的企业文化。影响顾客关系质量管理的重要文化因素有两个,即实施重大变革的能力和各业务部门间的协作意识。四是建立集成式的信息环境。企业要充分发挥顾客数据的作用,建立集成式的信息环境,实现顾客数据的收集和汇总,为顾客关系质量管理提供丰富的数据和信息基础。五是争取企业高层的支持。顾客关系质量管理涉及多个部门,只有企业高层支持并重视,顾客关系质量管理工作才能顺利推进,并取得实效。

在信息化和科技化的时代背景下,各大航空公司都在努力应用客户关系管理的营销模式,但是在实施客户关系管理战略方面存在很多问题。例如,海南航空控股股份有限公司(简称海南航空)在客户关系管理方面缺少一套自己的管理模式和手段,因此在实施客户关系管理战略时缺乏全面的规划,没有开发新的服务产品和项目,也没有建立一整套详细而完善的客户关系管理运营体系,因此,海南航空必须从以下方面优化客户关系管理运营体系。一是细分客户。海南航空目前的做法是依据飞行里程来划分客户类别,这种分类方法显然是不够的。海南航空需要在客户价值和客户需要的基础上来细分客户,这样才能使市场营销策略更好地发挥作用。二是将现有的客户关系管理战略进行整合,与其他航空公司形成差异。为此,海南航空公司必须放弃跟风做法,将主要精力放在客户关系管理运营体系的建设上。三是组织培训，优化人员配置。这能够培养员工的服务意识，全体员工能够在了解客户需求的同时形成以客户为中心的服务理念。

三、航空公司的常旅客计划

常旅客计划（frequent flyer program）是指航空公司为经常使用其产品的顾客推出的以里程累积或积分累计奖励里程为主的促销手段，是航空公司吸引公商务旅客、提高企业竞争力的一种市场手段。

（一）常旅客计划的发展历程

早在 20 世纪 80 年代初，美国少数航空公司就开始引入常旅客计划。那时，作为一种顾客忠诚度计划，常旅客计划的确取得了一定的效果。随后，世界上几乎所有的航空公司都有了自己的常旅客计划。航空公司的常旅客计划被认为是民航史上最成功的市场创新活动。

常旅客计划是指航空公司向经常乘坐其航班的旅客推出的以里程累积奖励为主的促销手段。常旅客计划最早是由美国的航空公司提出的。当时，美国政府放松了对民航运输业的管制。面对异常激烈的市场竞争，美国各大航空公司试图通过价格大战吸引更多的旅客，增加自身的收益。众多小型航空公司对市场的反应更加灵活，它们通过低票价收获了大量旅客，这让大型航空公司在竞争中处于不利的位置。为了摆脱恶性的价格大战带来的影响，大型航空公司进行了市场调查，进而调整策略。通过市场调查和分析旅客的构成，航空公司发现一部分经常乘坐飞机的公商务旅客，即所谓的常旅客，为航空公司贡献了很大一部分利润。这些常旅客因此被看作重要客源。因此，航空公司记录了这部分旅客的旅行信息和飞行的累积里程。当累积里程达到一定标准后，这些旅客就可以享受优惠政策，如一定里程的免票、免费行李托运、免费升舱等。

美利坚航空公司在 1981 年率先推出了自己的常旅客计划，之后众多航空公司也推出了各自的常旅客计划。1994 年，中国国际航空公司在国内最早推出了常旅客计划和相应的"知音卡"。中国东方航空公司 1998 年 7 月正式推出了常旅客计划。随后，中国南方航空集团有限公司、厦门航空有限公司等也相继推出了自己的常旅客计划。航空公司为实施常旅客计划，均成立了俱乐部，如中国南方航空集团有限公司的明珠俱乐部等。符合各航空公司常旅客计划要求的旅客均可申请加入相应航空公司的俱乐部，并得到一张会员卡。会员通过乘坐该航空公司的航班而得到里程，也可通过在该航空公司的合作伙伴，如酒店消费而得到里程。当里程达到一定标准时，会员可用所得里程换取免费机票、免费升舱或其他指定的奖励。

（二）常旅客计划的价值

1. 常旅客计划是航空公司利润的重要来源

常旅客计划的重要性，首先在于它能够为航空公司带来较高的经济效益，是航空公

司利润的重要来源。常旅客在航空公司旅客中所占的比例可能不高，但却都是高价值旅客。常旅客为航空公司带来的效益不仅是指航空公司从常旅客乘机中获得的直接收益，还在于航空公司与其他行业企业合作而创造的收益。随着常旅客计划的不断发展，如今的常旅客计划已经发展到与酒店、租车、银行、零售、购物、旅游等行业的合作，航空公司与这些行业的企业相互交换积分，互通客户。这种互通为常旅客提供了更多的便利和优惠，同时也为航空公司提供了机会。常旅客即便不坐飞机，航空公司也能通过出售里程获利。

2. 常旅客计划有助于提高顾客满意度和顾客价值

建立与顾客之间良好的互动关系，并为顾客提供高质量的服务，通过这种服务来保留忠诚的顾客和开发潜在的顾客，这成为各航空公司实施常旅客计划的重要目标。对于航空公司来说，常旅客很重要，因此航空公司在常旅客服务上也更为周到，努力提高顾客满意度。同时，航空公司通过提供兑换免费机票和免费升舱等服务，提高了顾客价值，也提高了顾客忠诚度，这些都能为航空公司带来更多收益。

3. 常旅客计划是航空公司提升竞争力的有效途径

调查显示，旅客在选择航班时会关注很多因素。除了最显而易见的航班时刻、航空公司、服务和票价之外，常旅客计划的影响力占了近百分之十。常旅客计划精心培养的常旅客对服务的敏感程度大于价格，常旅客的忠诚使其对航空公司产生某种程度的"偏爱"，能使航空公司在行业竞争中获得优势。在航空公司航线客源不足、客座率低时，航空公司还可以通过额外的里程奖励来吸引更多的旅客加入常旅客系统，以此来增强弱式航线的竞争力。

目前，各大航空公司在运输服务过程中都体现出了较强的产品同质化倾向，大多数旅客对各航空公司的产品或服务内容并无特别偏好，此时，航空公司可通过推出有别于其他竞争者的常旅客计划，依靠特色在行业中脱颖而出，吸引旅客，实现服务价值的最大化。

4. 常旅客计划有助于航空公司树立良好的企业形象

常旅客一般具有较高的经济水平和社会地位，为他们提供服务有助于提升航空公司的形象。同时，航空公司通过常旅客计划与酒店、旅游、银行、租车等行业加强合作，能提高自身的知名度，进一步提升企业的形象。

为成功地实施常旅客计划，航空公司应该把注意力放在流程及流程的重组上，而不是过分关注技术。航空公司应着力优化现有的业务流程，建立以顾客为中心的服务流程，进行企业行为、企业形象、服务质量、员工素质等方面的全面改革，提升顾客满意度和忠诚度。

【综合实训】
你了解航空公司的常旅客计划吗？请同学们搜索资料，了解某家航空公司的常旅客计划。

第三节 航空公司顾客价值创造实践

 一、航空公司的顾客满意度

由于顾客满意度是顾客消费后的模糊感受，所以我们可以说这是顾客内心的一种无形的尺度，因此不能直接测量。然而，我们可以进行顾客满意度研究，使用多种具体的方法来衡量顾客对无形满意度的感知，并根据测量结果对顾客满意度进行量化。从这个角度来看，顾客满意度可以被描述为顾客满意的程度。顾客满意度用来衡量顾客对特定产品或服务的满意程度。因此，顾客满意度的测量实际上就是顾客对所使用的产品和服务的看法和评价。顾客满意度具有如下特征。

1. 主观性

顾客满意度具有明显的主观性，这是顾客价值感知活动的结果。因此，无论顾客对产品和服务的喜好程度如何，他们都会受到期望、经济条件、文化背景、需求等的影响。

2. 客观性

顾客满意度是具体的、真实的。它不会因顾客或企业的意愿而发生转移，所以一般情况下，顾客对产品和服务的评价都是客观的、真实的。

3. 模糊性

顾客满意度是顾客的一种个人体验、感知和判断，所以它会受到顾客所处的环境因素的影响。对于同一件产品，顾客在心情愉悦和心情低落时会给出完全不同的评价，因此顾客满意度具有模糊性。这种模糊性决定了顾客满意度是难以量化和准确判断的。从这个角度来看，我们很难确定"满意"和"较为满意"之间的差距。

4. 动态性

一切都在发展和变化，顾客满意度也是如此。顾客的需求总在不断变化，企业需要顺应这种变化，做好市场调研工作，及时推出能有效满足顾客需求的产品和服务。

二、航空公司的顾客忠诚度

在航空公司数量增长与民航服务质量逐步提高的背景下，各大航空公司意识到了顾客忠诚度的重要性，也逐渐开始关注顾客忠诚度的概念。

（一）航空公司顾客忠诚度的定义

航空公司顾客忠诚度是对民航顾客忠诚程度的量化，具体指的是顾客对于曾经合作过的航空公司所提供的服务或运输产品的偏爱程度。顾客忠诚度的产生一般是通过顾客乘坐某航空公司的飞机或者通过他人的了解，对该航空公司产生信赖，最后转化为重复乘坐该航空公司飞机的行为。它包含顾客重复乘坐该航空公司飞机的倾向，也包括顾客对航空公司服务产品的青睐，同时还伴随着顾客重复购买该航空公司机票的态度。

（二）航空公司顾客忠诚度的特点

顾客忠诚度因素因行业的不同而不同，例如，在电信、银行等行业，企业与顾客建立服务关系的时间周期长，顾客对它们所提供的产品依赖性强，有些顾客并不是很喜欢某企业的产品或者服务，但由于一些原因不得不与该企业保持客户关系。民航业与其他行业不同，虽然民航设备昂贵，技术要求高，组建成本高，但在航空事业快速发展的大背景下，顾客更换航空公司的成本低，顾客在航空公司的选择上更加具有主动性。航空是运输产品，具有很强的时效性，一旦运输时间结束，其产品的价值也就消失了，同时，顾客的需求也会消失。因此，航空公司需要付出较高的成本来维护顾客关系。

（三）航空公司顾客忠诚度的分类

在不同的行业，顾客是否忠诚的表现形式不一样。比如，在电信行业，顾客不流失或不注销号码就是忠诚的体现；在银行业，顾客一直存在交易行为，则可以被认定为忠诚。在这些被定义为忠诚的顾客中，往往存在对企业不满意但又不得不产生虚假忠诚的顾客。在民航业，顾客如果对某一个航空公司的服务、票价或者航班时刻等不满意，就会很少购买该航空公司的机票，故而很少存在虚假忠诚的情况。我们可以把民航顾客忠诚度分为高忠诚度、中忠诚度、低忠诚度。

高忠诚度的顾客往往表现出对航空公司高度青睐，当他们具有出行需求时，会始终如一地选择自己所忠诚的航空公司的服务，对该航空公司的票价、航线、时刻等非常认可，对航空公司的服务非常满意，对航班延误等容忍程度高。高忠诚度的顾客主要表现为购买机票的次数非常多，购买的产品种类多等。

中忠诚度的顾客对航空公司的青睐程度不及高忠诚度的顾客，但是也对所忠诚的航空公司部分或全部服务非常认可，如对某一条航线或航班时刻很认可，或者对航空公司的机上服务很满意等。中忠诚度的顾客主要表现为偶尔购买，或多次乘坐某一航线的航班等。

低忠诚度的顾客很少青睐固定的航空公司，这部分顾客很少选择该航空公司的飞机，他们可能由于自身出行需求少，很少乘坐飞机飞行，或者对航空公司的某些服务不满而放弃乘坐该航空公司的飞机。这类顾客多表现为在数年内只乘坐过一次飞机。

三、航空公司的顾客信任

顾客信任是指顾客对某一企业、某一品牌的产品或服务产生认同和信赖。顾客满意度多与顾客的感性感觉相关，与此不同，顾客信任是顾客在进行理性分析的基础上对产品和服务产生肯定、认同和信赖。

一般来说，顾客信任可以分为三个层次。

第一个层次是认知信任。它直接基于产品和服务而形成，因为这种产品和服务正好满足了顾客的个性化需求，顾客就对产品和服务产生新人。这种信任居于基础层面，它可能会因为顾客兴趣、市场环境等的变化而发生转移。

第二个层次是情感信任。在使用产品和服务之后，顾客获得满足，进而对产品和服务产生某种偏好。

第三个层次是行为信任。只有企业提供的产品和服务对顾客而言不可或缺、无法替代时，行为信任才会形成。其表现是顾客重复购买企业的产品和服务，重点关注企业的产品和服务，并且在这种关注中寻找巩固信任的信息。

经典案例10-2

航空公司的顾客价值创造实践

航空公司的市场提供物，主要是旅客航空出行中的运输服务，其中的有形服务更能让旅客直观地感受到服务品质。由于航空出行方式的特殊性，通常旅客需要提前几个小时到达机场进行值机候机，加上在空中飞行中，飞机的封闭式空间和远距离长途旅行会给旅客带来更多疲惫感和不适感，因此在航空运输服务中，各个环节服务的便捷度、舒适度都会在很大程度上影响旅客对服务的满意度。航空公司可以从如下方面做出创新。

一是改善并创新餐饮服务。

机上餐食问题是所有航空公司旅客普遍关注和意见较多的问题。航空公司为了控制客运成本，都会选择减少机上餐食种类，降低餐食标准，这不仅会直接导致旅客满意度的大幅下降，而且会间接影响航空公司的收入。因此航空公司需要在机上餐食服务方面进行改善和创新。可以提供差异化、定制化的航空餐食，例如低糖类、减脂类、普通餐食或定制餐食等，也可以由乘客自行选择餐饮种类，

乘客可以提前在规定的时段内通过线上或线下服务渠道选择出行当天的餐食。航空公司可以通过旅客购票信息为其中的特殊人群，例如儿童等提供特殊餐食。

二是增加机上娱乐设施。

目前，部分航空公司的航班已经配备了无线网络和视频娱乐设施，但是实际效果仍有待提高。机上无线网络不够稳定，无法为旅客提供流畅的网络体验，机上视频娱乐设施所提供的影视、音乐等资源依然十分有限。因此，航空公司需要重视机上网络建设工作，为旅客提供与地面无差异的娱乐和办公体验。

三是实现全流程协同服务。

航空出行旅途一般较长，旅客需要提前考虑和规划住宿及交通等问题，因此航空公司可与酒店、租车公司等进行协同合作，为旅客提供多种出行备选方案，为旅客规划最优路线和最低出行成本，为旅客提供便捷的全流程出行服务，提升旅客的满意度。

四是定制化客舱服务。

部分航空公司客舱服务内容陈旧且程序化，缺乏创新，缺少与竞争者之间的差异化优势。对于长途飞行的旅客来说，他们可能考虑在飞行途中享受种类更多的服务。航空公司可以提供空中卧铺、机上酒吧等，旅客可以根据自己的喜好和习惯选择心仪的服务项目。航空公司还可以开发定制化客舱服务项目，既能满足旅客需求，又能创造利润。

资料来源：《海南航空公司服务营销策略如何制定，怎样实施保障？》(https：//www.163.com/dy/article/HBP759DI0552ZPG8.html)，有改动。

阅读并思考：

（1）结合案例，分析航空公司可以通过哪些途径提高顾客满意度，创造顾客价值。

川航带领旅客首次体验"熊猫之路"主题航班

本章小结

本章首先介绍了顾客价值需求，通过对顾客价值需求内容的分析，发现顾客通过产品的不同价值属性及其供给量来满足自身对生理、安全、交往、尊重、自我实现等的价值需求。航空公司为了创造顾客价值，首先要了解顾客满意度、顾客忠诚度和顾客信任的内涵，有针对性地提升顾客消费体验，提高经济效益。在数字化时代的价值共生中，企业要重新思考价值定位与价值创造战略，积极和组织、他人、社会及环境协同共生，创造出新的具有可持续性的价值。

航空公司要加强顾客关系质量管理，通过优质的服务满足顾客的个性化需求，与顾客建立并保持长期稳定、互惠互利的关系。其中，航空公司最常用的就是常旅客计划。

中英文专业名词对照

顾客价值 Customer Value

承诺 Promise

共生 Mutualism

常旅客计划 Frequent Flyer Program

价值共生 Value Symbiosis

顾客满意 Customer Satisfaction

顾客价值再造 Customer Value Reengineering

顾客忠诚 Customer Loyalty

顾客关系 Customer Relation

顾客信任 Customer Trust

满意 Satisfaction

关系质量 Relationship Quality

信任 Trust

思考题

（1）航空公司顾客价值需求有哪些特征？

（2）提升航空公司顾客关系质量管理水平的方法有哪些？

（3）谈谈你对航空公司顾客价值创造实践的理解。

第十一章
航空公司品牌价值创造

航空公司提供的是服务产品，一定程度上，其品牌建设至关重要。品牌最早是烙在动物身上以示区别的标记，随着商品经济的发展、企业竞争的加剧、消费者购买理性的增强，品牌逐渐负载了越来越多的内涵。航空公司的竞争也由原来的产品竞争、服务竞争越来越多地转化为品牌竞争。

学习重难点

1. 重点
（1）了解个性的定义及分类。
（2）理解航空公司品牌个性塑造策略。

2. 难点
（1）掌握航空公司品牌文化的内容和作用。

本章引例

东方航空的品牌价值体系

品牌价值是品牌的使用价值、审美价值、市场需求的综合体现。从品牌价值的狭义角度来看，品牌价值有两层含义：一是指在某一个时间节点，用类似有形资产评估的方法计算出来的品牌金额，即品牌的市场价格；二是指品牌在消费者心目中的综合形象，包括品牌文化、属性、品质、品位、个性等，代表着该品牌可以为消费者带来的价值。

航空公司的品牌构成有别于仅以产品质量为主或者以产品和服务质量为主的定义结构，社会公众关注的是航空公司的服务质量与价值的具体体现。品牌在向消费者传递信息的同时，也在传递着航空公司的价值，这种价值表现在两个方面：

一是品牌为航空公司带来的利润,二是品牌为消费者带来的实体价值和尊贵体验。品牌价值是通过航空公司内外部因素的综合作用体现出来的,品牌价值的传递需要航空公司进行品牌资源的合理配置,并建立品牌沟通、价值传递的监控和反馈机制,因此航空公司需要不断调整品牌定位,形成一个有机的品牌价值传递过程。

中国东方航空公司(简称东方航空)的品牌价值体系要求东方航空为旅客提供安全、舒适、快捷的服务,旅客的感受是非常重要的,通过旅客的亲身体验,东方航空致力于让旅客信任东方航空品牌,对东方航空品牌有信心。东方航空坚持走自主创新道路,不断推陈出新,不断为市场和旅客提供新产品、有差异化的服务,采用创新的服务模式,为旅客创造更大的价值。

东方航空提出了"员工热爱,顾客首选,股东满意,社会信任"的企业愿景,强调企业要实现和谐发展,就必须积极、主动为员工创造良好的工作环境和氛围,为旅客提供全面贴心的服务产品,为股东提供满意的回报。此外,东方航空还提出要坚守诚信底线,强化全体员工的社会责任感。这个企业愿景结合了东方航空的现状,较为准确地定位了东方航空的品牌价值取向,成为东方航空实施品牌建设的"指南针"。

资料来源:《东方航空品牌建设研究》(https://www.docin.com/p-1746897295.html),有改动。

课堂讨论:
(1)东方航空的品牌价值体系是什么样的?
(2)航空公司是怎样创造自己的品牌价值的?

第一节 航空公司品牌个性

 一、品牌个性概述

(一)品牌个性的定义

1. 个性的定义

"个性"一词最早出现在拉丁文中,意思为演员的面具,其用途在于简洁明了地表现剧中人物的身份和性格特征。心理学家后将其引入心理学领域，用来表示一个人在生活、实践活动中经常表现出来的、比较稳定的、带有一定倾向性的个体心理特征的总和。从这个定义中我们可以看出，个性是指个体内在行为的倾向性，即便一个人在不断变化，但这些变化总体来说是具有某种一致性和连续性的，个性是一个人在社会化过程中形成的具有特色的身心特征。个性包括人的情绪、态度、观念，可以在人际交往的过程中表现出来。

知名营销学家菲利普·科特勒在营销心理学的基础上，将个性定义为人特有的心理特征，个性会导致自身对所处环境产生持续不断的、相对一致的反应，我们可以用自信、自主性、控制欲、适应能力、交际能力等术语来描述个性。

总的来说，个性是指个体在一定的社会条件下，利用社会实践活动形成的、相对稳定的心理特征的总和。

2. 品牌个性的定义

早在1955年，国外学者就提出了"品牌个性"一词，但一直以来，关于品牌个性理论的研究进展比较缓慢。

20世纪80年代以前，大部分学者认为品牌个性就是品牌形象，并将品牌形象定义为购买者人格的象征，还有部分学者将品牌个性与品牌形象统称为"品牌性格"。这些观点过于强调品牌个性与品牌形象的一致性，而未对品牌个性与品牌形象加以区分，因此，这些观点被多数学者否定，存在的时间较短。

学术界较为认可的定义是，品牌个性是品牌形象（品牌表现、品牌个性、公司形象）的一个重要构成维度，而非唯一构成维度。由于考虑角度不同，该观点实际上存在歧义。若从消费者视角考虑，可以将品牌个性定义为消费者所感知到的品牌所表现出来的个性特征；品牌个性体现的是消费者对某一品牌的感觉，与产品特性相比，它具有象征及自我表达的功能；品牌个性可能源自创意广告，是消费者对生产者及使用情境所做的推论；品牌个性作为品牌形象的重要构成维度，是指人们面对品牌时联想到的人类特征。若基于企业角度对品牌个性进行定义，品牌个性可以是品牌所具有的个性特征，能够用某些形容个性特征的词来描述，如勇敢、时尚、有安全感；也可以把品牌个性定义为品牌所创造的自然和生活的特质，或者品牌个性是指品牌所具有的人的特质。基于企业角度对品牌个性的定义中，较受赞同的是美国营销学家苏珊·佛尼尔（Susan Fournier）给出的定义，她将品牌个性归纳为品牌所具有的一组人类特征。这里的人类特征既包括个性特征，例如可靠的、时尚的、成功的，又包括其他人口统计学特征，例如性别、年龄、社会地位。

综上所述，学术界比较赞同品牌形象维度论关于品牌个性的定义，即品牌个性是品牌形象的维度之一。但由于定义视角分为消费者与企业两方，因此定义内容存在区别。在大部分品牌个性研究的过程中，学者们更倾向于采用基于消费者视角的品牌个性定义，即品牌个性是消费者所感知到的品牌所体现出来的一套个性特征。

（二）品牌个性的分类

品牌个性维度研究历来是品牌个性研究领域的重要课题，也是营销理论研究和营销实践领域中的一个热点课题。

1. 以性格特质为划分依据

在品牌个性维度研究中，最权威的是美国著名学者珍妮弗·阿克尔（Jeruifer L. Aaker）提出的品牌个性维度量表。珍妮弗·阿克尔认为，品牌个性是消费者个性在情感作用下投射在品牌上的个性集合，其对品牌个性的定义为与品牌特定使用者相关联的人类特性的集合。在此定义的基础上，珍妮弗·阿克尔根据西方人格理论的"大五"模型，以特质理论和词汇法作为方法论基础，从个性心理学维度出发，以西方著名品牌为研究对象，依靠现代统计技术，发展了系统的品牌个性维度量表。在该量表中，品牌个性分为真诚（sincerity）、刺激（excitement）、优雅（sophistication）、能力（competence）和粗犷（ugliness）五个维度，各个维度下分别有不同的品牌特性。由于这个量表有五个维度，人们据此建立了研究模型，也称"大五"模型（见表11-1）。该模型是目前品牌个性领域最具有代表性的研究成果，具有突破性意义。

表 11-1　"大五"模型

品牌个性维度	二级指标	品牌个性特质词语
真诚	淳朴	家庭导向、小城镇、传统、蓝领
	诚实	真诚、诚实、合乎伦理、体贴、有同情心
	健康	原创、名副其实、青春、经典、老套
	愉悦	感情丰富、友好、热心、幸福
刺激	大胆	时髦、令人兴奋、反传统、炫目、有煽动性
	活泼	酷、年轻、有活力、开朗、有冒险精神
	有想象力	独特、幽默、令人惊奇、美感、有趣
	时尚	特立独行、紧跟时代、创新、积极进取
优雅	上流社会	富有魅力、外形美观、自命不凡、精密复杂
	有魅力	女性化、流畅、性感、温柔
能力	可靠	勤奋、安全、有效、值得信赖、仔细
	智慧	技术、团结、技艺精湛
	成功	领导者、自信、有影响力
粗犷	户外	男性化、西部、活跃、运动
	结实	粗犷、强壮、直截了当

珍妮弗·阿克尔使用"大五"模型对其他国家和地区（日本、西班牙等）的品牌个性维度和结构进行了探索和检验，并结合自己在美国进行品牌个性研究的成果，对上述国家和地区的品牌个性维度变化以及原因进行了分析。

在国内，较为突出的是黄胜兵等以我国文化为研究背景，采用西方的词汇法、因子分析和特质论方法，通过对我国消费者的实证调查形成和发展的我国的品牌个性维度及量表，即"仁、智、勇、乐、雅"五个维度，该研究基于西方品牌个性的已有研究结果，综合了中国的特色实际情况，从中国传统文化角度加以阐释，有效地展示了品牌个性的本土化过程。

2. 以品牌能够为消费者创造的价值为划分依据

品牌能够为消费者创造的价值包括三类：功能性价值、象征性价值和体验性价值。就品牌而言，品牌从不同的维度，为消费者创造不同的价值。例如，如果品牌的产品外观优美、设计新颖，品牌就能为消费者创造体验性价值。因此，我们可以根据品牌为消费者创造的不同价值，将品牌个性分为功能性品牌个性、象征性品牌个性、体验性品牌个性。

二、航空公司品牌个性营销

要理解航空公司的品牌个性，我们不妨以英国维珍航空公司（简称维珍航空）为例。提起维珍航空，人们首先想到的一定是轻松活泼、妙趣横生的品牌个性。正如维珍航空的创始人理查德·布兰森（Richard Branson）所言："我做生意的主旨就是追求乐趣，这一原则贯穿始终，维珍之所以成功，秘诀就在于此，而非其他原因。"时至今日，"乐趣"已经成为维珍航空品牌价值的核心，深植于每位维珍航空员工的心中。对于维珍航空而言，品牌就是一种承诺：为旅客提供无穷的乐趣。作为英国备受尊敬的知名品牌，自1984年创建以来，维珍（Virgin）早已超越了其词义所涵盖的原意，代表了自由自在、叛逆、开放的生活方式。"飞行应是一件有趣的事"是维珍航空的信念，为旅客提供娱乐性的体验是维珍航空的一贯目标。维珍现在已经成为21世纪全球最具有影响力、最具有创造力的全球性品牌之一，涉足的领域有航空、火车、金融、饮料、音乐、移动电话和旅游等行业，维珍代表着品质、创新、有趣和敢于挑战、竞争的品格。

品牌传播对维珍航空来说是一种承诺，理查德·布兰森曾强调要把维珍航空建设成一个员工愿意为之服务的、旅客乐意选择的、能够持续盈利的航空公司。这不仅是对旅客的承诺，而且是对员工的承诺。要让品牌真正发挥价值，最关键的因素是员工，因为员工直接同旅客打交道，会向旅客传达品牌信息，从而间接地塑造了维珍航空的品牌形象。在航空业，以服务创造完美体验是很关键的。不同于其他有形产品，航空服务过程和销售过程是统一的，服务售卖空间和服务生产空间也具有特殊性，这决定了航空公司建立品牌形象的过程实际上也是航空公司与旅客互动的过程。

（一）个性化营销的定义

个性化营销也被称为定制化营销，是近些年出现的营销模式之一。就本质来看，个性化营销就是如量体裁衣般为消费者提供最适合的服务。进入信息社会，企业与消费者之间的信息不对称性得到了改善，个性化营销成为市场中一种有效的营销模式。为消费者开展个性化营销，能够使消费者感受到来自企业的关怀，最大程度地满足消费者的需求，从而有效提高消费者的满意度与忠诚度，加强消费者的黏性，最终为企业的发展提供保障。

（二）优化航空公司个性化营销策略组合

1. 优化产品结构

航空公司可以优化产品结构，增强自身的产品研发能力，根据自身发展特点和旅客需求特点，与相关专业的民航产品研发团队合作，设计出能有效满足不同旅客需求的航空产品，并通过相关渠道完成产品推广。

2. 调整价格策略

航空公司需要做好市场细分工作，并调整价格策略。例如，在细分旅客的基础上，航空公司可以旅客为关注焦点，根据市场需求特征，制定带有不同限制条件的多级票价体系。针对公商务旅客，定价应当是"高端票价＋宽松限制条件"；针对休闲旅客，定价应当是"合理票价＋较严格限制条件"，鼓励旅客尽早确定行程规划，鼓励旅客提前购买返程机票；针对异地探亲旅客，根据不同群体对价格的敏感度不同，制定"多种票价＋不同限制条件"的定价体系。

3. 组合营销渠道

航空公司需要优化营销渠道，并加强对营销渠道的管理。很多航空公司通过代理商销售机票。因此，加强与代理商的合作，同时拓展多种营销渠道，对于航空公司的持续发展至关重要。

4. 健全过程服务

航空公司需要建立服务质量指标体系。一方面，要优化现有的服务标准，为每个服务环节制定规范，这样员工在工作过程中就有据可依，也能激励员工不断进行自我提升。另一方面，航空公司应该完善监督机制，在各部门之间形成完善的监督和反馈流程，核心是为旅客服务，围绕服务开展监督工作，保障每个环节的服务质量。

三、航空公司品牌个性塑造

品牌个性塑造（brand building）是指为品牌确定某种个性和定位，并为此付诸行动的过程或活动。品牌个性塑造是一个系统长期的工程，品牌知名度、美誉度和忠诚度是品牌个性塑造的核心内容。

品牌个性塑造可采取"四步走"的策略，即品牌定位、品牌形象设计、品牌形象整合传播、品牌形象建设及维护。

企业要实施品牌个性塑造，必须考虑一系列因素。大卫·艾克（David A. Aaker）把这些因素分为两大类：与产品相关的因素和与产品不相关的因素（见表11-2）。

表 11-2　品牌个性塑造涉及的因素

与产品相关的因素	与产品不相关的因素
产品类别	使用者形象
产品包装	公共关系
价格	象征符号
产品属性	上市时间
	广告风格
	原产地
	企业形象
	管理者特质
	名人背书

品牌个性是消费者区分品牌的重要依据。品牌形象论的提出者大卫·奥格威（David Ogilvy）曾指出，最终决定品牌市场地位的，是品牌的总体性格，而不是产品间微不足道的差异。美国广告大师李奥·贝纳（Leo Burnett）也认为，每个产品都具有与生俱来的"戏剧性"，广告人的任务就是把它挖掘出来。这里的"戏剧性"就是指每个产品的个性。下面笔者将结合表 11-2 中的各项因素，来阐述品牌个性塑造的 13 个策略。

（一）与产品相关的品牌个性塑造策略

第一，产品类别。与产品类别相关的特征是品牌个性的一大驱动力。

第二，产品包装。产品的包装犹如人的衣服，它不仅可以美化产品，而且是品牌个性的体现。

第三，价格。一般情况下，高价策略会使品牌显得高档，低价策略会使品牌显得朴实亲民。对企业来说，经常改变价格策略是塑造品牌个性的大忌。另外，品牌价格还必须体现品牌目标消费人群的特征。

第四，产品属性。在激烈的市场竞争中，产品同质化现象越来越严重。企业在塑造品牌个性时，要以企业的产品或服务特征为基础。

（二）与产品不相关的品牌个性塑造策略

第一，使用者形象。使用者形象会在一定程度上对消费者形成引导作用。

第二，公共关系。品牌举办的有特色、富有创意的活动能很好地传达品牌个性。例如，中国南方航空公司（简称南方航空）设立了南航"十分"关爱基金会，其宗旨是为扶贫济困、救孤助残、赈灾救援、助学兴教等社会公益活动提供资助或奖励，弘扬社会美德，彰显企业责任，引导社会风尚。南航"十分"关爱基金会的名称具有双重含义：一方面，"十分"表示旅客每乘坐一次南方航空的航班，南方航空就会为该基金会捐出 10 分钱；另一方面，"十分"也代表南方航空对履行社会责任、支持公益事业非常关注。

第三，象征符号。心理学调查显示，在人们接收的外界信息中，83% 以上的是通过眼睛，1% 要借助听觉，35% 依赖触觉，其余的则依靠味觉和嗅觉，视觉符号的重要性可见一斑。一个成功的标志符号是品牌个性的浓缩和体现。例如,中国国际航空公司的标志是凤凰,颜色为中国红,具有吉祥、圆满、祥和、幸福的寓意。中国国际航空公司将凤凰作为航徽,是希望这种瑞鸟能够为人们带来和平、幸福、和谐的生活。

第四,上市时间。品牌诞生的时间也会影响品牌个性。一般来说,诞生时间较短的品牌占有年轻、时尚、创新的个性优势。诞生时间较长的品牌常常给人成熟、老练、稳重的感觉,但可能给人带来过时、守旧、死气沉沉等负面印象。因此,诞生时间早的老品牌需要经常为品牌注入活力,以防止品牌老化。

第五,广告风格。许多成功的品牌都会逐渐形成自身的广告风格,并且所有的广告都会沿用这个风格,以使品牌个性越来越清晰。

第六,原产地。这里指产品的出产地。一方水土养一方人,每个地方的人也都会有个性上的差异。这些个性差异往往会影响到生长于此的品牌。

第七,企业形象。企业形象能够为企业的品牌提供支持,对品牌形象塑造也有积极作用。对于中小企业而言,应该使企业形象与品牌形象一致,二者相得益彰,降低品牌个性塑造的成本。

第八,管理者特质。对于大多数企业,尤其是民营企业而言,管理者往往会将自身的性格转移到企业和品牌上。

第九,名人背书。很多企业期望通过名人的宣传推广来强调品牌个性。对于消费者而言,名人就是意见领袖,合适的名人代言能为品牌加分;相反,如果代言人不符合品牌的个性,则会造成品牌形象和个性的稀释。品牌的管理者应该清楚地知道品牌要迎合哪种类型消费者的喜好。只有品牌个性与名人个性完美契合,名人背书的积极作用才会体现出来。

航空运输业作为现代交通和旅游业的重要组成部分,航空公司的品牌个性塑造与管理在其中扮演着至关重要的角色。航空运输业竞争激烈,市场上存在着众多航空公司,相似的产品和服务很难在消费者心目中产生差异化的印象。因此,航空公司需要通过品牌个性的塑造来吸引消费者的注意力并建立独特的个性,在市场中脱颖而出。

航空公司作为提供安全和舒适的交通工具的企业,品牌个性的建立对于获得消费者的信任和忠诚至关重要。一家具有良好品牌个性的航空公司能够赢得消费者的信任,使其更愿意选择该航空公司的服务,甚至成为该航空公司的忠实顾客。

第二节 航空公司品牌文化

一、航空公司品牌文化的类型

(一) 品牌行为文化

每一种价值观都会产生一套明确的行为含义。品牌行为是品牌精神的贯彻,它是品牌与消费者建立关系的核心过程,是企业经营作风、精神风貌、人际关系的动态体现,也是企业精神、企业价值观的折射。品牌行为文化主要包括以下几个方面的内容。

1. 品牌营销行为文化

品牌营销行为是从文化层次研究营销活动,从文化的高度确定市场营销战略和策略,以增强品牌的竞争力,发挥文化在品牌营销过程中的软资源作用。品牌营销行为文化既包含浅层次的产品构思、设计、造型、款式、包装、广告,也包括深层次的对营销活动的价值评价、审美评价和道德评价。例如,中国东方航空集团有限公司的广告语是"东方航空,友谊之桥",该广告语体现了航空公司的品牌文化。

2. 品牌传播行为文化

从品牌文化的角度看,品牌的营销行为既是在推广产品,又是在传播品牌文化。品牌传播行为文化涉及企业通过广告、公共关系、新闻、促销活动等媒体传播品牌资讯的一切行为活动,品牌传播行为有助于品牌知名度的提高和品牌形象的塑造。

品牌传播是航空公司长期发展的基础,通过有效的品牌传播策略,航空公司能在市场中建立起良好的声誉和形象,增强客户对品牌的信任。航空公司可以从以下三个方面做出努力。

一是进行差异化定位。航空公司在竞争激烈的市场中,需要通过差异化的定位来突出自己的特色,可以通过提供更好的服务、更舒适的座椅以及创新的客户体验等方式,与其他竞争对手形成差异。这种独特的价值主张方便客户记忆,能帮助航空公司形成充满个性的品牌特征。

二是开展口碑营销。航空公司可以通过创造正面的口碑来强化品牌的信誉和知名度。航空公司提供优质的服务,时刻关注客户需求,及时解决客户提出的问题,并鼓励客户在社交媒体上分享经历,这些都可以形成良好的口碑效应。同时,航空公司还可以与旅游博主、媒体等合作,通过他们的推荐或报道提高品牌影响力。

三是参与赞助活动。航空公司可以通过赞助体育赛事、文化活动等来提升品牌形象和知名度。例如,航空公司可以赞助国际体育赛事,如奥运会、世界杯等,使得品牌与顶级运动赛事相关联,增强品牌的权威感和可信度。此外,航空公司还可以与其他相关行业的企业合作,共同开展促销活动,扩大品牌传播范围。

3. 品牌个人行为文化

品牌个人行为不仅包括品牌形象代言人、企业家的个人行为,而且包括员工和股东等的个人行为。他们的行为构成品牌个人行为,其中蕴含的文化又被称为品牌个人行为文化。

(二) 品牌物质文化

品牌物质文化处于品牌文化的最底层,却是消费者认知品牌的主要来源,它是品牌对消费者最直接的影响要素。品牌物质文化主要包括以下几个方面的内容。

1. 产品文化

产品可以反映企业的价值观和理念，折射出企业的品牌文化。企业在长期的生产经营中自然形成的涉及质量控制的意识规范、价值取向、思维方式、道德水平、行为准则等产品的质量文化是品牌文化的重要组成部分。

2. 包装文化

包装是产品的一面旗帜，是产品价值的象征。产品包装蕴含品牌个性，体现着品牌形象，规定和影响着品牌定位。包装只有综合利用颜色、造型、材料等元素，才能表现出产品信息、品牌内涵，突出产品与消费者的利益共同点。产品包装只有对消费者形成较直观的冲击，才能影响消费者对品牌的认知，进而有效地吸引消费者。

3. 名称和标志文化

品牌名称作为品牌之魂，体现了品牌的个性、特性和特色。品牌名称是品牌的核心要素，是品牌显著特征的浓缩，是形成品牌文化概念的基础。品牌名称不同于产品名称，它具有社会属性和人文属性，是经济领域的一种文化现象，它可以反映品牌的道德修养、文化水准及人们对品牌寄托的希望，对企业来讲，品牌名称是一笔宝贵的文化财富。品牌标志是品牌中可以被识别，但不能用语言表达的部分。它通过一定的图案造型和色彩组合来展现品牌的个性形象和文化内涵。中国南方航空公司的标志由一朵抽象化的大红色木棉花和宝石蓝的飞机垂直尾翼图案组成。木棉花象征坦诚、热情，中国南方航空公司以木棉花作为企业形象，表示公司将始终以坦诚、热情的态度为广大旅客、货主提供尽善尽美的航空运输服务。

（三）品牌精神文化

品牌精神文化是企业在长期的品牌经营过程中，因受社会经济和意识形态影响而形成的文化观念和精神成果，是企业管理品牌的指导思想和方法论。品牌精神文化是品牌文化的核心，也是品牌的灵魂。它决定品牌的形象和态度，是品牌在营销活动中一切行为的信念和准则。品牌精神文化对内是调节和指导品牌运作、优化资源配置、促使品牌健康发展的驱动力，对外是丰富品牌联想、提升品牌形象、激发消费者购买欲望的扩张力。任何缺乏精神文化的品牌，都不能被称为品牌，也没有市场前景。在市场竞争日趋激烈的今天，赋予各类组织、系统或产品以精神内涵，使之实现差异化、个性化发展，是提升其竞争力的根本保障。品牌精神文化主要包括以下几个方面的内容。

1. 品牌价值观

品牌价值观是指品牌在追求经营成果的过程中所推崇的基本信念和奉行的目标，是品牌经营者一致赞同的关于品牌意义的终极判断。品牌价值观是企业价值观的深化，是企业价值观的市场化体现，反映了品牌的精神和承诺。对内它深刻影响员工的行为，为员工提供坚强的精神支柱，赋予员工以神圣感与使命感；对外它驱动品牌关系的发展，决定品牌的个性和形象，影响顾客品牌关系的建立和顾客忠诚的产生。

例如，中国国际航空公司（简称国航）的品牌价值观为：人本、担当、进取、乐享飞行。

"人本"即以员工为本，以客户为本，这是国航一切工作的出发点和落脚点。

国航是服务型企业，员工是服务的主体，是企业发展的根基；客户是服务的对象，是企业发展的关键。只有服务好员工，员工才能服务好客户；只有让员工满意，员工才能让客户满意。"人本"就是依靠员工、尊重员工、关爱员工、发展员工、成就员工；坚持客户导向，关注客户，研究需求，改善体验，赢得认同，实现员工和客户"双服务、双满意"。

"担当"即愿担当、能担当、会担当，团结协作，积极主动承担责任。

国航是有理想、有抱负的企业，充满责任感、使命感。"担当"强调愿担当，培养员工的主人翁意识和责任感，营造融洽组织氛围，激发员工担当的主动性，不断强化员工的担当意识；"担当"也强调能担当，增强员工的综合实力，完善企业的担当保障机制，奠定担当的基础，不断提升员工的担当能力；"担当"还强调会担当，创新担当方法，丰富担当手段，不断提高担当水平。在服务型企业中，"担当"尤其强调彼此协作，互相担当，不放过问题，不推诿责任。管理者为员工担当，机关为基层担当，员工为客户担当，共同为企业的理想担当。管理者坚持"议服务、讲服务、带服务"，管理支持部门坚持"研服务、抓服务、促服务"，全体员工坚持"爱服务、懂服务、会服务"。

"进取"即创新变革激发活力，超越自我引领群伦。

国航是有追求、有境界的企业，国航始终坚持昂扬奋进，追求持续进步。"进取"强调立足本职，爱岗敬业，勤于钻研，精益求精，在职业生涯中追求事业成就；鼓励创新，容忍挫折，培养创新意识，提升创新能力，建立创新机制，开拓蓬勃向上的局面；自省自勉，自我超越，在顺境中不自满、不懈怠，在逆境中不气馁、不放弃，永不停止追求卓越的步伐。

"乐享飞行"强调员工的服务使围绕飞行的全流程工作充满激情与快乐，员工也能通过自身的努力使客户尽享飞行的快乐。

飞行是航空公司的企业特点和核心业务。国航是有品质、有活力的企业，在围绕飞行开展的全流程工作中，国航倡导激情工作、快乐生活，实现企业发展、员工幸福的目标。国航全力打造从地面到空中、从前台到后台的顺畅高效的全流程工作链条，营造真诚友善、团结协作、共享成果的氛围，员工保持积极心态，主动提升综合素养，放飞职业理想，享受工作快乐；引导员工关注客户需求，提升服务品质，改善客户体验，使客户享受放心、顺心、舒心、动心的旅程，让快乐在客户和员工之间互相传递，共创美好境界。

2. 品牌伦理

品牌伦理是品牌营销活动中应遵循的行为和道德规范，包括关于诚信、公平竞争、社会期望、公共关系、社会责任、消费者自主权等方面的内容。品牌伦理作为一种内在的规定，它是品牌宝贵的道德资本，具有教育功能、激励功能、协调功能、监督功能和评价功能。在一些法制建设相对落后的国家和地区，品牌伦理还处于萌芽、模糊、不被广泛接受的状态。结合我国民族文化的大背景和目前的经济环境，企业在品牌运作中应倡导并遵守诚信、有责任感、维护公平公正的经济环境的品牌伦理。

品牌文化由以上三个部分组成，形成由表层至深层的有序结构。最外层的品牌物质文化最为具体和实在，也是最容易被识别和感受的；品牌行为文化处于中间层，也可以被消费者感知，表现为企业的行为活动；品牌精神文化是品牌文化的核心，是品牌的精神内核。各层次之间相互影响，互相渗透。品牌物质文化是品牌精神文化和品牌行为文化的基础和外化；品牌行为文化是品牌物质文化和品牌精神文化的动态反映；品牌精神文化是核心，它决定着品牌物质文化和品牌行为文化变化和发展的方向。航空公司需要塑造独一无二的品牌文化，使其成为促进航空公司发展的强大动力。

二、航空公司品牌文化的作用

企业塑造品牌文化的行为从根本上来说是受商业动机支配的，即企业通过品牌文化来强化品牌影响力，从而谋求更多的商业利润。企业之所以强调要塑造品牌文化，是因为消费者是社会人，具有复杂的个性特征，由于消费者受同一经济、文化背景的影响，其价值取向、生活方式等又有一致性，这种文化上的一致性为企业塑造品牌文化提供了客观基础。

企业在市场细分的基础上确立目标市场之后，有必要对目标市场消费者的文化心态进行深入调研，并将它与商品的效用联系起来，为品牌塑造典型的文化个性，达到促销的目的。

企业在满足消费者需求、获得利润的同时，也需要考虑社会的长期整体利益。这要求企业在宣传自己产品功效和品质的同时，弘扬优秀的文化，倡导正确的价值观，促成社会的进步。在市场竞争日益激烈的时代，企业所面临的社会挑战就是寻找一条使经济与道德相统一的途径。通过塑造优秀的品牌文化，企业能展现自身坚持的积极的文化理念，这也是企业追求社会效益的一种体现。

行为科学的代表人物梅奥（G. E. Mayo）等提出了"社会人"（social man）的概念，认为人除了追求物质之外，还有社会方面的需求。品牌文化的建立，能让消费者在享受商品带来的物质利益之外获得文化上的满足。在这种情况下，有时市场细分的标准就是文化。

2015年12月，卡塔尔航空公司（以下简称卡塔尔航空）在美国纽约召开新闻发布会，正式宣布启动名为"与你同飞翔"（Going Places Together）的全新全球品牌宣传活动。卡塔尔航空作为全球发展较快的航空公司之一，有着全球最年轻、最漂亮的运输飞机之一。卡塔尔航空选用充满感情的口号作为品牌宣传活动的主题，反映了其独特的价值观。卡塔尔航空期待以一同翱翔的企业愿景，来激励旅客对旅游、对人生道路开展持续探寻。卡塔尔航空负责营销推广和公关工作的负责人表示："最新的'与你同飞翔'宣传活动展现了卡塔尔航空的品牌文化，即兼收并蓄，我们愿意和旅客一同创造美好的明天。与此同时，这一宣传活动也展现了我们的未来总体目标，即公司目标与旅客人生规划的一致性。卡塔尔航空坚持求实创新，和旅客一同成长。"

品牌文化的塑造有助于培养对品牌忠诚的消费者，也有助于建立品牌壁垒。对品牌忠诚的消费者对企业最有价值。对企业来说，最理想的状态是培养一个对品牌无比忠诚的消费者群体，然而做到这一点并不容易。由于市场竞争十分激烈，大量消费者可能很难保持对某个品牌的忠诚，也会因为各种各样的因素选择其他品牌。实际上，不同品牌的同类产品之间的差异在不断缩小，要让消费者在众多品牌中对某一个品牌保持忠诚，企业就需要建立特征鲜明的品牌文化。例如，在激烈的航空运输市场竞争中，成都航空有限公司（简称成都航空）秉承"服务用心而至"的服务理念，以"成都航空最成都"为品牌文化定位，着力打造成都这座旅游城市的"空中名片"，积极宣传成都旅游文化，在不断的探索中，成都航空建立起了一套行之有效的管理方法，形成了具有中国民用飞机特色的企业文化体系，致力于为建设成都大型国际航空枢纽贡献力量。

三、航空公司品牌文化的形成

品牌文化的形成不是一蹴而就的事情，它需要企业集合品牌资源、人才资源、智力资源和财力资源等诸多资源优势，依据品牌的市场定位和产品概念，为品牌注入与品牌相适应的文化背景元素和核心价值理念，并进行合理的整合、演绎、延伸与扩展，使品牌的时尚品位与文化价值理念得到完美体现，为消费者和社会公众创造愉悦与享受。

（一）品牌文化的设计

品牌文化的设计主要指确定品牌文化的内涵及品牌代表的意义。品牌文化的设计需要解决两个战略性问题：一是寻找品牌文化的切入点；二是明确体现品牌文化的主题。

1. 寻找品牌文化的切入点

企业可以从品牌使命、远景、价值观等方面寻找品牌文化的切入点。品牌使命描述了企业的核心目标，即企业如何为消费者创造价值，企业如何正确认识其存在的价值；远景则以未来为导向，即企业未来的发展方向及努力实现的目标；价值观是企业为实现其终极目标而树立的信念，它受企业文化的影响，表达了企业在经营活动中的选择和需求。

2. 明确体现品牌文化的主题

找到品牌文化的切入点以后，企业必须考虑的问题是用什么主题来表达品牌文化的内涵。

（二）品牌文化的外化

品牌文化的内涵是一种抽象的观念，它必须通过有形的符号及传播才能存在和延续，并被消费者认知。符号是品牌文化的依附点，它包括语言符号（如品牌名称、广告语等）及非语言符号（如象征标志、基调色、包装设计等）。消费者通过对品牌符号所承载的品牌文化的认知，来理解品牌文化带来的附加价值。例如，厦门航空有限公司（简称厦门航空）的标志是矫健的白鹭在蓝天振翅高飞，它展示了厦门航空团结拼搏、开拓奋飞的企业精神;四川航空股份有限公司(简称四川航空)的标志是一只海燕,圆圈代表地球,四条波浪纹寓意百川赴海,奔流涌进,上善若水,厚德载物,同时对应川航"真、善、美、爱"的核心价值观;春秋航空的标志运用了春秋航空(spring airlines)的英文首字母"s"进行设计,3个"s"相互重叠、交叉组合,表现出了互动、团结的寓意。

(三)品牌文化的传播

如果说品牌是烙印,品牌传播便是烙铁。在品牌文化的传播过程中,广告是最直接、最有效的手段。由于品牌文化是无形的,消费者很难一开始就从产品本身体会到品牌文化的内容,而是通过广告认知它所指向的某种生活方式或价值取向。除了广告,企业还可以借助能代表品牌精神的公关活动,在契合目标消费者心理文化诉求的基础上,来演绎品牌的文化内涵,这往往也能起到事半功倍的效果。例如,2023年5月,国泰航空有限公司(简称国泰航空)因被举报歧视非英语乘客而深陷舆论风波。国泰航空在24小时内给了3个声明,这3个声明逐渐递进,表达了国泰航空的歉意,公布了调查进展情况,给出了最终处理结果。第一个声明的发布时间在危机快速发酵之前,国泰航空在公众关注这件事之前表达出了诚恳解决问题的态度,并清楚明白地交代了在规定时间内下一步公司会做什么。第二个声明在事件逐渐升温时介绍了调查进展情况,明确地向公众传递了一个信息:国泰航空真的在解决问题,而不是掩盖问题。第三个声明及时公布了调查结果,给出了短期、长期的解决方案。在整个事件中,国泰航空没有避重就轻,而是正视问题,积极反思,并迅速解决问题。

第三节 航空公司品牌资产

 一、品牌资产概述

(一)品牌资产的定义

20世纪80年代出现的最重要,也最为人所知的营销概念就是品牌资产(brand equity)。这一概念最早被广告公司采用,后来便引起了营销管理人员和学者们的广泛关注,并引发了人们对有关品牌资产的定义、测度及运行机制大量的全面系统研究。品牌资产作为企业最有价值的资产之一,属于企业无形资产。然而,品牌资产概念一直就是一个十分令人头痛的问题,不同学者从不同的视角提出了自己的看法,这使得品牌资产的概念显得十分杂乱。

学术界普遍认同法夸尔(P. H. Farquhar)对品牌资产的理解:与没有品牌的产品相

比，品牌能为产品带来超越其使用价值的附加价值或附加利益。关于品牌资产的定义，目前国内外尚无统一的认识，这主要是由于不同的学者对品牌资产的研究目的不同、视角不同，他们从不同的视角来研究品牌资产，这导致研究模型和研究方法的不同，他们对品牌资产的认识也相应地有所区别。此外，我国学者对品牌资产的翻译和理解也不相同，国内最具代表性的定义分别由符国群、范秀成、卢泰宏三位学者提出，他们分别将英语 brand equity 翻译为商标资产、品牌权益、品牌资产。符国群认为，商标资产是附着于商标之上，能够在未来为企业带来额外收益的顾客关系。① 范秀成认为，品牌权益是企业以往在品牌方面的营销努力产生的产品或服务的附加价值。② 卢泰宏认为，品牌资产有不同的含义，应该用概念模型来对品牌资产概念进行系统的解释，并归纳出"财务会计概念模型""基于市场的品牌力概念模型"和"基于消费者的概念模型"，用于理解品牌资产这个词。③ 从目前来看，国内外对品牌资产的研究主要是从财务、市场和消费者三个角度来进行的。

1. 财务视角

从财务视角定义品牌资产，其焦点在于衡量品牌资产的方式和技术，是利用财务模型来估计品牌的价值。这种定义比较注重品牌资产价值的衡量和品牌以实际财务数字呈现的结果。此观点强调利用经济或财务模型精确估计出品牌的价值，以此作为品牌建立绩效评估体系的依据；或是从会计角度，把品牌视为资产或商誉，将品牌价值表现在财务报表上，在企业并购或清算时作为参考。

鲍勒（P. G. Bonner）和尼尔逊（Richard Nelson）于 1985 年在《产品属性与认知品质：食品》一文中给出了品牌资产的财务角度的定义，他们主张品牌资产是指依附于品牌名称的、可计算的商誉。

1990 年，芝加哥大学的西蒙（Carol J. Simon）和沙利文（Mary W. Sullivan）做出定义，认为品牌资产是一项具有品牌名称的产品，相对于同一项没有品牌名称的产品，其能产生现金流量。对厂商而言，品牌具有鉴别和保护作用，使厂商的广告、促销易于产生效果，品牌名称赋予产品特色，使消费者对品牌产生认同，企业进而创造出差别定价，对消费者来说，品牌可以帮助消费者进行信息的筛选，重复购买，具有信息方面的价值。④

此外，也有学者从财务观点来考虑品牌资产在营销上的定义，认为品牌资产是从交易角度评估的品牌财务价值，而交易源自产品品牌相关的成功活动，其重点是交换活动和可评估的价值。目前，世界知名的几大品牌评估机构，如英特品牌（Interbrand），以及我国北京名牌资产评估公司所使用的品牌资产评估方法都是从财务角度来看待品牌资产。

综上所述，财务视角的品牌资产定义注重将品牌资产加以量化，得到一个具体的数据，以此作为企业内部绩效评估或者企业外部并购、股权交换等行为的参考。

---

① 符国群. 商标资产管理的组织形式及其演变 [J]. 外国经济与管理，1997，19（11）.
② 范秀成. 品牌权益及其测评体系分析 [J]. 南开管理评论，2000（7）.
③ 卢泰宏. 品牌资产评估的模型与方法 [J]. 中山大学学报（社会科学版），2002（3）.
④ Simon C J, Sullivan M W. The Measurement and Determinants of Brand Equity：A Financial Approach [J]. Marketing Science，1993（12）.

2. 市场视角

财务视角的概念只是在企业考虑品牌收购或兼并时才很重要，它注重短期利益和片面指标。于是，部分学者开始从市场的角度定义品牌资产。

有学者认为，品牌资产来源于品牌所拥有的市场地位，是超过其实体资产价值的附加价值。有企业愿意花费高额的溢价去购买品牌，可能的原因是不断有新竞争者进入市场，而企业为保持其市场占有率及获利率，有时必须去购买品牌或延伸自有品牌。也有学者认为，品牌资产是指品牌唤起注意者思考、感受、知觉、联想的特殊组合，此组合会进而产生市场购买影响力。所谓的注意者，是指注意品牌并会做例行购买，且对现存产品有稳定的需求或会因需要新产品而产生购买行为的人。

卡玛库拉（Wagner A. Kamakura）和拉瑟尔（Gary J. Russell）认为，品牌资产为品牌延伸的增量效用，它不是由功能属性创造的。[1] 在考虑品牌的延伸性时，可以将品牌资产解释为一种剩余价值。

戴森（P. Dyson）、法尔（A. Farr）和霍利斯（N. Hollis）综合了上面的观点，他们以消费者购买商品的重复率为标准，将消费者分为忠诚消费者、经常购买者和以价格为购买条件的购买者三类，分别计算出其市场占有率，再通过数学运算估算出品牌的市场占有率，并将其与实际市场占有率相比较。[2]

3. 消费者视角

目前，绝大部分学者都是从消费者角度来定义品牌资产。他们意识到，如果品牌对于消费者而言没有任何意义（价值），那么它对于投资者、生产商或零售商也就没有任何意义了。

著名品牌专家凯勒（K. L. Keller）从消费者视角来定义品牌资产，提出营销活动会产生不同的品牌效果，会反映出消费者品牌知识的差异性。品牌资产的目的在改善营销能力，思考企业如何在高成本、竞争激烈、需求减少的情况下提高营销效率，企业需要了解消费者行为，以便对目标市场和产品定位做出更加精准的判断。[3]

此外，有学者将品牌资产定义为消费者对某一品牌的整体偏好，或者将其定义为消费者认知的品牌具有的效用与好处。也有学者认为可以依据品牌价值（把品牌总价值视为一种独立的资产）、品牌强度（消费者对于某一品牌的感受有多强烈）、品牌描述（消费者对品牌产生的联想及信念描述）来建立品牌资产。还有学者认为，当一个品牌在消费者心目中具有强烈的正向联想时，消费者就会对品牌产生忠诚，此时这个品牌就具有品牌资产。

笔者从消费者视角研究营销组合策略对品牌资产的影响，所以更多地借鉴了凯勒对品牌资产的定义和概念模型。笔者认为，品牌资产是品牌名称赋予产品的可感知效用，是消费者感知到的具有某一品牌名称的产品和其他品牌相比所具有的优越性。

---

[1] Kamakura W A, Russell G J. Measuring Brand Value with Scanner Data [J]. International Journal of Research in Marketing, 1993, 10 (1).

[2] Dyson P, Farr A, Hollis N. Understanding, Measuring, and Using Brand Equity [J]. Journal of Advertising Research, 1996 (36).

[3] Keller K L. Conceptualizing, Measuring, and Managing Customer-Based Brand Equity [J]. Journal of Marketing, 1993 (57).

（二）品牌资产的构成

由于品牌资产的概念和内容不统一，学者们提出了多种营销变量或维度来描述和测量品牌资产。

雷萨（W. Lassar）等人依据消费者知觉的观点来衡量品牌资产，认为品牌资产由五个方面的内容组成。一是产品表现，指消费者认为一个品牌没有缺点，产品可以长期持续使用，并且产品的实际结构也没有什么缺点。二是社会形象，指消费者和其所属的社群对该品牌持有积极的认知。三是价值，即消费者认知的品牌效用，消费者会评估并考虑他们所获得的是什么，以及他们需要付出什么。四是信赖度，指消费者对企业的信心，相信企业会考虑并维护消费者的权益。五是品牌认同和依恋感，指消费者对品牌的正向感觉以及这种感觉的强度。[①]

大卫·艾克认为，品牌资产包括品牌意识、品牌联想、感知质量和品牌忠诚。后来，艾克又在此基础上进行了补充，提出了一些新的维度，包括品牌溢价、领导力、品牌个性、组织联想、市场份额、价格和分销指数。[②]

美国战略品牌营销学家凯勒认为，消费者对标明品牌和未标明品牌的相同产品持有不同态度，这必定是由于消费者的品牌知识结构改变了其对产品的感受，所以凯勒提出了品牌知识维度的概念。消费者的品牌知识包括品牌意识和品牌形象。品牌意识是消费者在不同情况下确认该品牌的能力，分为品牌认知和品牌回忆。品牌认知反映消费者对以前与该品牌有关经历的确认能力；品牌回忆反映消费者在给定产品目录下能够回忆起该品牌的能力。品牌形象是消费者关于品牌的感觉，反映消费者关于该品牌的联想。品牌联想有属性、利益、态度等形式。我们可以用品牌联想的赞誉度、强度和独特性来衡量品牌形象（见图11-1）。[③]

内特迈尔（Richard G. Netemeyer）等人在总结前人关于品牌资产维度研究的基础上，把品牌资产的维度分为两类，即核心维度和非核心维度，并描述了基于消费者的品牌资产的各方面关系（见图11-2）。[④]

接下来，笔者将对凯勒的品牌知识维度理论涉及的关键概念进行简要介绍。

1. 品牌意识

品牌意识的英文名称是brand awareness，是品牌资产的重要组成部分。一个品牌最为基本的部分便是品牌意识，因为，如果一个品牌不为人所知的话，它也就不能被称为品牌了。品牌意识能够影响消费者的感知和态度，也能够强化零售商销售品牌产品的信心。在一些情况下，它是消费者选择品牌，甚至对品牌保持忠诚的驱动力。在一些情况下，仅仅品牌意识就足以引起消费者具有偏好性的反应，如在一些低投入的决策过程中，消费者倾向于选择他们熟悉的品牌。

[①] Lassar W, Mittal B, Sharma A. Measuring Customer-Based Brand Equity [J]. Journal of Consumer Marketing, 1995 (12).
[②] Aaker D A. Managing Brand Equity [M]. New York: The Free Press, 1991.
[③] Keller K L. Conceptualizing, Measuring, and Managing Customer-Based Brand Equity [J]. Journal of Marketing, 1993 (57).
[④] Netemeyer R G, Krishnan B, Pullig C, et al. Developing and Validating Measures of Facets of Customer-based Brand Equity [J]. Journal of Business Research, 2004, 57 (2).

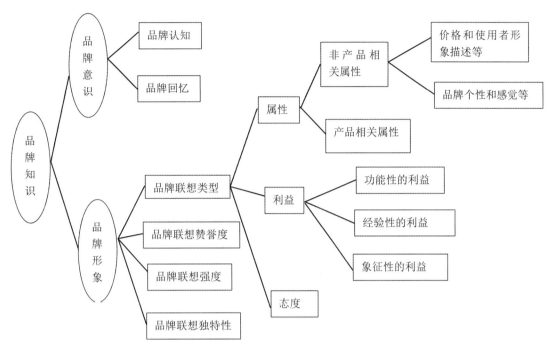

图 11-1 凯勒的品牌知识结构框架

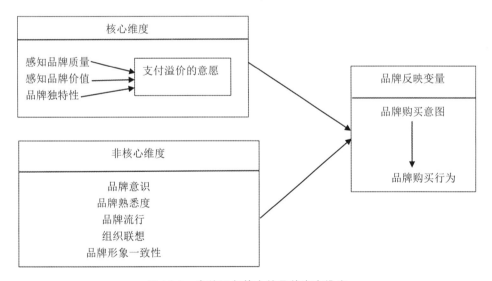

图 11-2 内特迈尔等人的品牌资产维度

品牌意识反应的是品牌在消费者头脑中的显著性，品牌意识主要有两个层次：识别（你曾经听说过吗）和回想（你能回忆起什么品牌）。对于众所周知的品牌来说，回想以及印象更加有意义。对于许多品牌来说，品牌意识与品牌标识、可视的品牌形象联系紧密。

2. 品牌联想

品牌联想主要由品牌独一无二的形象组成。品牌联想指的是消费者记忆中和品牌相关的内容，这种联想可以一种抽象的形式存在，也可以是一种生活方式、一种行为、一种感情、产品的特色或者其他对消费者有意义的内容。已经存在的品牌联想对于消费者整合他们接收的关于品牌的信息有很重要的作用,影响着消费者的品牌回忆和购买决策。

品牌联想有四种类型。第一类是使用者形象联想。好的品牌可以使消费者联想起积极的品牌产品使用者的形象。例如,汽车品牌"奔驰"可以使人们联想到成功人士,"百事可乐"品牌可以使人们联想到比较时尚的年轻人等。第二类是购买和使用情景联想。典型的购买情景联想由渠道类型(如百货公司、专卖店或网络)、购买的方便性或相关的销售返利政策决定。典型的使用情景联想由品牌使用的时间或地点和品牌使用的行为方式(正式的还是非正式的)决定。第三类是个性与价值联想。品牌个性经常涉及使用者的基本特征,如性别、年龄、文化程度等。品牌个性包含很多相关的信息。珍妮弗·阿克尔将品牌个性分为五个方面:真挚(如诚实的、健康的、愉快的)、激昂(如大胆的、有想象力的、最新的)、能力(如可靠的、明智的、成功的)、精致(如一流的、迷人的)、粗野(如爱好户外运动的、粗暴的)。① 例如,"耐克"品牌则具有热爱挑战、热情、有信心的个性,"百事可乐"品牌具有年轻、有活力的个性等。第四类是历史、传统和经历联想。品牌的过去和品牌历史中的显著事件都能使消费者产生品牌联想。这些联想通常和消费者个人经历、熟悉的人过去的行为和经历相关。

3. 感知质量

感知质量是品牌资产的核心方面之一,也是用来测量品牌资产的核心要素之一。产品的感知质量由产品的表现以及其他产品相关因素决定,这些因素包括产品运送与安装的速度、精确度和谨慎程度,客户服务及培训的及时性、效果,付款的安全性和维修服务的质量等。和产品的实际质量不同,感知质量是消费者对品牌的可靠性等的感觉。消费者对品牌的态度可能取决于更抽象的因素,如品牌个性或者其他品牌折射出的象征意义。因此,感知质量不只是产品的一种特殊属性,它还是消费者区别品牌和竞争产品的一种判断依据。

感知质量是一个相对的概念。在测量感知质量时,我们要考虑到品牌的竞争者等因素。

4. 感知价值

感知价值是消费者结合自己对质量的感觉和对成本的感觉,对某一产品的价值做出的判断。在讨论消费者的感知价值时,我们必须认识到成本不仅仅局限于货币价格,还反映在消费者付出的时间、精力和做出购买决策时所发生的一切机会成本。感知价值是消费者在购买品牌时对于得到和付出之间的一种权衡。

5. 品牌忠诚

品牌忠诚是品牌资产的核心内容。企业建立品牌忠诚,可以有效地抵御价格入侵带来的威胁,获得足够的时间来应对竞争对手的革新,形成有效的防御竞争策略。消费者对品

---

① Aaker J. Dimensions of Brand Personality [J]. Journal of Marketing Research,1997,34(3).

牌的忠诚通常是品牌资产最重要的要素。品牌忠诚是消费者对品牌情感的量度，表现为消费者长期的、不断重复的购买行为。如果消费者购买某品牌产品不是因为其品牌名称，而是由于别的原因，那么品牌资产就会大打折扣。

通过以上内容我们可以看出，品牌意识、品牌联想、感知质量、感知价值和品牌忠诚都能较好地反映品牌资产的内在构成。

二、航空公司品牌资产模型

（一）航空公司品牌资产模型构建

1. 航空公司品牌资产模型的整体框架

我国航空公司品牌资产模型的整体框架如图 11-3 所示。

图 11-3 我国航空公司品牌资产模型的整体框架

2. 航空公司品牌资产模型的子模块介绍

品牌知名度模块指的是我国航空公司的品牌被公众知晓、了解的程度，它表明品牌为多少或多大比例的消费者所知晓，反映的是顾客关系的广度。对航空公司来说，准确地进行品牌定位将是提高品牌知名度的关键路径。例如，新加坡航空公司确定了差异化服务战略定位，我国春秋航空股份有限公司确定了低成本服务定位，这些都是品牌定位的体现。

品牌美誉度模块指的是我国航空公司的品牌获得公众信任、支持和赞许的程度。它是一个质的指标，反映社会影响的好坏。对顾客来说，民航的安全性和准点率是他们关注的内容，航空公司只有持续保证保证，保持较高水平的准点率，才能获得公众的信任、支持和赞许。

品牌忠诚度模块指的是消费者在一段时间甚至很长时间内重复选择某一航空公司，并形成反复购买同一个航空公司产品和服务的行为，无论情境和营销力量如何，消费者都不会改变自己的选择。它是消费者对品牌感情的度量，反映出了消费者转向另一个品牌的可能性大小，能衡量企业的竞争优势。消费者的需求是在不断变化的，航空公司只有用超前的理念进行产品创新设计，才能满足消费者的不同需求，获得他们的忠诚。

品牌联想模块指的是消费者想到某个航空公司品牌时，能记起与品牌相关的信息，如产品特点、使用场合、品牌个性等。航空公司属于服务行业，需要在消费者心中建立起品牌联想。

品质认知模块可以有两种理解：从狭义角度理解，产品品质是指产品的适应性，即产品为达到使用目的应具备的性质；从广义角度理解，产品品质是指产品的使用价值及其属性能满足社会需要的程度。航空公司需要建立起顺畅的品牌传播渠道，在受众心里引起共鸣，强化受众对产品品质的认知。

附着在品牌上的其他资产模块包括与航空公司品牌资产相关的一些特殊的资产，如信息系统、专利等，这些资产的核心就是航空公司的创新能力。

（二）航空公司品牌资产实践途径

笔者深入分析了国外强势品牌航空公司的成功经验，认为我国航空公司应该从品牌定位、安全正点、品牌产品群、服务文化、整合传播和创新能力等路径去研究，优化品牌战略，只有这样，我国航空公司才有可能在激烈的市场竞争中获得发展。

1. 以品牌价值、文化和个性作为航空公司的品牌定位

新加坡航空公司一直以强大的盈利能力、引领流行趋势、不断挑战行业霸主的形象享誉业内外。新加坡航空公司之所以能拥有今天的地位，很大程度上归功于其准确定位并执行了品牌差异化之路。新加坡航空公司于1972年正式成立。当时由于新加坡没有国内航线，新加坡航空公司注定自成立伊始必须与国际航空公司展开竞争，为了获得生存，新加坡航空公司从一开始就决定实施全面品牌导向的差异化战略。

品牌最持久的含义就是其价值、文化和个性，它们构成了品牌的实质。我国航空公司

只有在目标市场上找到自己的位置，才能在消费者的心里占据一席之地，也就凸显了品牌定位的重要性。

品牌定位就是企业勾画自身品牌形象及其所提供的价值的行为，以此使该细分市场的消费者正确认识本品牌有别于其竞争品牌的特征。我国航空公司在品牌定位上，首先，要明确自身竞争优势，比如春秋航空的成本优势、南方航空多等级舱位差异化服务。其次，要选择竞争优势，抓住重点，而不是强调所有差异化的产品和服务。最后，要表现竞争优势，在服务过程中进行有效的营销沟通和传播。比如，南方航空推出了"粤转越轻松"的澳洲中转产品，目标是在营销过程、服务过程方面让顾客享受中转的无缝隙服务。航空公司要根据目标客户群的不同特性采取不同的定位策略，在品牌传播中形成品牌文化，强化品牌的价值观。

2. 安全和正点是航空公司最好的服务

在这里，笔者想起了生活中的一个小故事。有一次，笔者的一个朋友问："我要去天津，上海到天津的机票贵不贵？"笔者查询了相关信息，告诉她："春秋航空有特价票，不含税159元，但时刻不怎么好，东方航空选择多一点，不过特价票也要360元。"她后来犹豫了一下，还是选择了东方航空，她说："我的感觉是，春秋航空在安全上没有保证，再说了，如果天气不好，小型航空公司受到的空中管制肯定更多，一旦延误起来，就太耽误时间了。"

这个小故事并不是说春秋航空不安全或者经常延误，而是说明两个问题：第一，安全是航空公司的生命所系，也是乘客最关心的问题；第二，乘客正是因为飞机具有方便快捷的特性，才选择乘坐飞机飞行，保证正点是航空公司应提供的最基本的服务。所以说，安全和正点是航空公司最好的服务，也是航空公司赢得口碑的核心。

安全是民航永恒的主题和发展的前提，我国航空公司要正确处理安全与发展的关系，贯彻落实持续安全理念，努力提升安全监督管理、安全保卫、应急救援和适航维修能力，保证航空、空防和地面安全。我国航空公司要保持良好的安全飞行纪录，赢得顾客的信任、支持和赞许。

实际上，航班延误在国内并不少见，是我国航空公司难解的结。我国航空公司经常出现航班延误事件，引发了一系列品牌危机。因此，提高航班正点率成为我国航空公司维护品牌形象的关键。从行业的角度看，要明确航空公司、机场、空管等单位保障航班正常的责任，建立和完善考核、奖惩机制，将航班正点率作为航空公司申请航线的先决条件之一，优化大型机场航班时刻安排，尽量用宽体机型替代更为密集的航班安排，提高天空利用率和空中管制水平。航空公司要避免因主观原因造成航班延误，要建立大面积延误预警和应急机制，提前做好航班预判，制定航班延误后的应急工作程序，在处理航班延误时，始终要关注顾客的利益和感受。

3. 以服务和文化为核心设计航空公司品牌产品群

新加坡航空公司能持续保持盈利，最为关键的有两点：一是以顾客为中心，无论是产品还是服务，在设计之初就充分考虑了顾客的需求；二是文化，新加坡航空公司的员工以

公司的盈利为傲，这种文化基因被很好地保留下来，新加坡航空公司不断地通过变革和创新，为顾客提供更好的服务，从而树立了良好的口碑。

我国航空公司在产品设计上更多依靠的是硬件设施、性价比等手段，这种优势恰恰是很容易被复制和超越的。航空公司可以买到最新的飞机，配置最好的座椅，安装最新的机上娱乐系统，提供美味的餐食等，但一段时间后，其他竞争对手会很快效仿并不断超越。航空公司的服务是很难被复制或超越的，实际上，最难复制的是人和文化。比如，早在2007年，豪华经济舱的鼻祖维珍航空公司就下了大力气对机舱进行装修，英国航空公司随后也设立了高级经济舱。日本航空公司、澳洲航空公司、新西兰航空公司、泰国航空公司等多家航空公司都在航线上增设了豪华经济舱，为旅客提供更多选择。2010年，在南方航空推出高端经济舱后，国航也相继推出超级经济舱，尽管名称不同，但产品具有相似性；南方航空的高端经济舱提供超大的乘坐空间、便捷优质的配套地面服务、体贴的机舱服务等；国航超级经济舱为乘客提供了更大的腿部空间，此外还有更丰富的机上互动音频、视频娱乐设施。

航空公司的这些创新之举大部分都能在短时间内被竞争对手跟进、模仿或复制，如果没有保持优质的服务，产品上的优势就难以持久。服务不止依靠硬件的改变，更多的是一种态度，一种为顾客带来的感受。例如，南方航空提出了"两一"服务理念：一切从顾客感受出发，珍惜每一次服务的机会。

4. 整合品牌传播渠道，增加品牌资产积累

我国航空公司要在顾客心中建立良好的品牌形象，就需要通过各种传播手段持续地与顾客交流，增加品牌资产积累，这个过程也是航空公司进行品牌传播的过程。

当前，航空公司的品牌传播渠道主要有三种。一是新闻传播，它充分利用了信息传播的权威、公正和客观性，能够多角度地提升航空公司的品牌美誉度，具有及时性、二次传播性、高性价比和完整阐释等优势。这需要航空公司与媒体建立沟通渠道，形成良好的合作关系，同时具备危机事件处理能力。二是在服务过程中传播，从顾客第一次与航空公司接触开始，航空公司注重人性化、个性化的服务，保持优质服务的一致性和完整性，通过顾客的口口相传促进品牌传播。三是聚焦社会热点事件，拉近航空公司与顾客的距离。我国航空公司应时刻关注社会热点，吸引受众的注意，树立起负责任的企业形象。航空公司要把一切营销活动和品牌传播活动进行整合重组，增强品牌诉求的一致性和完整性。

航空公司的品牌定位、安全和正点的保证、品牌产品群的设计、推广和营销、品牌文化、整合传播等都离不开创新，全面创新能够带来品牌信誉。从品牌资产的实践路径看，一个航空公司的品牌资产从无到有、从弱到强的过程，正是航空公司品牌培育和发展的过程，创新始终贯穿其中，是航空公司积累品牌资产最主要的驱动力之一。正如新加坡航空公司的一位高级管理人员所说："创新总是要付出成本的。对于我们而言，创新并不是追求独一无二。创新的关键是看谁能更准确地预测未来的趋势，谁能根据这些趋势做出判断，控制创新的方向。很多航空公司可能拥有相似的资源，谁能在竞争中取胜，最关键的就是看谁能准确预测趋势，合理配置资源。"

经典案例11-1

川航品牌文化的形成

四川航空股份有限公司（简称川航）从1986年6月成立至今，走过了创业、成长和发展的艰难之路，也积累、沉淀和初步形成了独具特色的川航精神和浓郁丰厚的川航文化。川航文化的形成与川航的创业发展同步，大体经历了以下五个阶段。

一是创业时期的文化激励阶段（1986—1991年）。

川航成立于1986年9月19日，1988年7月14日正式开航营运。初期的机队仅有两架运七飞机，工作环境相当艰苦，但却在1990年实现了国内首次以国产飞机营运获利的佳绩，川航被中国航空工业部评为"运七飞机安全飞行双十五万先进单位"。创业初期，川航员工克服重重困难，连续作战，勇往直前，创造了"世上无难事，只怕川航人"的传奇佳话，铸就了以"艰苦创业，顽强拼搏"为核心内容的川航精神的雏形，为川航文化的形成与发展奠定了牢固的基础。

二是成长时期的根植探索阶段（1992—1995年）。

为了扩大生产经营规模，川航在1992年以融资租赁、易货贸易的方式引进了4架图154飞机，实现了从支线经营到干线运输的飞跃。1995年，川航开始陆续引进了3架被誉为"跨世纪机型"的空中客车A320飞机，使运输航线逐渐向全国各主要城市延伸。小公司能用大飞机，小员工掌握高科技，这实属不易，川航的社会形象迅速提升。川航人"攻坚不畏难，敢为天下先"的精神根植在广大员工心中，进一步丰富了川航精神的内涵。但由于种种原因，川航在这一阶段后期陷入了泥潭，人心不稳，管理混乱，连年亏损，至1995年底亏损达4300多万元，甚至出现了严重影响生产运输的恶性事件，员工的积极性、创造性和奉献精神受到严重挫伤。

三是发展时期的倡导推广阶段（1996—2001年）。

1996年6月，川航有了新的领导班子。新的领导班子以"学习、团结、勤政、廉洁"为目标，依据民主集中制原则，完善了工作制度、会议制度，在新机引进、工程招标、干部聘任、机构调整等重大问题的决策上坚持集体讨论，有效地提高了整体运作和决策指挥水平。新的领导班子加强了安全责任制，坚持"抓头头，头头抓，一级抓一级"，全员签订安全责任书，建立考核、检查制度，落实安全奖惩规定，重奖重罚，责任到人，使川航的安全管理进入规范化、制度化的轨道。新的领导班子瞄准服务，提出打"精品"和"名牌"之战，提出"优质服务＋特色服务＋超常服务"，以"乡音、乡情、亲情"为服务特色，推出"蜀卡""服务套餐""温馨旅程"等产品，使川航在社会上影响力剧增。与此同时，新的领导班子确定了"增资减债，充实资本，改善资产负债比例，形成多种经济成分的产权结构,使川航逐步向现代化企业迈进"的改革思路,调整营销体制、财务管理体系,进行人事、用工、分配三大制度改革,加快了股份制改造的进程。川航淘汰了部分老旧机型,形成了中国西部地区最大的空客机队,实现连续6年盈利。与此同时,川航在安全、管理、服务等方面取得突出成效。"心对心的承诺,门对门的服务"成为川航独具特色的社会标识;"凝聚力工程"使川航逐步形成了团结和谐、激昂奋进、浓郁健康的氛围。

四是"美丽川航"文化的形成阶段(2002—2006年)。

2002年8月28日,经四川省人民政府和中国民用航空总局批准,川航以其航空经营性净资产作为出资,与中国南方航空股份有限公司、上海航空股份有限公司、山东航空股份有限公司和成都银杏餐饮有限公司共同发起设立了"四川航空股份有限公司",这标志着川航的发展进入了一个新的历史时期。

新川航实施新的经营发展战略,向着"国内一流,西部首选"的目标,全面推进经营管理机制朝着更加健康、合理、科学的方向转化。至2003年底,川航连续16年保持飞行安全,实现连续7年盈利,并创造了历史上年盈利的最高水平;引进4架空中客车A320/321飞机,并签订了引进4架新空中客车A319飞机的合同。川航以"空中快巴"的运营模式,精心构建独具特色的支线旅游黄金圈,取得了良好的社会效益和经济效益。2003年8月,川航以233万元的天价成功竞拍中国电信8个"8"特别电话号码后,迅速启动相关形象宣传工作,印制了20万张广告画随报纸发行,印成的年历画、年历卡受到大众的喜爱。川航以"真、善、美、爱"之心为旅客提供精品服务,在企业、员工、旅客、社会的多重关系中铸造价值共同体、利益共同体和美丽爱心共同体,以美丽感动人心,以感恩铸造和谐。"美丽"成为川航的代名词,川航的美丽文化也应运而生。说川航言必称"美",美在形象,美在心灵,这独具匠心的品牌文化深深地烙印在社会公众的心中。

五是"时尚川航"文化的提升阶段(2007年至今)。

"美丽川航"在民航业和广大客户群体中已经逐步得到认同和认可,成为川航品牌文化的独特标志。"美丽"已经成了川航发展成长的动力源,它不仅仅是川航企业形象的体现,而且是川航全体员工奋斗的目标和动力。2007年1月,川航提出"时尚川航"的新概念,在"真、善、美、爱"的基础上,加入了"义、信、智、礼"相关内容,这八个字基本展现了川航的品牌文化精髓。

资料来源:《企业文化经典案例——四川航空》(https://wenku.baidu.com/view/8fab71bd6b0203d8ce2f0066f5335a8102d266d0.html),有改动。

阅读并思考：
（1）川航的品牌价值是什么？
（2）川航的品牌文化是如何形成的？
（3）结合案例，分析航空公司如何创造品牌价值。

【综合实训】
　　你了解哪些航空公司的品牌文化？这些品牌文化是如何形成的？

南方航空"绿色飞行"责任品牌升级

本章小结

　　本章介绍了航空公司的品牌价值创造相关内容。个性是指个体内在行为的倾向性。从不同的角度考虑，品牌个性也有不同的特征，品牌个性是品牌形象的维度之一。依据不同的分类标准，我们可以将品牌个性分为不同的类别。品牌个性的塑造可以帮助航空公司稳定市场地位，获得目标市场消费者的认同，达到促销的目的。

　　品牌文化的塑造有助于企业培养对品牌忠诚的消费者，建立品牌壁垒。在塑造品牌文化时，企业要注意的一点是，品牌文化需要和产品特征、目标市场消费者的特征一致。

　　不同学者对品牌资产的研究目的不同，视角也不同，他们对品牌资产的认识也相应地有所区别。利用合适的方法对航空公司的资产进行评估是社会的需要，对于航空公司自身的发展也具有重要的促进作用。

中英文专业名词对照

品牌 Brand
品牌营销 Brand Marketing
品牌个性 Brand Personality
品牌资产 Brand Equity
品牌形象 Brand Image
品牌知识 Brand Knowledge
个性化营销 Personalized Marketing
品牌意识 Brand Awareness
品牌塑造 Brand Building
资产评估 Assets Appraisal
品牌文化 Brand Culture

思考题

(1) 航空公司塑造品牌个性的策略有哪些？
(2) 航空公司品牌文化的类型有哪些？
(3) 试述航空公司资产评估方法。

参考文献

[1] 白瑷峥，白杰英. 浅谈营业推广策略及其应用 [J]. 山西财经学院学报，1996（2）：28-29＋45.

[2] 白钎. 南航黑龙江分公司精准营销策略研究 [D]. 哈尔滨：哈尔滨工业大学，2020.

[3] 陈春花. 数字化时代的价值共生 [J]. 企业管理，2022（1）：9-10.

[4] 冯恩. 企业数字广告营销策略的优化手段研究 [J]. 商展经济，2023（9）：43-45.

[5] 顾胜勤，徐岚. 航空市场服务与营销管理 [M]. 北京：中国民航出版社，2010.

[6] 郭元. 现代市场营销学 [M]. 北京：北京理工大学出版社，2021.

[7] 韩奋畴，王树恩. 我国民航客运分销渠道的现状分析与管理对策 [J]. 科技通报，2018，34（3）：259-263.

[8] 郝树海. 个性化推荐引擎在航空公司场景中的应用 [J]. 信息与电脑，2021（2）：37-40.

[9] 郝正腾. 市场营销 [M]. 北京：经济日报出版社，2020.

[10] 居长志，郭湘如. 分销渠道设计与管理 [M]. 北京：中国经济出版社，2008.

[11] 孔祥超，张国良. 数智营销驱动商业企业高质量发展研究 [J]. 吉林农业科技学院学报，2023，32（1）：58-61.

[12] 乐美龙. 航空运输营销 [M]. 上海：上海交通大学出版社，2018.

[13] 李博. H航空辅营产品营销策略研究 [D]. 北京：北京交通大学，2021.

[14] 李福娟. 区块链技术在航空公司积分体系的应用探索 [J]. 中小企业管理与科技，2020（17）：165-167.

[15] 李宏，孙丽英，刘春英. 市场营销学 [M]. 2版. 北京：北京理工大学出版社，2019.

[16] 李鸿琳. 瑞丽航空市场营销策略分析 [D]. 昆明：昆明理工大学，2020.

[17] 李小红. 分销渠道设计与管理 [M]. 重庆：重庆大学出版社，2006.

[18] 刘嘉毅. 机票销售渠道的竞争与整合策略研究 [J]. 当代教育理论与实践，2013（4）：175-177.

[19] 刘睿. 微信时代公共关系营销策略的思考 [J]. 现代营销（经营版），2018（11）：101.

[20] 石泽杰．营销战略升级与模式创新——开创企业价值营销新时代［M］．北京：中国经济出版社，2013．

[21] 舒昌俊，李玉海，周升梁，等．企业管理创新评价机制研究［J］．科技进步与对策，2010（4）：120-123．

[22] 宋立丰，王静，张艳．面向共同富裕的企业生态系统治理机制探究［J］．财会月刊，2022（15）：153-160．

[23] 宋利利，刘贵容，陈伟．大数据与市场营销［M］．北京：经济管理出版社，2020．

[24] 谭辰雯，孔惟洁，王霖．场景理论在中国城乡规划领域的应用及展望——基于CiteSpace的文献计量分析［J］．城市建筑，2022（19）：67-71．

[25] 王建民．论管理创新的基本特征及内容体系［J］．北京劳动保障职业学院学报，2013（4）：19-23．

[26] 王娟．互联网背景下河北航空机票分销渠道管理策略研究［D］．石家庄：河北科技大学，2020．

[27] 王中华，杨永凯，田松．民航旅客动态定价机制的分析［J］．民航学报，2021，5（5）：85-89．

[28] 吴健安，聂元昆．市场营销学［M］．6版．北京：高等教育出版社，2017．

[29] 吴信东，徐凯波，沈桂兰，等．营销智能［M］．北京：科学出版社，2022．

[30] 冼卓桑．广告营销策略在现代商贸活动中的应用［J］．上海商业，2022（12）：16-18．

[31] 谢孝彬，林宝木．市场营销基础［M］．北京：北京理工大学出版社，2018．

[32] 阳翼．人工智能营销［M］．北京：中国人民大学出版社，2019．

[33] 杨思梁．航空公司的经营与管理［M］．北京：中国民航出版社，2008．

[34] 岳鹏飞．航空运输市场营销学［M］．北京：中国民航出版社，2010．

[35] 张莉，唐道春，谭振宏．中小航司如何拓展辅营业务［J］．大飞机，2022（6）：14-18．

[36] 张欣瑞．市场营销管理［M］．北京：清华大学出版社，2005．

[37] 张子豪．航空公司销售策略与渠道优化研究［D］．合肥：中国科学技术大学，2021．

[38] 中国营销总监职业培训教材编委会．营销管理［M］．北京：朝华出版社，2004．

[39] 周颖．企业市场营销管理创新研究［J］．中国管理信息化，2022（18）：148-150．

与本书配套的二维码资源使用说明

  本书部分课程及与纸质教材配套数字资源以二维码链接的形式呈现。利用手机微信扫码成功后提示微信登录,授权后进入注册页面,填写注册信息。按照提示输入手机号码,点击获取手机验证码,稍等片刻收到4位数的验证码短信,在提示位置输入验证码成功,再设置密码,选择相应专业,点击"立即注册",注册成功。(若手机已经注册,则在"注册"页面底部选择"已有账号?立即注册",进入"账号绑定"页面,直接输入手机号和密码登录。)接着提示输入学习码,需刮开教材封底防伪涂层,输入13位学习码(正版图书拥有的一次性使用学习码),输入正确后提示绑定成功,即可查看二维码数字资源。手机第一次登录查看资源成功以后,再次使用二维码资源时,只需在微信端扫码即可登录进入查看。